房地产四维营销

主编　印　滢

中国建筑工业出版社

图书在版编目（CIP）数据

房地产四维营销/印滢主编. —北京：中国建筑工业出版社，2010.12
ISBN 978-7-112-12745-0

Ⅰ.①房…　Ⅱ.①印…　Ⅲ.①房地产－市场营销学　Ⅳ.①F293.35

中国版本图书馆CIP数据核字（2010）第247962号

本书创造性地提出房地产四维营销理念，指出房地产营销的目的在于不断扩大产品虚拟价值。将房地产营销策划过程归结为最为简洁的操盘程序：道生之、德蓄之、物形之、势成之。道篇讲述项目定位技巧；德篇讲述品牌价值转化为产品价值技巧；物篇讲述形象塑造的价值联想技巧；势篇讲述创造销售奇迹的策划技巧。是一部将实体价值与虚拟价值完美运用于房产营销策划的前沿实战理论。

本书结合案例讲解扩大产品虚拟价值的程序与方法。案例生动，启迪性强，理论深入浅出。

本书适合房地产企业的策划人员、企划人员、销售人员等行业从业人员阅读。

*　*　*

责任编辑：封　毅
责任设计：赵明霞
责任校对：姜小莲　赵　颖

房地产四维营销
主编　印　滢
*
中国建筑工业出版社出版、发行（北京西郊百万庄）
各地新华书店、建筑书店经销
北京嘉泰利德公司制版
北京云浩印刷有限责任公司印刷
*
开本：787×1092毫米　1/16　印张：16¾　字数：418千字
2011年1月第一版　2011年1月第一次印刷
定价：**68.00**元

ISBN 978-7-112-12745-0
(20010)

编委会

前言 Preface

四维营销

——颠覆传统操盘手法的策划理念

为什么期房比现房卖得好?

为什么一路之隔的楼盘，一边卖六千，一边却卖一万二?

主题地产为什么会受到更多人追捧?

超越产品本身的价值是如何产生的?

当价格节节攀升，明显偏离价值时，为何依然有人趋之若鹜?

……

很多人从事房地产行业之后，总是被这些现象困扰。

但是，运用传统的营销理论，并不能解决以上困惑。雪茄现象、万科品牌=1500元/m^2……这些现象都在告诉我们，传统的营销理念早已在市场中颠覆，如果你现在还囿于传统的营销理论，本书将带你逐一剥开市场迷津,重现市场本质。

为什么我们总是一本正经地将客户分门别类，僵硬地将客户划归为某一派，却不知北京的中产阶层与成都的中产阶层有着本质的区别，深圳年收入500万元的客户和长沙年收入500万元的客户的购买特征有着何等差异。

为什么我们总是惯性地用SWOT的方法，装箱似的寻求所谓的机会或市场空白。SWOT的实质是站在产品的角度来分析市场，而非站在人的角度来分析市场，只重产品竞争优劣势，而弱化了操盘者的主观能动性和创造性。结果往往是，找到了市场空白，而没顾客买账；或劣势与风险太大，而忽略市场机会。

为什么我们总是关注竞争对手的一举一动，却忽略了自身的优势或实力。盲目而又机械地应战，却缺乏对客户内心的深入了解和把控。其实，真正的对手，不是竞争对手，而是我们的客户——每个具有鲜明个性特征的客户。

当我们用理性的营销思路去分析人的行为的时候，我们得出的结论往往是不理性的。我们总是忽略了人内在的情感对购买决策的影响。而只有破解客户“情感账户”的密码才能找到新营销思维的钥匙。怎么办？

……

来源于实战中的一系列困扰，皆因我们自觉或不自觉地沉湎于繁芜丛杂的操盘事务和乱象丛生的市场，而忽略了对市场本质的思考。市场本质在哪里？

记得我在读《般若波罗蜜多心经》时，在传统的空色哲学里，发现了直击本质的答案，即“色即是空，空即是色。空不异色，色不异空”。它让我明白了任何产品都是由实体价值和虚拟价值构成，楼盘也不例外，而且虚拟价值总是在左右着消费者的购买决策和冲动。这是佛教智慧，读这段心经，参悟了事理，顿时，我恍然大悟：

1. 房地产产品成本与产品价值之间不存在严格的对应关系。

2. 市场的成功不是来自销售一线，而是来自决策。

3. 我们销售的不是钢筋和水泥，而是一种生活方式的联想。

4. 我们的客户，他们带着自己的个性购买，其实就是购买产品的虚拟价值。

……

而现实的操作中，如何实现虚拟价值呢？

《道德经》里有最为精辟的阐述，即“道生之、德蓄之、物形之、势成之”。这十二字清晰简明地描述了事物发生、发展、成熟到成功的四个阶段。

由此，“道、德、物、势”奠定了房地产营销中一个新的理念基础。我在本书中用“四维营销”总结这一切。“四维营销”是个崭新的名词，但确是中国古老文化思想的积淀和发展。看完此书，可能会使你产生一种顿悟的体验，随之而来的是颠覆传统操盘手法的冲动。

如果你读完本书，果真如此，就足够了。

印　滢

目 录

第一章 总序——策划与营销目的在于不断扩大产品的虚拟价值

2 一、万科棠樾与雪茄现象
4 二、灰姑娘故事里的营销智慧
6 三、大道致简的四维营销
8 四、四维营销解密万科棠樾五倍价格旺销秘密
10 五、营销过程“虚实兼济”
17 案例01：苏州·FY——文化楼盘的制胜之道

第二章 道篇——价值最大化的项目定位技巧

24 技巧一：找到项目定位的钥匙
42 技巧二：项目定位要“门当户对”
50 技巧三：主题定位旨在塑造项目灵魂
56 技巧四：抛弃项目定位的价值短板
61 案例02：学院文化社区定位之道
75 案例03：深圳万科·第五园的定位解密

第三章 德篇——让品牌价值转化为产品价值

104 一、从世博会看品牌价值
108 二、如何将品牌价值转化为产品价值
117 三、发展生态客户群加速品牌价值转化
124 四、客户会——圈人的学问
134 案例04：万客会的秘密
145 案例05：项目公司如何迅速兑换品牌价值
153 案例06：奥林匹克花园的品牌制胜法则
159 案例07：广州星河湾品牌推广解析

CONTENTS

第四章 物篇——形象塑造的终极目标在于价值联想

166 技巧一：形神合一——让你的项目形神兼备

173 技巧二：魔鬼藏于细节——让您的产品无可挑剔

176 技巧三：以精致提升价值

179 技巧四：卖场，为客户洗脑

187 技巧五：图腾的力量——让形象激发价值联想

189 技巧六：催熟项目——让社区环境引人遐想

199 技巧七：一切为了价值联想

203 技巧八：让产品具有服务意识

205 案例08：星河湾归来不看房

第五章 势篇——创造脑疯的销售魔力

230 策略一：直指目标灵魂的入市修辞

233 策略二：让客户成为义务推销员

239 策略三：找到破解“心理账户”的密码

241 策略四：利用好价格与销控手段

251 策略五：推广是为了让市场躁动起来

254 策略六：学会讲故事，学会造新闻

257 策略七：最好的销售方式——边玩边卖

房地产四维营销

第一章

总序——策划与营销目的在于不断扩大产品的虚拟价值

先哲老子在《道德经》里对“道生一，一生二，二生三，三生万物”给出了致简的答案，那就是“道、德、物、势”四个字。老子还在《道德经》第五十一章里描述了事物生成致成功的全过程：“道生之、德蓄之、物形之、势成之。”

十二字清晰简明地描述了事物发生、发展、成熟到成功的四个阶段。转换为现代的营销语言，那就是：客户需求之“道”是一切市场行为的本源，然后靠企业的品牌之“德”来滋养，接下来还要以市场之需开发产品，最后以推广手段完成销售。

道生一，一生二，二生三，三生万物

——老子

在同一个区域内的房地产开发，其开发成本大致趋同，哪家开发商也不会将钢筋换成黄金。而竞争加剧的市场，导致价格竞争十分激烈，只有在营销过程中不断扩大产品的虚拟价值，才能使产品“物有所值”或“物超所值”，才能使产品形成更强的竞争力，从而实现更大的利润和更好的销售业绩。

一、万科棠樾与雪茄现象

放眼整个房地产市场，我们可以思考如下更有趣的问题：

第一：为什么期房比现房好卖？

第二：为什么万科的楼盘远离城区，却可实现更高价值？

第三：实现数倍同区楼盘价格为何能成为现实？

第四：成本零增长，利润为何能成倍增长？

第五：主题地产为什么会受热捧？

第六：为什么有些企业的品牌对消费者的影响力，甚至超越城市或区域的竞争力？

第七：似乎越来越理性的消费者，他们的购买为何越来越不理性？

……

答案都是因为产品的虚拟价值！

虚拟价值在左右着消费者的购买决策和冲动，这种虚拟价值的存在颠覆了传统的营销理论，需要我们在策划和营销过程中予以充分关注并加以利用。

1. 万科棠樾五倍高价销售的理由

2007年，万科在东莞完成一个瞠目之举，以26.8亿元的天价拿下东莞塘厦地块，成就了一个冲动的地王。这个价格折合楼面地价15234元/m²，这样的地价意味着，万科至少要卖到2万元/m²才能赚到钱。

但此时东莞的房产价格仅在5000元/m²左右，而更加窘迫的是，2008年的金融风暴又紧随其后。

但是，2008年，万科棠樾不仅完成了漂亮的绝地反击，而且还创造了单价23000元/m²开盘价格。

万科棠樾凭什么实现同区域五倍楼价?

万科棠樾如何化解楼盘与城区距离在销售上的障碍?

万科如何化解高价格在消费者心理的障碍?

其实，如果没有赋予万科棠樾很高的虚拟价值，一切都将化为泡影。

万科棠樾五倍高价销售的支撑点

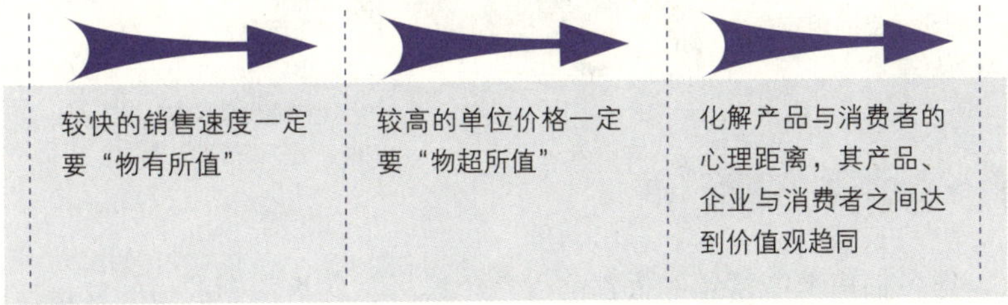

较快的销售速度一定要“物有所值”	较高的单位价格一定要“物超所值”	化解产品与消费者的心理距离，其产品、企业与消费者之间达到价值观趋同

2. 雪茄现象的启迪示

产品的虚拟价值概念颠覆了传统营销理论。这种现象，不仅仅是房地产独有，奢侈品行业表现尤其突出。科尹巴是世界上最著名的雪茄品牌之一，它产自于古巴。一位艺术家曾成功筹划拍卖30盒科尹巴，在海拔3000m的山上建造了一座伟人宫殿。它何以有如此高昂的价格，它的价值来自何处?

我们可以比较两组设问:

雪茄价值现象分析

第一组	第二组
对身体有益? 成本很高? 具备投资价值? 是艺术品? ……	彰显尊贵身份? 因为拥有而愉悦? 彰显一种精神? 拥有独特的阶层文化内涵? ……

比较的结果不言而喻，雪茄的产品价值，绝大部分来自于虚拟价值。

3. 实体价值与虚拟价值的内在关联

至此，我们自然明白，房产营销的目的究竟何在？首先我们要明白房地产是所谓的“不动产”，它具有区域透明、形态透明、成本透明的特点。

因此，它的实体价值也是透明的。当产品的实体价值保持不变时，虚拟价值的增加才能带来更大的利润空间。

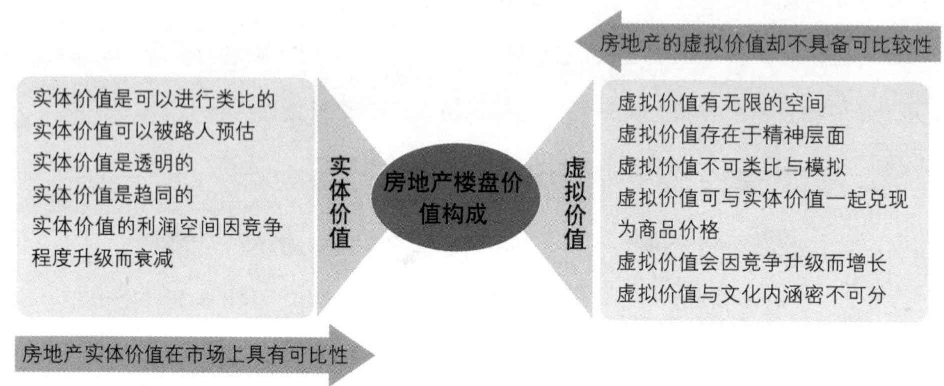

长期以来，很多搞房地产营销的人都陷入一个误区：认为营销的目的就是把产品卖出去，其营销词汇是：产品、客户、价格、广告、促销。市场顺畅时，就是客户与价格；遇到阻力，就是促销加广告等。然而，只是把产品卖出去，销售员就能办到。而真正的营销，其目的应该是：不断扩大产品的虚拟价值。

那么，在营销过程中，如何不断扩大产品的虚拟价值呢？

二、灰姑娘故事里的营销智慧

从前，在某个城镇上，有个非常可爱的女孩，她不仅聪明漂亮而且心地善良。这个女孩没有母亲，因为她的妈妈，在她还小的时候就病逝了。女孩的父亲娶了个新妈妈回来，新妈妈还带来两个新姐姐。“哇，这下家里可热闹了。”女孩非常地高兴。家里突然间变得生机勃勃，热闹起来。因为她不但有爸爸、有新妈妈，同时还有两个姐姐。

可是，女孩的兴奋是短暂的。因为，新妈妈根本就不疼爱女孩，甚至还虐待她。新妈妈一直命令女孩做东做西的，却让自己的两个女儿在一旁玩耍。女孩总是在炉灶旁，灰头土脸地工作着。所以坏心眼的姐姐们便常嘲笑、捉弄女孩，叫她“灰姑娘”……

这天，城堡里的王子发出请帖，邀请各户人家的女孩来到王宫参加舞会。女孩们接到王子的邀请后，都欢欣雀跃。在灰姑娘的家里，两个姐姐也因收到王子的请帖而非常地高兴：“太好啦！去王宫必须穿漂亮点呀！”“是啊！要穿件引起王子注意的漂亮衣裳呀！”“我要穿哪件衣服呢？穿哪双鞋呢？”“头部要怎样装饰才好看呢？”

灰姑娘走进自己简陋的小阁楼里，看到映在镜子上的脸都是灰尘与污垢，而身上所穿的衣服又这么脏，不禁悲伤起来，心里好难过：“啊！我好想去参加王子的舞会呀！”灰姑娘跟其他的女孩一样，也想去参加舞会。可是这身肮脏的打扮，怎么能够进入王宫，参加王子的舞会呢？灰姑娘非常羡慕两位姐姐。姐姐们那么兴奋、愉快地准备着，可是灰姑娘尽做些打扫和做饭的杂事。

不过，不管姐姐们如何地打扮，坏心眼的姐姐们一点都不漂亮。“马车来了，我们走！”两个姐姐由妈妈带着，装模作样地矫饰了一番，然后出去了。当马车走后，灰姑娘好难过，难道自己不能去参加舞会？灰姑娘在火炉旁开始抽抽噎噎地哭了。“喂！喂！小姐！”突然有人站在灰姑娘背后叫她。“咦！”灰姑娘吓了一跳，转头一看，有位陌生的婆婆站在那儿。老婆婆问灰姑娘说：“你为什么哭呢？”灰姑娘说明缘由，老婆婆笑了。“好，好！你真是个心地善良的好女孩，我一定让你去参加王子的舞会。”老婆婆拿着一根拐杖，轻敲地上的南瓜，转眼间，南瓜变成漂亮的马车。原来老婆婆是个魔术师呀！老婆婆叫老鼠出来，然后拿拐杖轻触老鼠，老鼠立刻变成车夫和马匹。

“好了，可以上车了。”老婆婆对灰姑娘说。但灰姑娘不肯上车。“噢！原来如此呀！”老婆婆口中念念有词，然后用拐杖触摸灰姑娘的衣服。转瞬之间，灰姑娘的脏衣服已经变成耀眼夺目的新衣。“哇！好漂亮呀！”灰姑娘不由得大叫一声。老婆婆又拿出一双漂亮的水晶鞋给灰姑娘穿。“这么一来，你就是个漂亮的公主啦！灰姑娘公主呀，你一定要在12点前回来……”

当灰姑娘进入王宫的大厅时，“啊！好漂亮呀！这是哪一个国家的公主呀？”众人睁大眼睛看着灰姑娘！王子一看见灰姑娘，发自内心地喜欢她。王子对灰姑娘说：“请跟我跳支舞好吗？”灰姑娘像只蝴蝶般地，轻快、纯熟地舞动着脚步。灰姑娘和王子跳了相当久的时间。12点的钟声响了，灰姑娘便对王子说：“我告辞了。”她急急忙忙赶着离开。王子从后面追过来，然后大声说：“公主请等等！”灰姑娘心想：“如果变回原样，那可就糟啦！”所以她开始跑了起来，当她跑到台阶时，不小心摔了一跤，掉了一只水晶鞋，可是她管不了这只鞋了。“公主！公主！请等一下。”她没有理会王子的喊叫声，加快脚步，十万火急地朝着幽暗的城堡外跑去……

自从舞会结束，匆匆分开的那一刻起，王子日日夜夜地思念着灰姑娘公主。在王子的心中已决定：非找到那位漂亮的公主不可。可是不管向谁打听，都探听不出公主的事来，所剩下的唯一证物就是公主的一只水晶鞋。于是王子对部下说：“你们快去找适合这只鞋子的女孩。”

部下们拿着那只金色的鞋子，浩浩荡荡地走向街上。他们挨家挨户地拿着一只鞋，寻访这只鞋的女主人。终于，王子的属下通过这只鞋子找到了灰姑娘。

不久，王子心满意足地娶了灰姑娘，从此以后过着幸福快乐的生活……

这个被人津津乐道的寓言故事，却折射出一个平民姑娘的生活智慧。一个平民的小姑娘，把自己嫁给了一个王子！这里面其实蕴含了一个经典的营销智慧。

一是，她热切地要参加舞会，见到王子，说明她对自己的人生有了目标定位；

其次，她有一个善良的内心，得道多助，失道寡助，有了品牌诉求；

其三，她知道服装可以让她的形象变得更加完美，一双水晶鞋，成为她的最大亮点，这使她立即与众不同；

其四，她遗失一只水晶鞋，制造出悬念，让王子魂牵梦萦！这是非常好的造势策略。

灰姑娘故事隐含着高超的营销智慧！在灰姑娘的故事里，我们可以清晰看到其扩大虚拟价值的路径：

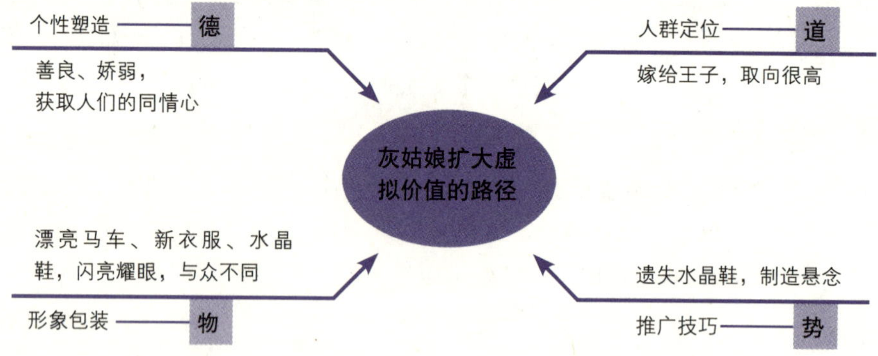

这就是不断扩大虚拟价值的营销路径：道、德、物、势。

三、大道致简的四维营销

灰姑娘成功嫁给了王子，这是一个寓言，但它却透露出营销大智慧。虚拟价值的营销路径：道、德、物、势，这个过程虽然简洁，却是一个环环相扣、虚实兼济的全局营销思维。它同时把“定位、品牌、产品、推广”纳入四位一体的全局营销概念中。

大道归一，致为繁杂的房地产营销，也可以归结为四个层面：一个好的定位，一个好的品牌形象，一个好的产品，一个好的推广。虚实兼济，从成物到成功，逐步推进。结合以下图式，可以品味一下这个至简至美的链条。

大道致简的四维营销全程

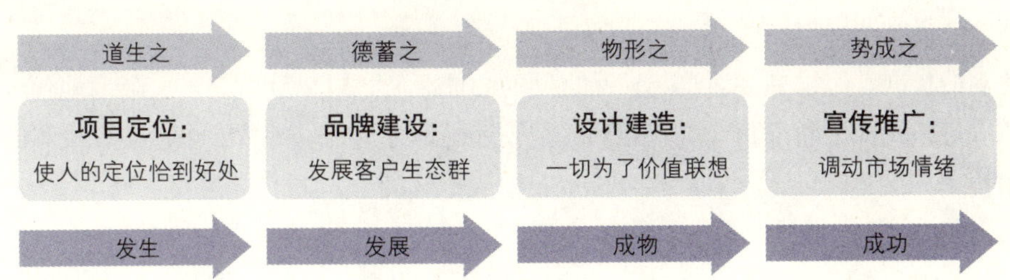

至此，我们已经明确了整个操盘路径，原来如此至简至美。

第一步：道生之——使人的定位恰到好处

万物本“道”而萌生，此“道”即市场之道，它是特定群体内心的潜隐而真实的需求。它要求操盘者寻求符合消费者精神需求和物质需求的项目定位，并以此创意楼盘主题或概念，让人的心灵得到安顿。也就是说，做项目定位，首先使人的定位恰到好处！产品定位，其实是在给人定位。

当然，定位也并不只是迎合现实的需求，让人的心灵得以安顿，还须“取向要高，体验要深”。此谓道生之。

项目定位重点包括人群定位和主题概念定位，这是整个项目的核心主张。

项目定位的两个重点

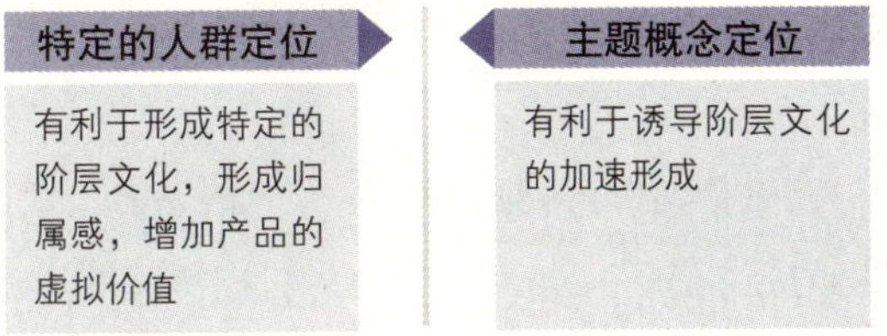

第二步：德蓄之——发展客户生态群

万物依“道”而生，还需以德性来蓄养。任何一次营销的成功，都必须有一个足够的群体来支持。

生之而不据为己有，为之而不自恃其能，引领而不任意主宰，这可谓是奥妙之德行。德的树立，仍然依道而行。它包括楼盘概念、楼盘所倡导的精神、居住文化等品牌元素，提供与其相适应的全程全员服务，依此发展健康的客户生态群。此谓德蓄之。

亲和的品牌诉求容易拉近产品与客户之间的心理距离，从而产生虚拟价值。

品牌诉求实际是价值观的诉求，有利于与客户达成共振，形成忠实的客户群体，实现快速销售，并实现较高的虚拟价值。

价值观的认同，可以减少客群与产品之间的心理距离，可以让客户最大限度地包容产品瑕疵和区位瑕疵。比如万科项目总是在距离城区较远的地方选址，却依然可以实现较高的价格和较好的销售率。

第三步：物形之—— 一切为了价值联想

万物本道而萌生，物质赋状而成形。在楼盘主题概念的统领下，进行规划、设计、建设，并提供与其匹配的社区配套。创意表达社区概念的标识，并进行延展应用，设计销售物料和宣传品，运用各种建筑和园艺细节符号，与概念呼应，明晰反映楼盘个性。只有这样，楼盘才有丰满的个性，并具有表里如一的价值体现。这一切都将使人们对产品产生积极的价值联想。此谓物形之。

赏心悦目的产品表象，其实都是为了价值联想。

像雪茄一样，有一个精美的包装，会大大增加客户对产品的好感，这种利润的产生与成本已经没有太多关系。

第四步：势成之——调动市场情绪

前面三步是谋局，谋局到此应是水到渠成。但如何实现利益最大化，并且实现迅速的销售，还必须“造势”。

造势的最好形式，是把市场情绪高度调动起来。人的情绪是感情的集合反映，当人的情绪被调动起来后，它即可转化为强烈的购买欲望，并愿意付出更高的成本。此谓势成之。

神话般的推广，会像钱塘江的浪潮一样，把观潮的人也“卷”进来。更多的市场热度，又可以再度推高价格，产生最后一环的虚拟价值。此谓水涨船高。

四、四维营销解密万科棠樾五倍价格旺销秘密

万科棠樾别墅，在2008年金融风暴的情况下，卖出超越当地天花板楼价五倍的价钱，其操盘手法正是恰到好处地演绎了道、德、物、势全局营销理念。现在我们就用四维营销理念，来解密万科棠樾别墅五倍价格旺销。

首先，万科解决楼盘定位的问题，也就是解决“道”问题

给楼盘定位，就是给客户群定位，只有沿着这个思路去寻找契机，才能追寻主流消费群体的价值诉求，创造新的生活理念、价值理念，在精神层面与诉求客户产生共鸣。万科首先圈定了客群区域——深圳。

深圳是一个经济高速发展而缺少文化根基的地方。处于事业巅峰的富豪阶层，对物质高度化追求的同时，在选择一种平和、低调的生活状态。但血脉里的中国传统文化基因，却是悄然地影响着他们，于是，棠樾项目也悄然植入了这种基因。棠樾项目按照中国传统居住文化风格进行格调定位，以道家文化作为核心诉求进行别墅设计，让产品与客户之间有了精神对话的空间。随着精神的牵引，富有的、低调的、平和的客户群逐渐浮出水面。

其二，利用万科品牌的力量，这是解决“德”的问题

万科棠樾做了一个完美的市场定位。如果仅仅把视角放在东莞片区的话，这个项目的价值当然无法支撑，并且难以运作。不过，万科在仔细分析项目的地理位置时，找到了突围的机会。尽管塘厦地块被称为东莞地王，但塘厦却位于深圳与东莞的交界处，如果将项目的客户群锁定为深圳客户，那么棠樾的价值就不仅仅局限于“东莞地王”，而是升级为“深圳豪宅”。这样，通过万客会组织多年积累的客户资源就让该项目的消化有了很大程度的保障。这种以更高远的视野规划位于东莞的楼盘，并且将主力群体圈定为深圳购房者的做法，是一种极为智慧的市场战略突破策略。

这样，棠樾别墅反而有了“低价入市”理由。

同期深圳的别墅价格为40000元/m^2～80000元/m^2不等。2008年8月，万科棠樾以23000元/m^2的价格开盘，这个价格在东莞无异于天文数字，而在深圳，却意味着低价与高性价比。

其三，把好的产品展示给客户，认真做好“物”的建设

万科棠樾围绕产品的定位，通过建筑设计、规划、园林、配套设施等，在产品建设中逐一兑现，实现项目与客户群形象的高度契合，达到目标群与产品之间的价值沟通。

其四，运用各种造“势”手法，实现价值的最后拉升

采取“低开高走”的价格策略，加快了楼盘销售速度，奠定了市场基础，为日后的市场与涨价空间埋下伏笔。

精神层面的牵引，靠产品的气质表达的同时，还必须依靠文化的力量传递。文化的作用将在三个方面起到作用：项目与客户群的形象契合，目标群之间价值沟通，目标群与产品之间的价值沟通。

在营销上，万科遴选了原始森林、心灵修养、文化回归、按需出行等这种传统儒、道思想的元素，作为宣传的关键词。在项目推广前期，棠樾邀请了奥斯卡金像得主、著名美术指导叶锦添来担任项目美学顾问，并且将叶锦添营造的“桃源胜境”在深圳做巡展，筛选了很多前期基础客户。随后还邀请著名的“中国风”作词人方文山为其撰写项目文案，并进行新闻炒作。

通过以上系列运作，在2008年市场低迷时期，以高出当地市场4倍价格实现产品热销。

五、营销过程“虚实兼济”

从“道、德、物、势”的发展路径看，全局营销中要虚实兼济。每一个环节的虚实之中，又互有虚实（将在其后的章节中详述），房产价值也就在这样的虚实之间构成。任何产品，都由实体价值和虚拟价值构成。由此我们就不难理解：

超越产品本身的价值是如何产生的？

这些看似非理性的行为，背后有什么东西在左右？

房地产营销的无形魔法究竟是什么？

1. 产品的虚实价值如何依存

有一句佛家经典禅语被世人熟知。这就是《般若波罗蜜多心经》里的“空即是色，色即是空”。

简单地释义这句禅语就是，一切有形的东西为“色”，一切意识层面的东西为“空”。佛教在辩经中是这样解释，如果你不赋予有形的东西以精神内涵，色是没有意义的，是空的；一旦有了精神依托，有形的东西才变得有价值，成为真实的“色”。空色两者相互依托，互相转换，“空不异色，色不异空”。

北京798艺术区

如果将房地产建筑物实体视为“色”的话，就要赋予其精神内涵，否则无疑蚁穴兽洞，因为它只存在于人的本能需要。如果赋予其精神的内涵，建筑物体就具有超越实体之外的更高价值。像北京的798和宋庄，一个是废弃厂房，一个是远离城区的乡村，其租金和房价在赋予一定文化内涵后，却出奇的高涨。

2. 虚拟价值的产生根源

《道德经》中说“有之以为利，无之以为用。”即，实际存在的东西，我们可以因势利导，虚无不存在的东西，也可以利用。万物皆出一理，任何产品在市场上都同时具有实体价值和虚拟价值。产品的实体价值显而易见，而虚拟价值却隐藏其中。

营销的目的就在于挖掘产品的虚拟价值。比如，棠樾本来位于东莞，但又在东莞与深圳的交界处，于是定位为“深圳豪宅”，利用棠樾比深圳市区豪宅价格低的优势，吸引深圳客群的眼光，变不利为有利，这就是一个颇为微妙的市场举措。

从市场竞争和利益最大化的角度考虑，虚拟价值才是营销所追求的利益空间。洞穴本身没有意义，如果有人进住，它就具备了遮风避雨的功能。如果再饰以壁画之类的，它又具备精神价值。像敦煌莫高窟，它曾经辉煌，曾经没落，又再度被人瞻仰膜拜，其价值早已超越实体本身。

那么产品为什么会有虚拟价值？其产生的根源又是什么呢？

根源1：对市场的预期

《新概念营销》的作者黑曼在描述购买行为时说：“你其实不是在买肉眼可见、随手可摸的产品本身，而是在买一种预期。”

从某种意义上讲，所有的买主都是期货交易者，会产生希望满足某种特定需求的预期。

对于希望改善居住条件者来说，这种预期就是购房者对未来生活方式所产生的联想。

对于投资者来说，这种预期就是升值的空间。

对于希望得到社会认同者来说，这种预期就是得到一种身份符号。

由于这些预期存在，虚拟价值也就随之产生。

根源2：文化的影响

一个值得注意的现象是：虚拟价值的产生，都与所承载的文化有关，尤其是文化表达一种信仰的时候，更是如此。

本人手中曾有一块籽料羊脂玉，并给很多人看过，每个人给出的价格都不一样。有愿意出2万元的，有人却只出1000元，更有甚者80元都嫌贵。

研究这一现象后发现：所有愿意出高价钱的，都是对羊脂玉的来历及山料与籽料的区别都很清楚，并且了解玉文化的；而不懂这些的人，他就不愿意出高价钱，他认为自家鱼缸里的石头跟它没区别。

但是，对于不识玉者，你如果跟他讲关于羊脂玉的故事，讲关于羊脂玉的鉴别、采玉、加工甚至昆仑山的传说。逐渐，这些人开始动心，并且学会玩赏，最后也愿意给出高价。

这个故事告诉我们，对于任何产品，文化都是有价值的。当一个楼盘披上文化的外衣，就不再是销售生硬的钢筋和水泥，而是文化。

3. 虚拟价值承载体在于楼盘的气质

我们可以回顾一下自己的恋爱经历，因为买房就像谈恋爱。正如你深爱一个女人，千万不要以为你只是在爱她的脸蛋和三围，你可能是“迷”上了她的气质。这个人身上所独有的个性、思想、内涵、修养以及其外在形象所流露的韵味，这些都属于气质。所有人的气质其实都是在表达一种生活态度或价值观。所有这些，是看不见的，只能被感知。而这些看不见的东西，却在真实地左右着人们的取舍。

那么是什么承载着这种虚拟价值？答案是：气质。

（1）楼盘气质由楼盘主题最初定义

楼盘气质的主要载体是楼盘个性，它包括楼盘所蕴含的文化、生活方式、居住群体的价值观。而楼盘个性却是由楼盘主题最初定义的，所以我们必须要回到楼盘的主题上来。什么是楼盘的主题呢？其实，楼盘主题就是引导群体价值取向，集合特定市场群体，共同产生的特定需求预期。这种特定需求预期，有如一种公众“幻象”，驾驭和影响这些特定人群的心理和精神。这个时候，楼盘就拥有了超越价值本身的基础，成为特定群体对一种生活方式的信仰符号。老子称之为“道”，并以超越空间的智慧对其描述：大道无形！

因此，主题楼盘都要有一个统一的概念来表达。而概念就是隐藏在建筑物背后的无形的手，是特定群体的共同需求。

（2）楼盘的主题靠细节符号传达

楼盘主题又是依靠什么来传达的？那就是楼盘的细节符号！就像一个人的气质，是她的明确主张、她的举手投足、她的着装，甚至是她身上的气息，或者仅仅是你梦中的意象等细节符号传达了这种气质。

因此，一个楼盘，往往是由其所崇尚的生活观、与其相匹配的社区服务、外立面、景观、标识、宣传品等元素来传达或展示其概念。对于期房，又有可能更多地依靠售楼处包装、售楼人员着装等细节视觉识别系统来传达和展示。

为什么是细节符号？我们可以回顾生活中的经验回答这个问题。一种质地、款式都很相近的衣服，仅仅因为它的纽扣不同，或者一个细节点缀差异，有的卖几十元钱，有的数百元，有的则上千元。

一个商品的形象价值常常决定于这些符号细节。这些符号，因其生动，其价值联想远远超越了材料本身，所以其中的钢筋混凝土，远不比一个门栓更能让人兴奋。谈恋爱靠的就是这些细节，你被这些细节符号彻底征服了，就会非她不娶，不管付出多大的代价。

（3）楼盘主题和细节符号互为空色关系

值得注意的是，楼盘主题和细节符号，又互为色空关系，其传达的意象必定是互为统一、互为支撑的。

一幅画，仅仅因为时空的转换，或落款的不同，其身价就会千差万别。这幅画的身价已携带着文化成为特定时空下的公众价值感。因此，价值感肯定与某一时空下的群体价值取向有关系。

色即是空，空即是色，构成楼盘的各个元素，势必诱导人们产生价值联想；而价值联想又必须通过有形的符号和服务来实现。正所谓“色不异空，空不异色。”

北京纳帕·溪谷要塑造的是美国原版小镇，其名字也是美国葡萄酒产区中知名小镇Napa Valley的名字。纳帕·溪谷项目把美国正统的别墅概念引入北京，是美国F+A设计公司综合了

纳帕·溪谷的社区道路系统被称为“原版美国大社区道路系统”

法国、意大利、西班牙等代表性的设计风格融合而成。它摒弃了传统的“前后式大园”、“敞开式庭园”的思维惯性，整个社区采用多重庭院和多重围合的方式，私家花园被高度1.8m的围墙所围合，高低错落的三面建筑中同时又围合了一个中央庭院。

它的社区道路系统被称为“原版美国大社区道路系统”，特点是宽广、曲折、尽端回转，宽阔的道路保证了充足的楼间距，它使主路间的楼间距超过35m，支路上的楼间距超过27m，人车分流、动静分流的做法也避免了人和车的交叉。

纳帕·溪谷私家花园被高度1.8m的围墙所围合

北京纳帕·溪谷通过这些细节符号很好地塑造了“原版美国大社区”的主题概念。

4. 虚拟价值的空间究竟有多大

在操盘实践中发现，人们对楼盘价值的认同，也是从低级向高级的认同，即从物理属性逐渐向精神属性。依次是，对区域价值的认同，对产品优势的认同，对生活方式的认同，对精神主张（也就是信仰）的认同。到此，楼盘的价值也越来越明晰，即：楼盘的完全价值由“道、德、物、势”四个层面构成。

而楼盘的附加值究竟有多大，这往往取决于操盘手对楼盘精神层面的挖掘有多深。如果让人感觉到归宿感，你可以加一筹码；再让人感到尊荣，你又可以再加一筹码；如果让人在此得到一种信仰，那价值将可无限挖潜。

客户价值挖掘层次分析

（纵轴：财富方面；横轴：价值方面）

沉稳、有相对稳定的社交圈、注重礼仪道德、重视其身份和声誉、尊重奢华的生活方式	思想深刻、有极强的洞察力、有远见、有较高的声望、重视自己的社交圈和生活圈	在舒适和高品质的生活基础上，强调个性化的生活方式、较强的创造力和挑战精神、拥有其身份和个性的标志物
怀旧内敛、道德感强、有一定的信仰（如宗教信仰）、喜欢清静和人文气息浓的地方	丰富的阅历、有敏锐的洞察力、较强的人际网、存在一些显示身份的炫耀心理同时也注重生活品质和舒适性	重视生活的舒适性和品质、关注细节、个人意识强、社交面广、用于尝试新的东西、追求适合自己的新生活方式
思想守旧、顽固、爱面子讲派场、对金钱的看法和在其使用上存在一些矛盾、对价格有一些敏感	责任感强、有不断提升自身的强烈愿望、务实、对金钱在某种程度上保有“节俭”精神、对价格有一定的敏感度	小资一族、注重生活品质、懂得享受生活、关注时尚流行元素、对价格有一定的敏感

其实，任何楼盘都蕴藏着不同的生活方式和精神主张，来等待着营销人员的发现与挖掘。因此，操盘手如果只能把楼盘卖出市场公认的价格，那他是在浪费资源。营销的过程，应该是不断扩大产品虚拟价值的过程。

5. 需求层次与虚拟价值的关系

我们重回马斯洛心理需求层次图，看看需求层次与虚拟价值的关系。

马斯洛心理需求层次

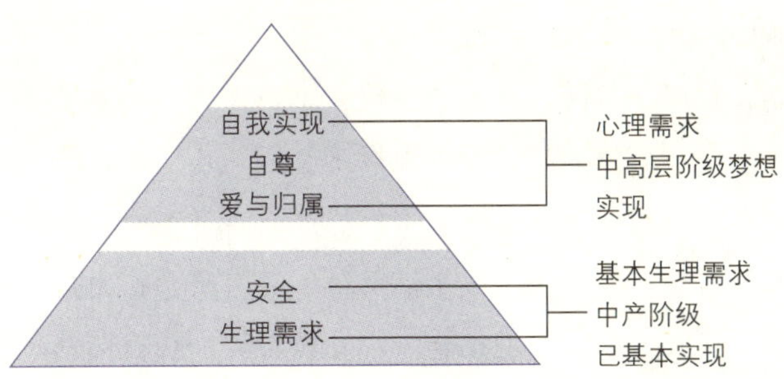

（1）基本功能需求属于物理属性的价值

就房产而言，处于低层的“生理需求”和“安全需求”，实际上是人们对住宅的基本功能需求。这一需求是附属于地段、建筑、社区配套、物业管理等基本物质配套，它的价值应该是这些因素的叠加。这个时候，房产所能实现的价值，仅属于其物理属性的价值。

（2）投资、买卖属于资本属性的价值

如果人们将其作为投资、变卖，这些物理属性又转化为资本属性。

房地产不但具有使用功能，还具有投资、交易功能，这种功能具有广义货币的特征和资本属性，因此也称其不动资产。因为它同时拥有土地资源并享有市政等城市配套便利，具有很强的保值、增值功能，所以比起其他硬通货更有投资价值，比起股市、期货等虚拟经济更有抗风险的优势。

（3）住宅的文化情结又催生了精神属性

“安居才能乐业”、“有恒产才能有恒心”，中国的历史一直给社会一种成家立业要先置恒产的观念。山西的大院就正是这种传统文化的典型表现。

将遗产留给后人的文化，从历代皇帝传江山开始演变为民间的一种潜意识。这种传承的文化成为现代大多数老年人一种根深蒂固的观念。其次，自古城东、城西、城南、城北都有一种圈层文化，到现在的高、中、低档楼盘的定位以及楼盘主题的宣扬，也是圈层文化的历史沿袭。住房在这种精神回家的追求中成为可靠的港湾，也变成了身份与地位的象征。于是，价格则伴随着这种精神的需求而不断上涨。

由此可见，一个楼盘的价值，至少包括三个方面：物理属性、资本属性、精神属性。这三种属性的共同叠加，才能体现楼盘的真正价值。

6. “虚实”之间的拿捏在于把握“空色”之间的度

道家认为：一阴一阳谓之道。阴中有阳，阳中有阴，纯阳不生，纯阴不长。与佛教的“色不异空，空不异色”同出一理。

以空色理论来看，任何产品都同时具备两种价值，一是可以看得见、摸得着的实体价值；二是可以带来心理变化的虚拟价值。色，可以看作事物的实体价值；而空，可以看作事物的虚拟价值；两者相辅相成，共生共息。

任何产品也都具有两种价值，作为人的生活载体——房产尤其如此。它的实体价值包括了楼盘的地段、区位环境、产品性质、户型结构、物业管理等一切看得见、摸得着的东西。而虚拟价值包括了社区文化、社区精神、生活方式等精神层面的东西而带来的虚拟价值，它是不能直接看到、摸到的东西。

因为实体价值是可比较、可量化的价值，而虚拟价值是不可比较、不可量化的价值，所以虚拟价值就具有了更大的发掘空间。

精明的市场操盘手就是要最大化地挖掘产品的虚拟价值，而虚拟价值又不可脱离实体单独存在，虚实之间如何拿捏，玄机就在——空色之间！

案例01 苏州·FY——文化楼盘的制胜之道

案例解读：

苏州自古就是一个世界闻名的园林城市，传统的中式楼盘在这里有深厚的文化底蕴，颇受追捧。本项目采用“福文化”+中式概念巧妙入市，准确击中了中国人内心深处渴望的中国情结。楼盘没文化真可怕，有文化元素没文化内核同样可怕。这是大多数人造文化楼盘的普遍弊端。但是，本项目却将“福文化”+中式的产品表现淋漓尽致，从而成功实现向“福宅”的文化延伸，市场销售就不再是难题。

作为我国东南地区有名的历史悠久、文化发达、风景优美的古镇之一，坐享着“湖光山色、洞天福地”之美誉的苏州光福镇坐落在太湖之滨，吴中名峰邓尉山麓，东西崦河之间。境内河道纵横交错，湖荡星罗棋布、气候宜人，物产丰富，早在1999年就曾被命名为江苏省历史文化名镇。更远追溯到南宋时代就已经是个“民灶千余，阡陌交通”的集镇。目前光福镇区面积虽约0.62平方公里，却很古朴、清雅，蕴含着诗情画意。这里层峦叠翠、四季花香、山外有湖、湖中有山，诚如明代画家沈石田所描写的：“屋上有山屋下水，开门波光眼如洗。”

一、“福地”渊源

面对如此深厚的文化底蕴和天然的自然生态资源，在无锡成功创造了文化大盘“江南坊”的JD房产开发有限公司毅然落子，转战苏州，筑造了苏州·FY——一个颇具福地文化的中式庭院别墅，再次把市民的目光聚焦到了苏州光福镇。

1. 文化资源“福地”

作为开发比较晚的镇级区域，光福名胜古迹众多，人文资源丰富，是著名的锦绣江南“度假胜地”。加上该区独特丰富的自然资源、人文资源、深厚的文化历史底蕴和完善保存的名胜古迹，使得该板块成为了众多别墅项目的落脚地。

2. 开发理念将文化资源诉求不断放大

以中国吉祥文化“福”文化为规划理念的苏州JD房产开发有限公司，也正是看中了这些优势。该公司多年来致力于人文居住建筑的开发与研究，探索对中式建筑与现代居住概念的统一与协调。通过发掘历史文化的精髓，并有机结合在实施开发项目中，无论从方案的设计到施工方案的制定，每一道工序力求精益求精。苏州·FY是该公司在苏州的首次人文作品，也是所开发的中国风情独院别墅升级版第三代产品。

二、塑造“福”文化

苏州·FY中的“福”字取自天下第一“福”的“福”字，意在传达中国福文化的和谐与美好。规划理念基础更是来源于中国传统吉祥文化“福”文化。位于项目中心区域的别墅群构成“福”字中的“田”型，称为“福田”规划理念，意喻吉祥如意的生活境界，传承千年历史长河中的中国传统吉祥“福”文化精神。“福田”规划创造出建筑与建筑之间外部空间组织形式的曲径通幽，从而营造出幽深意味的江南街巷生活模式、平易近人的生活空间及和睦的邻里关系，并且在建筑与园林中多处都运用了“福”文化的符号，使项目成为名符其实的大家福邸。

三、规划设计中追求古风韵，继承人与自然的和谐关系

苏州·FY规划设计中不仅在建筑形式上追求古风韵的传承，而更重要的是对于中国传统建筑聚落中人与自然的和谐关系的继承，强调了人与自然、人与社会、人与人、人与自我的协调平衡，并结合时代特点在户型设计、社区环境、生活配套等各个方面充分满足现代以及将来的生活方式。具有独特的亲水临水环境，沿岸形成的绿色生态景观而组成一个古朴、淡雅、明快的传统苏州园林小区。

整体建筑以“独家独院”设计理念为宗旨，将前庭、中宅、天井、后院三进式宅院格局进行大胆创新与改良，每栋建筑单体10m超大面宽，30m进深，每户500m^{2}的私享空间，是联排别墅中从

未有过的超大面积；每户入户7步条石台阶，过照壁入门前再有3步台阶，寓步步高升之美意；前庭花园、天井花园、露台花园、后花园、下沉式私家花园层5级花园系统；处处显现出不同于小家碧玉建筑风格，尽显江南大户大宅风范。

在产品规划上，初期就非常注重院居生活的特质。从“院”过渡到“园”是FY最大的跨越，在每户仅有五分地的小空间里精致巧妙地把“园”做进去，而且达到原生态的本质内涵，将庭院空间无限放大。独创下沉式整层私家园林，相同的生活空间，可以根据业主的喜爱，营造出不同的园林美景，真正实现“创意空间，百变园林”的独特设计理念。

规划设计追求古风韵，继承人与自然的和谐关系

四、条状通长型园林设计，形成极强深邃意境

项目中心建造了占地20亩的纯正苏州园林——塔影园，它由苏州园林名师、被誉为“东方之子”的80高龄的薛福鑫先生亲自设计。

造园格局打破以往常规点式园林的布局，形成条状通长型园林，具有极强的纵深感，改变了点式园林仅为几户别墅分享园林美景的不足。中心园林通过水系街巷的连通，使得每栋别墅均能很好地共享园林资源。园内保留原生态自然美景规划，园林的造园艺术极为讲究，园林的布局以水为中心，大面积的水域流动，再加上与景物的融合对应，充满江南情趣。

苏州·FY园林外景图

五、创新建筑功能，卓越居住空间

在建筑构筑过程中，突破苏州传统的复制园林别墅的构筑手法，将北方的建筑精华和苏州文化很好地融合在了一起，汲取了一定北方建筑的优势，塑造出了一个独具特色的文化别墅大盘。

建筑效果图

前院、中庭、后院形成二进中式建筑，中庭、后院下沉式贯通，形成立体园林空间，每户拥有自家园林，户型面积289m^2、311m^2、480m^2、500m^{2}不等。

同时，每户拥有双车位停车库，前后两入口，穿自家园林而过，各层主卫、客卫分工明确。健身娱乐与生活居住，动静分开。大环境与私有园林空间遥相呼应。

在建筑功能上更是塑求创新，充分考虑了住户对于建筑空间的大小的需求之后，还不忘强调空间容量的私密性与领域感，将每栋的单体面积控制在500m^{2}左右，室内私享150～200m^{2}的私家园林，室外共享8000m^{2}的中心园林，内外空间的大尺度舒适性形成空间功能的多样性。这样的产品类型不但适合居住，而且还可以作为户主私人会所、企业会馆或者艺术品展馆，苏州·FY为每位户主提供了一个坚守品位的社交主场。

室内空间1

室内空间2

六、开盘热销，文化楼盘魅力绽放

项目开盘当天，售楼现场更是热闹非凡，问询者不乏其数。对于此次开盘受到热捧，开发商都深感意外。但是，我们仔细分析，会发现产品本身所散发出来的 “个体魅力”，正是这种“个体魅力”将有着相同“文化情节”的人聚集到了一起。而“个体魅力”的塑造，离不开对产品的创新不断追求。

苏州·FY客户群体，都是有着相同的“文化情节”的，他们是因为这一种“文化情节”而聚集到一起的知音们。很多客户也表示，一来是看中了项目的文化底蕴，二来是开发商细节构造的周全。

文化的影响是如此重要，所以开盘时大部分谈论的不是产品的价格，而是产品的价值。当产品附加值受到如此多人的关注，那么销售人员是不是会轻松许多呢?

第二章 道篇——价值最大化的项目定位技巧

万物本"道"而萌生。此"道"即市场之道，是特定群体内心的潜隐而真实的需求。它要求操盘者，寻求符合消费者精神需求和物质需求的项目定位，并以此创意楼盘主题或概念，让人的心灵得到安顿。也就是说，做项目定位，首先使人的定位恰到好处！项目定位，其实是在给人定位。

当然，项目定位并不只是迎合现实的需求，让人的心灵得以安顿，还须"取向要高，体验要深"。此谓"道生之"。

道可道，非常道。

天下万物生於有，有生於无。

天下皆知美之为美，斯恶矣；皆知善之为善，斯不善已。故有无相生，难易相成，长短相形，高下相倾，音声相和，前后相随。

——老子

技巧一：找到项目定位的钥匙

在定位之前，想谈一下三个关键词：信仰、文化、居住价值。表面上看，信仰、文化与居住价值风马牛不相及。对一般策划和销售人员来说，它们与如何卖好房子关系不大。但是，就是这些看似不相关的、虚拟的东西，却隐藏着项目定位的钥匙。

项目定位的目的，在于增加项目的虚拟价值，但这有一个前提，就是定位要虚实兼济，定位之前的“虚”不是泛泛而虚，而是为了夯实全程策划的“实”。信仰、文化有它的虚拟价值，当这种虚拟价值上升到一种居住价值，并成为消费居住选择的价值取向，就发挥了它的市场价值。

所以，接下来，分析信仰、文化、价值观是如何影响消费者的居住选择。这种分析，会帮助我们找到项目定位的钥匙。

1. 信仰里的“虚拟价值”

“放羊为了啥？”

“建房子。”

“建房子为啥？”

“娶媳妇。”

“娶媳妇干啥？”

“生孩子。”

“生孩子干啥？”

“放羊。”

放羊娃的信仰与城市白领显然不同，各阶层如CEO、公司法人、艺术家以及社会其他各圈层等，对生活的价值观都有不同的追求，他们的需求因此也就各有不同，这就导致同样的物品在他们眼里也就有了各自的价值含义。比如放羊娃手里的鞭子，在他手里只是一个工具；而摆在城市白领家里，可能就是实现自己生活目标的鞭策；在CEO的案头，又是一种管理理念的象征；在艺术家那里，或许就成了艺术品。就这样，尽管鞭子没变，但不同群体赋予鞭子的含义不同，其虚拟价值也随之变化。这就是信仰里的虚拟价值。

（1）什么是信仰

在回答什么是信仰之前，我想先谈一个传说：神在造人后，发现泥做的人总是软软的，一经风雨就会倒下，于是神在人的背上插了根脊梁，这根脊梁在人无论遇到多大的风雨、多深的坎坷时，总可以让他屹立不倒。这根脊梁就是信仰。

关于什么是信仰，孔子和子贡还有一番精彩的对答：

子贡问孔子：治理国家的要诀是什么？

孔子回答说：足兵，足食，民信之矣。

子贡又问，如果非要去掉一个呢？

孔子回答：去兵。

子贡又问：如果再去掉一个呢？

孔子回答：去食。

孔子接着解释道：自古皆有死，民无信不立。兵力确实重要，但不是治国之要，一个国家的人民如果没有信仰的话，将会力量涣散。只有信仰的力量才足以把一个国家的力量凝聚起来。

这两个故事告诉我们：信仰，才是人们安身立命之本。人们必须有信仰，那是因为只有它能安顿人类灵魂并带来归宿感和幸福感。物质再奢华，但它绝对不是精神愉悦的绝对条件。

（2）信仰不是一种遥不可及的图腾

人类信仰千差万别，信仰的层次也与每个人的眼界有关。在小的时候，你会因为食不果腹而梦想着衣食丰足，那时候，衣食丰足就是你最大的信仰；后来，你有了自己的事业，对事业的终极追求成了你的信仰；再后来，你了解了一些宗教，宗教的理念又成了你的信仰……这些都成为你阶段性的信仰。这些阶段性的信仰随着眼界的扩展，也在不断地调整，并在支撑着你的进取与发展。

（3）信仰的通常价值

信仰在不同层面会有不同的价值表现形式。

1）宗教层面信仰具有四种价值

按宗教理论的说法，信仰有四种价值：

信仰的四种价值

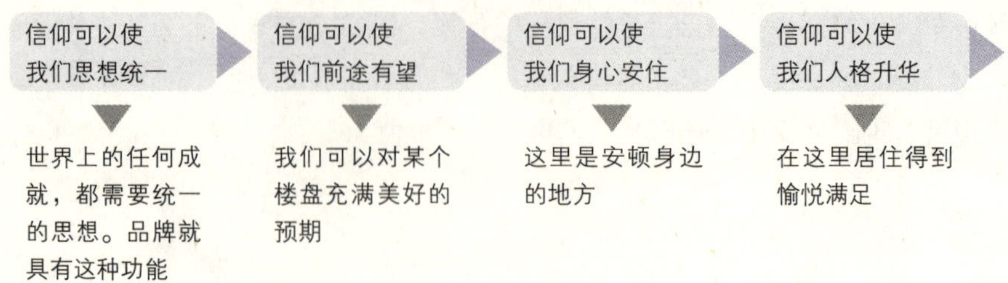

2）市场层面信仰具有五大价值

市场角度的信仰可以理解为人在不同认知阶段自我实现的目标。

信仰给予人的最大帮助是，带给人终极归宿感和最大的喜悦感，并且可以激发人们追求的欲望。当人类需要从日益加剧的现代生活中解脱时，信仰就会帮助人们以某种方式被唤醒。信仰是人对人生观、价值观和世界观等的选择和持有。信仰也包含着信仰者对未来美好理想的追求。

因此，站在市场的角度去运用人的信仰，大致可以得到如下效果：

第一：有利于市场细分

物以类聚，人以群分，这一自然分群的现象就决定了市场细分的必然。信仰是人生价值观的体现，它区分了自己的圈子与别人的圈子的不同。市场细分，就是将其因利势导，再迎合群体创造性地明确精神主张，达到门当户对。

第二：有利于品牌塑造

不同的信仰代表不同的精神主张，以此形成明确的市场主题，在客户之间、社会上进行有效传播，形成稳定的品牌形象。

第三：有利于价值提升

信仰所表达的积极的价值取向以及附属文化，可以让人产生积极的品质联想，从而形成超越产品本身的价值印象。而价值印象才是价格被市场最终接受的决定因素。

第四：有利于促成销售

信仰通过文化、生活观、价值观，沟通目标群与楼盘的关系，搭建楼盘与客户之间的精神通道。人们对信仰的认识，对人生的价值观念都能得到较快的传播，可以使目标群对楼盘迅速达到认识、识知、认同的目的。因此，明确的信仰具强大的精神诱导力和驾驭力，使消费者的选择更具指向性。

第五：有利于建立客户生态群

建立客户生态群是信仰营销的终极目的。只有明确了统一的价值取向，各个分散的个体才会像铁石一样在磁场周围形成一个稳固而专属的客户生态群。这一群体，才会因为有一种积极的信仰，像森林在阳光的普照下，不断壮大成长。

（4）信仰的虚拟价值向市场价值的转换

楼盘就是钢筋混凝土构建的生活空间，它本身就像一个生活道具，但道具的不同应用，就会产生不同而又丰富的内涵。这些丰富的生活内涵是怎样被赋予的？它是营销策划者通过核心主题来赋予，这些主题就是楼盘的核心主张。由此产生圈层的认同追求，信仰里的虚拟价值就转变成了市场上价值。

（5）信仰为何会转化成巨大的市场能量呢？

所谓的“赴汤蹈火、在所不惜”，在市场上的表现同样让人惊讶。比如，有的女士一生都在梦想拥有一个LV包，有的人倾其所有在追求一辆悍马越野车，当然也有人不惜代价拥有国际都市名片。拥有都市名片的人也就是在追求一种梦想的圈层生活，这就是信仰的能量。这种潜隐在每个人内心的冲动，就像魔法一样驱使他做出人生的选择。

1）亲身经历启示

有一个笔者亲身经历的故事。那是2005年春节，笔者与一群驴友们去穿越库木塔格沙漠，我们穿越的路线全程80公里，计划三天走出。我们一群人，因为第一次穿越沙漠，进入沙漠的时候，大家由于新奇而兴奋地奔走。但三天里，大家都在沙漠里，看到的、呼吸的、晚上睡的都是黄沙，吃的是干馕，喝的是纯净水，渐渐地原有的新奇与兴奋都被磨掉，取而代之的是满身疲惫与饥饿。到了第三天的黄昏，我们依然没有看到走出的迹象，大家开始有些灰心丧气，休息的时候，我们躺在沙梁上，这时，领队为了给大家鼓劲，就问每个队员同样的一个问题：你现在最大的愿望是什么？一个叫圣徒的说，我想坐在饭馆里，要上一份拌面，然后再加两个拌面！接下来的一个说，天天睡在我女朋友身边；最后一个说，我想喝一瓶可口可乐，然后打两个饱嗝！……

我多少年都忘不掉这一真实的故事，这个故事给人几个启示：

第一：信仰与其现实处境有很大关系；

第二：信仰并非一成不变；

第三：信仰与人的眼界有关；

第四：信仰能使人产生愉悦。

人在不同的处境和不同的眼界下，会有不同的价值取向。楼盘定位也因此从市场层级到核心主题都因时、因地、因客群而创新。此谓“道可道，非常道”。

因此，楼盘定位，第一要锁定人群；第二要分析不断变化的需求；第三，不仅满足客户群需求，还要适当超越其眼界。更高的定位，是楼盘取悦客户群的核心竞争价值。

2）需求理论支撑

美国社会心理学家、人格理论家和比较心理学家马斯洛，将人类的需要从低级到高级分为生理需要、安全需要、归属和爱的需要、尊重需要、自我实现需要五种层次。

人都潜藏着这五种不同层次的需要，但在不同的时期表现出来的各种需求的迫切程度是不同的。人的最迫切的需求才是激励人行动的主要原因和动力。人的需求是从外部得来的满足逐渐向内在得到的满足转化。

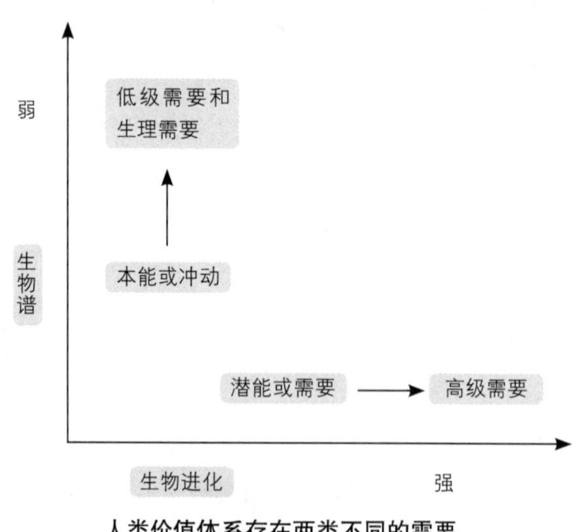

人类价值体系存在两类不同的需要

马斯洛认为人类价值体系存在两类不同的需要：一类是沿生物谱系上升方向逐渐变弱的本能或冲动，称为低级需要和生理需要；另一类是随生物进化而逐渐显现的潜能或需要，称为高级需要。

低层次的需要基本得到满足以后，它的激励作用就会降低，其优势地位将不再保持下去，高层次的需要会取代它成为推动行为的主要原因。有的需要一经满足，便再也不能成为激发人们行为的起因，而是被其他需要取而代之。

高层次的需要比低层次的需要具有更大的价值。人的最高需要即自我实现就是以最有效和最完整的方式表现他自己的潜力，惟此才能使人得到高峰体验。

马斯洛还认为：在人自我实现的创造性过程中，产生出一种所谓的“高峰体验”的情感，这个时候是人处于最激荡人心的时刻，是人最高兴、最完美、最和谐的状态，这时的人具有一种欣喜若狂、如醉如痴、销魂的感觉。

楼盘，作为一种人生的寄居载体，承载着人们对生活的期望，也就是寄托着人们在不同认识阶段的期望。它作用于人们的精神寄托，超出任何其他产品。因此，好的楼盘所带来的“高峰体验”也会远远超越其他产品。

我们走进星河湾，就不想走出去，就像一个其他楼盘无法企及的作品，给我们带来无与伦比的“高峰体验”，我们忘记了她的位置偏远、价格偏贵、户型偏大，我们就想真诚地拥有一套，住进去，成为她的业主。这种成功的“高峰体验”正是驱使参观者最终购买的关键，也是众多像星河湾一样的成功楼盘的核心特质。

3）前景理论的论证

2002 年诺贝尔经济学奖获得者、心理学家卡尼曼（ Kahneman ）带给人们的“前景理论”，从消费行为方面更加清楚地阐述一种市场行为：终极目标是幸福的最大化。

我们经常会面临这些问题的思考：

想不想换一个工资更高的工作？

当然想。

为什么要追求更多的工资呢？

为了生活更富裕。

那么生活更富裕为了什么呢？

……

归根究底，人们最终追求的是生活的幸福，而不是有更多的金钱。卡尼曼引用芝加哥大学奚恺元教授的观点，人们到底是不是幸福，取决于许多和绝对财富无关的因素。那么除绝对财富外，还有哪些因素在影响我们的幸福呢？其中一项就是“自我实现”，而自我实现的终极目标就是自己的信仰。对这种信仰的追求，就左右着人们的生活观和价值观，从而左右人们的市场行为。对信仰的认识、圈定、引导是楼盘客群细分的基础，也是楼盘概念设计之源。

2. 文化里的“虚拟价值”

一个成功的楼盘，必须具备三点特质：一是具有美好的联想，二是具有广泛的价值认同，三是具有明显的个性。而所有这些，实际上就是楼盘的“文化品格”。

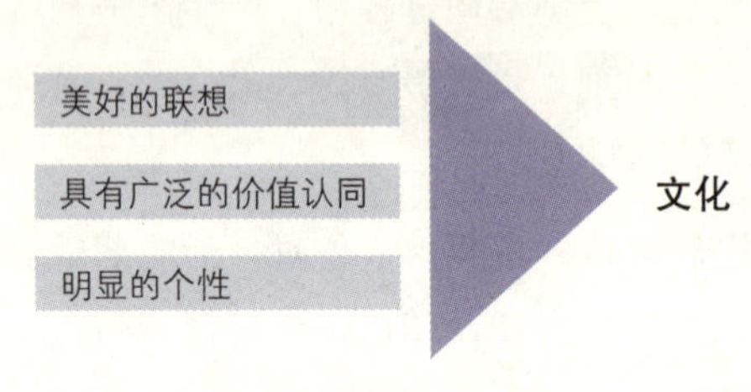

成功楼盘的三点特质

文化能让楼盘增加美的神韵。中国的文化，如同中国的青花瓷一样，虽然没有一款完全相同，但却共同透出一种大美的神韵，这种神韵你无以言表。

（1）什么是文化？

著名人类学学者泰勒这样给文化定义：文化或者文明就是由作为社会成员的人所获得的，包括知识、信念、艺术、道德法则、法律、风俗以及其他能力和习惯的复杂整体。他将文化定义为特定的生活方式的整体，它包括观念形态、行为方式以及提供道德的和理智的规范。它是学习而得的行为方式，为社会成员所共有。文化作为信息、知识和工具的载体，也是社会生活环境的映照。

由此可见，文化是社会成员共有的生活方式，是一种被抽象了的非物质的复杂整体，反映了社会成员的知识、信念、风俗和习惯等。

（2）文化差异

中国人对文化的理解更为简洁明了，那就是以“文”化人。

在美国，人们在结婚、就职宣誓的时候都要手按《圣经》。在安然丑闻之后，小布什要求美国的CEO们在财务报表上签字时也要按着《圣经》起誓。研究信仰与市场经济的经济学家赵晓说，这在中国人看来似乎可笑，其实对于美国人来说，这是一件严重而且严肃的事情。这是因为在美国，其宪法精神都是以宗教的精神作为最高标尺，宗教信仰是人们最终的心灵庇护。

而中国人似乎除了自己什么都不相信，事实是这样吗？

有一种被大众接受的观点认为，中国人的价值观，缺少统一的、系统的宗教信仰支持。因此，人们的价值观容易被风潮左右。回顾近年中国，文革运动、拜金思潮、港流韩流、超女超男等，一次次文化潮席卷中国，形成所谓的流行文化。为了一夜成“星”，甚至出现木子美、芙蓉姐姐和一群搞怪无厘头，而且都会成为一个时段的流行文化代名词。人们的信仰在流行文化的风潮中或张扬，或扭曲，或兴奋，或愉悦，或痛苦中快速变幻，形成只有中国才会有的意识形态风暴。

（3）中国的信仰就是文化

然而，没有共同价值观或信仰的民族、国度是根本不可能存在的。那么，是什么在支撑着中国人的信仰？

反观中国人的价值观，没有统一宗教信仰的中国人，则必定更注重文化，文化成为人们心灵的终极庇护所。也就是说，中国正因为没有统一的宗教支撑，文化成了大众信仰。

当主流文化潜伏，流行文化就会盛行，反之亦然，因为人总是要由一种信仰来支撑存在的价值。当主流文化潜伏的时候，寻找信仰的人们，就会随波逐流，流行文化就会形成快速变幻的风潮，在中国一波接一波地兴起。市场也不能摆脱这种风潮。时风之下的大众文化，它不是站在很高的位置让你膜拜，但它依然充满魅力。一些楼盘，也会打扮得像所谓的明星一样，在市场上各领风骚一两年。流行的终不能长久，而儒、道文化，却是随着时间的延续，形成了中国人的文化血脉。既然是血脉，当然不管你是否感知到它的存在，它都在你身体内流动。

所以，无论流行文化如何泛滥，主流文化一直注视着人们的灵魂。在近年流行文化泛滥的时候，人们将自发地重新注视自己脉管里流动的血脉，潜伏在血脉里的文化信仰将重新被唤醒。

（4）项目定位实际是一种文化的界定

因此，聪明的项目定位必须与文化联姻才更具有观赏性。项目定位实际是一种文化的界定，这种文化代表的是一个特定人群的生活主张和生活方式。

楼盘概念就是环绕着一群人的终极关怀所编织的一种生活方式。生活方式可谓五彩缤纷，概念也因此层出不穷。概念的创意，就要思考我们将编织什么样的生活方式。道可道，非常道。因为每一个群体的价值观不同，生活方式也就不同，这就给楼盘概念留下足够的空间。但无论如何，所有概念的创意都必须尊重人的精神需求，并且与时俱进。

任志强在一次有关企业的文化论坛上就举例说：

历史上，存活200年以上的企业组织只有两种：

第一种是宗教。宗教传承的时间最长，除了中国以外，所有的国家几乎都把宗教作为国家支柱的四大产业之一，它是维系价值观很重要的支点。

第二个就是学校。哈佛大学在美国建国之前就存在，它比美国的历史还长，像剑桥这些学校的历史就更长。之所以这些学校能够长期地生存下去，骨子里就是一种文化，它是文化的延续。

（5）赋予楼盘文化基因的三把钥匙

文化逐渐成为一些楼盘的卖点，然而想要真正打造一个文化楼盘却绝非易事，赋予楼盘文化基因，必须掌握如下三把钥匙。

钥匙1：定位阶段挖掘潜在目标客户群体和项目地块特质

房地产营销的对象是人，是特定的社会群体，他们必然存在特定的生活方式、信念和风俗等。在定位阶段，第一步是充分挖掘潜在目标客户群体和项目地块所具有的特质，这一步也将奠定一个楼盘的文化基调。这个阶段文化基调的确立主要从四个层面入手：

首先，受到城市文化的影响，无论项目的受众群体还是项目都将深深地打上一个城市的烙印。

其次，一个房地产项目的文化挖掘受到城市发展进程的制约，比如现在一些城市居民出现的“怀旧情结”就与城市大拆迁、大改造对原有生活破坏相关。

再次，与项目地块本身拥有的特质有关。比如已经成为历史文物的上海石库门成就了现在的上海新天地。

最后，深入研究目标客户群体的共性，为楼盘文化寻找方向。比如北京的橡树湾，其目标客户群体定位为周边高校的教师以及在中关村上班的青年白领，这些客户共有的特性就是校园情结。

钥匙2：产品阶段所有建筑元素围绕文化主题设定

要打造楼盘的文化，产品的实施阶段是至关重要的一个环节。产品是文化的载体，如果产品都没有体现预想的文化，楼盘文化和文化楼盘都将无从谈起——皮之不存，毛将焉附？

在产品阶段，最重要的一步则是规划建筑设计。规划建筑设计是定位的落实，这一步最重要的是主题要明确。所有的建筑元素都应该尽可能地围绕既定的文化来设定，如万科的第五园——“骨子里的中国”，园林和建筑都是中式而绝非其他风格，否则就会不伦不类。

所以这个阶段，建筑的全部元素不是简单的拼凑，每个地方都应该围绕楼盘的主题文化有“故事”、有说法、有“噱头”。

如万科第五园的“老房子”：万科花了三千万元从相隔两千多公里远的北京把老房子移到了第五园，以增加第五园的中国传统文化含量，这也在第五园的文化内涵中起到了一个画龙点睛的作用。

还有个性的白墙黛瓦、变通的小窗、细纹的墙脚、清砖的步行道、密集的青竹林、天井绿化、不可窥视的镂空墙、通而不透的屏风、方圆结合的局部造型、青石铺就的小巷、半开放式的庭院、墙顶采光天窗及多孔墙、承载文化的牌坊、可增加通透性的漏窗、富有文化色彩的三雕（石雕、砖雕、木雕）等，都是用来不断丰满纯中式的楼盘形象。

钥匙3：营销阶段酝酿和释放楼盘文化特质及核心价值

营销阶段是一个楼盘文化的酝酿和释放阶段，也是目标客户的认知和共鸣的阶段。一个楼盘的文化需要用什么方式来酝酿和释放，才能更好地让目标客户群体认知楼盘的文化特质，进而让客户达到共鸣呢？

首先，在营销推广中要找到目标客户群体的共有特质，通过一定的方式来放大或者宣传，从而让潜在客户向楼盘的主题文化靠拢。例如星河丹堤营销初期将客户定为深圳的中产阶级，推出王受之的作品《哈罗，中产》，在深圳业内业外都受到了较大的关注和共鸣，同时也向客户亮出了文化主题：一中一西的对比。

其次，由于一个主题鲜明的楼盘文化是具有特定意义的，所以在营销推广上，线下推广渠道的运用会相对比较多，这有利于加强目标客户的针对性和营销推广的有效性。

再次，营销推广的活动是楼盘文化的升华或者延伸。像东莞万科·运河东1号——追忆逝水年华，目标客户就是怀旧的老东莞人，万科在推广过程中，通过征集东莞老照片的活动来怀念以前的老运河街区，从而引起情感的共鸣。

楼盘文化的主体是客户群体，客户是楼盘文化形成的源头，也是楼盘文化的执行者。客户群体可以形成、享受、并在某种程度上改变楼盘文化，所以营造楼盘文化的核心是把握市场客户的特性。文化楼盘的营销是楼盘文化的升华，即让客户群体认知、认同、体验楼盘文化，使其成为楼盘文化真正的主体。

3. 居住的价值取向

对于房地产市场，居住的价值取向是因信仰、文化而形成的独特价值观念，它们影响人的价值观，从而影响人的市场行为。对于房子，价值感更多源于房子之外的东西，重要的是楼盘概念所表达的一种生活态度和精神信仰。

因此，楼盘的主题定位，是一种居住文化的定位。只有文化，才能准确地调适购买者的自我定位，它内在的居住价值具有包容性，无论雅俗，无论贫富，无论是何阶层，人们都不会拒绝。

对于楼盘，群体的居住价值就是一种个性、一种信仰，因此在市场上具有无限的扩张力。那么，是否一个楼盘具有的居住价值的包容性，其目标群体就不分阶层？不是。居住价值取向是精神领域的认可，而目标群体则是通过产品设计和销售技术实现分群，比如价格手段、推广渠道、产品风格等。

（1）孟母三迁告诉我们什么

孟母三迁是房产销售员最爱讲的一则故事。

故事大意是，战国的时候，有一个很伟大的大学问家孟子，他小的时候非常调皮，他的妈妈为了让他受到好的教育，花了很多心血。他们住在墓地旁边，有一次，孟子就和邻居的小孩一起学着大人跪拜、哭嚎的样子，玩起办理丧事的游戏。孟子的妈妈看到了，就皱起眉头："不行！我不能让我的孩子住在这里了。"孟子的妈妈就带着孟子搬到市集旁边去住。到了市集，孟子又和邻居的小孩学起商人做生意的样子，一会儿鞠躬欢迎客人，一会儿招待客人，一会儿和客人讨价还价，学得像极了！孟子的妈妈知道了，又皱皱眉头："这个地方也不适合我的孩子居住。"于是，他们又搬家了。这一次，他们搬到了学校附近。孟子开始变得守秩序、懂礼貌、喜欢读书。这个时候，孟子的妈妈很满意地点着头说："这才是我儿子应该住的地方呀！"

这则故事，说明社会环境与一个人、特别是青少年的成长有着很大直接的影响。孟子后来成为大学问家，与社会环境对他的熏陶感染有很大关系。其实，故事背后，也是在说，一个人对居住环境的价值取向问题。

假设孟母认为自己的孩子就是凡夫俗子？假设孟母想让孩子成为商人？其结果可能就不一样。这是孟母对一个家庭的未来，或一个孩子的未来，先有了一个价值取向，而后才去选择支持这个取向的居所。这个居所，实际上承载着孟母的精神主张。

北京的很多老房子，已经到了切实需要拆迁的境况，但是很多北京的大爷、大妈却表现出对老房子的留恋，这种留恋就是一种居住信仰的表象。因为这些老房子给他们带来了家的归宿感和幸福感，老房子居住虽有不便，但是却能给他们带来精神上的愉悦。

（2）居住价值其实就是一种生活方式

考察成功的楼盘，都无一例外地都在为客群编织一种生活方式，这些生活方式又无一例外地具备三种特征，文化愉悦、价值对等、超越自我。

生活方式具备的三种特征

特征1：文化愉悦

我们单纯地坐在沙发上是没有多少快感的，可是当我们是在影院里欣赏喜欢的电影时，这种快感就随之而来。同样道理，我们居住在一栋城堡里或者小区里，如果这里有丰富的故事供你品味，愉悦也就随之产生。

特征2：价值对等

你是很不喜欢和一群素不相识的人一起生活的，因为你不知道他们的价值观是否与你对等，不同的价值观会让你产生失落或孤独感，让你很不自在。因此，楼盘与目标群之间，必须有一个对等的关系。

特征3：超越自我

“水往低处流，人往高处走”，每个人都想要不断地超越自己，适当超越的市场定位，会满足特定客群的成就感。

（3）一种生活方式，究竟会有多大的魅力呢？

笔者曾经与一个所谓的“钉子户”谈过拆迁的问题，当时这户人家有一处60平方米的老宅，已经得到开发商20万元的补偿，但他还是不愿意搬走。他说，当他往外搬东西的时候，他发现钱已经不再有意义，因为他的人就像丢了魂一样无所依附，毕竟他在这个地方生活了四十余年。类似这种例子，在全国各大城市的拆迁时都会遇到，在北京的老四合院里的居民，在挖掘机下抱门痛哭，不仅仅是因为拆迁补偿的问题，他们留恋的是成为生命组成部分的生活模式。

这里还有一个典型的例子。笔者的一个朋友，父母是新疆建设兵团的，在南疆一个荒芜的煤矿生活了30多年，这里除了煤矿，就是一排排的沙枣，别的再没有什么，自然条件十分恶劣。三个儿女在外读书，然后在乌鲁木齐就业，他们有一个心愿是一旦条件达到了，就把父母接到乌鲁木齐来，在条件相对优越的首府里安度晚年。2004年，他们要把父母接过来，起初父母不愿意，儿女就极尽劝说，于是父母就把那边的房子和家什卖掉，到了乌鲁木齐来。但来了以后不久，父亲就闹着要回去，说他没有了过去，怀念矿上的生活，想念他的老邻居。但儿女并不理解父亲，认为这边生活条件好，有人照顾，也有新的邻居。但是，父亲后来逐渐变得沉默寡言，健康状态每况愈下，三年过后父亲得了严重的老年痴呆症。在老人心中，没有了过去，也就失去了自我，精神首先崩溃。

有一个叫喀拉拉的地方，位于印度南部最闷热的地方，有3000万人靠农业和渔业为生，人均收入不到40欧元，但他们每个人都有一块养家糊口的土地，平均寿命却有74岁。《幸福之源》说，拥有自己的土地、稳定的收入，生活在一个正常运行的村镇上，比较冷静地期待未来——比起那些住在门前立着推土机、限时拆除的贫民区的人们来说，喀拉拉的人遭受的压力小得多。一个人的生活方式对于预期寿命所起的作用远比遗传因素、环境和医疗保障的作用要大。

（4）给房子定位就是寻找精神主张趋同的人群

我们给房子定位，其实就是在给客户群一个定位。只有价值观趋同，才有成交的可能。

考察那些著名楼盘，无以例外地，都有一个成功的定位，这种定位包含着明确的精神主张。每一个定位，都自然地界定清楚了她的目标群体，并站在目标群信仰的高度去量身定制。

部分知名楼盘的定位及精神主张

楼盘名	定位	精神主张
碧桂园	给你一个五星级的家	喜欢五星级居住品质的人群
招商海月花园	海风一路吹回家	喜欢海的人群
奥林匹克花园	科学运动、健康生活	喜欢运动、健康生活方式的人群
星河湾	中国“劳斯莱斯”级的精品住宅	“高知、高贵、高雅”的精英群体定制的“全成品豪宅”

这里我们重点介绍星河湾，它是为“高知、高贵、高雅”的精英群体定制的“全成品豪宅”，是消费者在购买的时候就能看到的实实在在的“现楼美景”，这个完备的产品系统具有四大属性——住宅可观、环境可赏、配套可用、服务可享。这四个让人产生精神愉悦的元素，构成全成品豪宅的产品价值和市场价值及消费者购买产品价值的全部。

（5）产品定位必须迎合消费者的价值取向

国内主题概念最为鲜明的奥林匹克花园，他们自己提出的理念是“把奥林匹克精神和文化融入社区，创造崭新生活方式”。奥林匹克精神和崭新生活方式成为社区价值的重要构成，而这种精神和生活方式，都是与人们的价值取向有关。

下图中的个性，就是楼盘所倡导的生活观，代表一种群体信仰。这既是楼盘价值体现的秘诀，也是项目成功的保障。

奥林匹克花园楼盘价值塔

成熟、活力、健康	个性
创新、信誉、负责任、健康	价值观
信任、升值预期、自豪	情感回报
升值潜力、值得依赖、高附加值	利益
全国连锁、品牌名称、运动健康社区	特性

也有人会说，其实有不少楼盘的成功，是靠地段要素运营成功的，其实不难理解这一现象：经营者利用地段所拥有的资源，向客户诉求对城市资源占有而得到的便利和获得的尊荣。这些影响人们价值判断的要素，反过来诱导了购房者的决策。这是因为，人们依然不会因为纯粹的地段而去购买房屋。

某著名城市中心有一个楼盘，因为被传说是“鬼宅”，结果导致数年空置。也有销售人员会说，在客户购买因素调查时，他们确实是填的地段。这就像我们去买一支笔，你肯定首先要在很多种类中挑选，除了挑选好用的，你还会注意品牌、外观。因为这种品牌和外观，会给你带来身份感和愉悦感。但如果你问他为何买一支笔时，他肯定会说因为我需要使用一支笔，而少有人说它能给我带来身份感和愉悦感。

身份感和愉悦感的产生，可以从人性的角度去解释。首先，人是有群体意识的；其次，人是有情感的。因此，每个人都是有价值取向的，不管这种取向是明确的还是模糊的，是高层次的还是低层次的。

群体的价值取向就会产生尊荣感，个人的价值取向就会产生因拥有而得到的满足和愉悦。如果产品刚好迎合了这种价值取向，它就会带来品质联想（当然，这种联想有积极的，也有消极的）。

如果是高层次的价值取向，它就可成为一种信仰。信仰的价值就是“超越自我”的价值。

市场应用1：奥林匹克花园——健康生活也可以成为一种居住价值取向

有一种居住形态是将健康体育运动与生态住宅相结合，有一种居住文化是将奥林匹克和谐、运动、健康的精神植入社区的建设中，这就是一种崭新生活方式——“奥林匹克花园”。

在房地产市场，当健康生活成为一种居住价值取向时，奥林匹克花园就会迅速在全国各地衍生数十个楼盘，创下国内楼盘品牌奇迹。

1991年6月16日生效的《奥林匹克宪章》中，国际奥委会第一次给奥林匹克以正式的定义：“奥林匹克主义是将身、心和精神方面的各种品质均衡地结合起来并使之得到提高的一种人生哲学。”在这里，体育不仅是一种健身方式，更是一种反映人类理想的健康生活方式。

奥林匹克花园以大众化的科学健身运动为社区建设核心，积极倡导健康、科学、文明的生活方式，这种生活的构成不仅包括舒适合理的居住空间、优美的社区环境和完善的生活配套，而且涵盖了“健康管理”为核心的健康管理服务系统、与社区生活融为一体的体育运动设施以及以奥林匹克精神为内涵的社区文化、健康的生活观念和行为。它以领先的技术手段以及科学的产业化操作流程，创造有形和无形元素完美结合的人居空间系统，实现经济效益和社会效益的最佳结合以及房产与体育、物质与精神双赢的目标。

奥林匹克花园是以奥林匹克精神为指引，将非建筑元素作为一种核心居住理念引入房地产项目开发，将素质教育、人本关怀、科学运动、文化传承等元素融入社区，带给人们的不仅是运动和健康，更是一种健康、和谐的新生活方式。

更具象的描述也很吸引人。在“奥林匹克花园”流行着一句话，就是“请人吃饭不如请人流汗”。奥林匹克花园将一群喜欢穿“运动服、休闲服”的白领精英聚集在一起，热爱运动、崇尚健康是其共同的价值取向。遍布社区的羽毛球场、乒乓球馆、网球场、壁球馆等让“运动就在家门口”成为现实；奥林匹克花园“中体童军营”、拓展训练基地为孩子提供有别于常规教育的素质训

上海奥林匹克花园塑造一种健康生活的居住价值取向

练平台和挖掘自身潜能的渠道；业主还可以来到“健康管家中心”，在那里有专业智能化的检测设备和专业的运动医学技术人员和教练员为其制定科学合理的“健康处方”。

奥林匹克花园的意义不仅是为业主提供了多少运动设施，而在于通过居住的选择而达到了生活方式的一次飞跃。

市场应用2：龙庭·华清园——“以文化人”也可成为一种信仰

当人们集体焦虑时，“清静淡雅、以文化人”切入市场的学院文化社区就会感动市场。2006年全国首座“学院文化社区”——龙庭·华清园，一、二期开盘两月，即被抢购一空。2008年，金融风暴的背景下，价格也迅速翻番，创下当年乌鲁木齐住宅的最高价格和最高销售率。

原因何在？机会？地段？背景？显然这些都难以解释这一现象。因为市场机会不是为哪一个楼盘准备的，况且还面临多年不遇的金融风暴，地段也不是只有龙庭·华清园占绝对优势，企业与清华同方也只有间接的关系，而且IT行业与房地产行业还有距离。

那么，学院型文化社区凭什么能在市场走红？

一位退休的大学教授在龙庭·华清园现场的表现，也许能给这一现象找到一个好的注脚。她当时带着几个儿女到现场“抢房”，但最终没有得到，当时她激动地在现场哭起来：“知道我为什么非要买你们的房子吗？文化，都是文化。”当我们忙于挣钱、忙于工作、忙于应酬时，我们会突然发现，自己在疲于奔命中迷失了自我；当我们看多了社会因为集体的心理扭曲，开始反省自我的生活环境时，学院型文化社区，通过积极倡导的文化环境和社区无处不在的文化景观，营造了一个重塑自我，熏陶家人的环境，让业主对未来生活充满期望、充满自信。同时，重温校园的那种单纯、恬静、祥和，达到社区“以文化人”的目的。项目通过“以文化人，以境涤性”的园艺、配套、物来服务等手法，使业主能够在居家的同时“实现自我，或为后代的成长梦想创造条件”。

在社区里，文化成为一种价值观，一种信仰，它让人们遗失500多年的东西在这里得到坚守和找回。

市场应用3：SOHO中国——居家办公方式也可成为一种生活方式

当居家办公成为一种信仰时，SOHO就会被市场热捧。在SOHO中国推出的两年前，潘石屹就捕捉到了一股新生力量的崛起，那就是林林总总的中小公司。并且预计用不了多久，这股力量将不再是北京的点缀，而是遍地开花，势不可挡。于是他们在灵感闪现间，推出了SOHO概念，这无疑极大地迎合了这些追求灵活多变的新生代企业的需求。

北京三里屯SOHO写字楼办公空间

潘石屹是如何将居家办公塑造成一种居住生活方式的呢？

第一：产品理念上顺应“反空间”潮流

在做SOHO现代城之前，潘石屹已经深深地意识到，互联网的高速发展正在不断地改造原有的社会结构和生活模式。当时，潘石屹正在美国的哈佛、斯坦福等几所大学游走，看到的是不同系别的学生争相投入到互联网的狂潮中，他们不是去网络公司工作，就是在网络中创业。

互联网时代的来临，给世界带来的第一个变化是“反空间的”。原来在房地产商和人们头脑中的写字楼、住宅、公寓等严格的物业区分界限正在受到挑战。亚马逊网站是世界上最大的网上商场，但没有人知道它在哪儿。潘石屹想响应这个变化，出一个新东西——SOHO。

第二：产品定位开创房地产细分产品先河

SOHO是国内第一个房地产细分产品。在此之前，人们会说，我住的是三居室、两居室。而现在，人们可以说，我住的是SOHO。正如水不叫“水”，而叫“乐百氏”、“农夫山泉”。当房子不再叫“居室”，而叫“SOHO”时，国内第一个房地产细分产品就此诞生。

SOHO的本意是居家办公，但是其背后是物业品种之间的边界在模糊，是人们对新的房地产产品需求的一个明确信号。

之所以建SOHO，而没有建一般的住宅楼和办公楼，是因为它比这两种产品有更高的使用价值。因为住宅楼一天有12小时是空的，而办公楼也有12小时是空的。而SOHO的主力户型每套188平方米，既可以办公，又可以居住，等于是一平方米顶两平方米用，而且还节省了水、电等配套设备和费用。

居住和办公在一起，还有很多好处：减少了上下班人与车的出行次数，减轻了北京交通的压力；节约了人的时间成本，使人们把更多的时间用于工作和生活；节约能源，减轻城市空气污染；缓解出行时可能出现的交通事故、纠纷等社会矛盾等。这都是潘石屹赋予SOHO的社会功能。

第三：让“SOHO”成为一个话题

在用一个陌生的概念推广、营销一个新产品的时候，实际上特别难。潘石屹放弃了地产商通常的打广告的做法，巧妙地借助媒体实现了“话题营销”。潘石屹很少直接说产品，而是把从SOHO产品派生出来的“衍生品”——一个时尚标签、一个流行趋势、一种生活方式或者是某类人群的代名词，把这些东西抛向媒体。他知道，这些东西是媒体需要的，也是社会需要的。据统计，在SOHO现代城建成前后共有20000多篇文章报道了这个项目和潘石屹本人。

话题营销的成功，实际上是媒体与内容提供者良性互动的关系。SOHO公司给媒体提供了有价值的内容，媒体也提高了SOHO公司的知名度和美誉度，双方互惠互利。

第四：SOHO品牌之延伸

作为一个全新的住宅产品，SOHO产品不仅得到了市场的广泛认可，还引发了国内地产界的一种跟风潮流。为了给公众和社会一个清晰、明确的印象，他放弃了“现代城”而选择了SOHO作为公司的灵魂和卖点。

他推广SOHO 可谓煞费苦心——他极尽所能地将公司的每一个对外的产品都叫成SOHO。2002年3月，他把公司名称红石公司改称为SOHO中国有限公司，把公司网站改为SOHOCHINA，把公司内部报刊改为了《SOHO小报》，甚至在建国门外开发的新楼盘名称都命名为建外SOHO。

为什么这样做？因为只有这样，才能集中公司所有的精力和资源于一点上，发全力于SOHO一个焦点，才能在社会上爆发，才能深入人心。这样，“SOHO”已经从公司的一个产品提升为公司的品牌。

直到今天SOHO办公已经成为很多年轻人在家创业、居住的梦想。

市场应用4：万科·第五园——传统文化也可以成为一种居住信仰

当中国传统居住文化成为被唤起时，万科·第五园就在市场上拥有了强大的竞争力。目前房地产有个发展趋势，盲目地模仿和借鉴外国的建筑文化，而忽略了中国传统居住文化。所以，我们看到很多房子都是千篇一律的钢筋水泥、简单的建筑材料堆砌。让人们居住其中有如生活在工业流水线式的厂房建筑中，这些所谓的现代建筑，既缺少了人性的关怀，也缺少了中国传统建筑的自然天成，同时还缺少了中国传统建筑以人为本的、浓浓的、内敛的人情味和幽深意远的意境。

万科·第五园通过传统文化唤起消费者内心的信仰诉求

所以，当万科·第五园一上市，它就不仅仅是一个普通的楼盘，它重新唤起我们心灵深处的传统文化，它表达了自己对“中国民居文化”的深切关注和思考。

像万科·第五园一样的楼盘还有很多，北京的中堂、广州的清华坊等等都成为传统居住文化的代表之作，这些楼盘一上市都受到市场的热捧，可以看出传统居住文化在消费者内心的回归。越来越多的人已经将传统的居住文化作为居住的一种信仰。

技巧二：项目定位要“门当户对”

所有的楼盘都有自己的定位，无论它是有意的还是无意的，粗略的还是细致的，符合市场的还是背离市场的。就像一个人，他在社会上必定有自己特有的角色和个性，这有可能并不是他有意定位一样。在一块地上，是建别墅还是普宅，是建高层还是小高层，是建经济适用房还是商品房，是建中式建筑还是欧式建筑，这都是在进行定位。这种定位，其实是为居住在这里的人进行文化、地位、形象或者人格的定位。

1. 市场定位是项目策划的核心、本源

项目定位有两个基本的层面，即市场定位和目标客户群定位。

（1）市场定位需要回答三个问题

市场定位是项目策划的核心、本源，是项目全程策划的出发点和回归点，它是在项目策划初期就必须首先明确。市场定位的前提是一份市场调研分析报告（调研涵盖宏观、中观、微观，内容涉及政治、经济、科技、文化等方面），这份报告至少需要能够回答三个问题：

第一，竞争处于什么态势？

第二，本项目在未来可供选择的市场取位？

第三，本项目相对的优势和风险在那里？

这三个问题的答案是定位的前提条件，没有这些，定位显然是无本之木、无源之水。在这些素材具备之后，我们首先要考虑的就是项目的市场位置，即项目拟在未来市场中的战略取位。

（2）市场定位的方法

具体方法就是三面交叉分析定位法，三面就是：

1）项目“我”所能（达到）；

2）整体（或区域）市场所需（空白）；

3）市场竞争者所弱（不足）三个市场状态面。

以市场竞争为导向，寻求这三面的交叉地带是市场定位的基础，通过对这三个方面的分析我们就很容易确定项目的市场定位。此种定位理念、方式对于中小项目而言，差异化的攻击力，效果非常明显。

当然，对于大盘而言其定位可能不会局限在某个细分的市场层面，而应当涉及市场上大多的客户层面、类别，这时的定位理念运用就需要适度变通，更多地从意识形态和生活方式的革命、引导中实现。

2. 目标客户群定位首先回答“我是谁？”

我是谁？我从哪里来？我往哪里去？

这是当代社会的斯芬克司之谜。人们关心这个问题，是因为他要厘清自己在社会中的定位问题，是关心自身精神与肉体的产生与归宿，寻找属于自己的答案。人的自我定位，是随着自

我的发展与眼界的拓展自然产生的。

《人的宗教》一书里说，人性若要趋于完美，就须厘清其定位，并安顿其过程。特定的人群，有其特定的需要、特定的生活方式、特定的文化以及特定的追求和信仰。尤其在今天，人们的信仰无限细分，价值观、生活观千差万别，市场细分就必不可少。乘宝马和开悍马的不同，欣赏超女和欣赏范冰冰的不同，喜欢牛排的和喜欢红烧肉的不同，普通商品如此，委其一身承载着身心与梦想的住宅，则更是不同。志不同，道不合，每个人都将自己的生活，依据自己的信仰，划定了一个特定的圈子，以确定自己的社会归宿感。你很难将不同的群体硬拉在一起生活。

3. 目标客户群定位方法

市场定位确定之后，其实在某种意义上项目和产品的其他的（产品、营销、价格、促销等）定位也随之产生，因为市场定位是纲，纲举则目张。与市场定位紧密联系在一起的就是目标客户群定位。它须通过四步刻画法，即四个步骤将其全方位地刻画、描述出来，以期后期从客户需求角度量身定制产品和营销。在市场定位的前提下，要让目标客户群浮出水面，具体操作方法如下：

目标客户群四步定位法

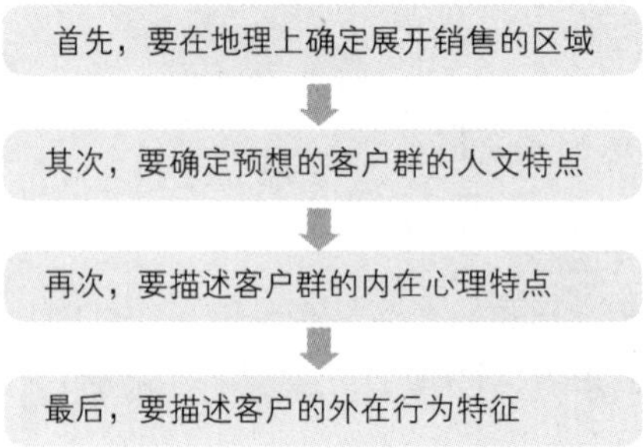

首先，要在地理上确定展开销售的区域

↓

其次，要确定预想的客户群的人文特点

↓

再次，要描述客户群的内在心理特点

↓

最后，要描述客户的外在行为特征

具体执行中，多通过目标客户群的静态描述和动态描述来实现。

其实说白了四步执行的目的是为了从地理、人文、心理、行为等方面来全方位刻画客户群，为营销推广提供准绳、靶子。通过这四步的执行起码要明确客户的生活惯性、消费习惯、居住意识等，为项目定位、营销提供对象。

4. 客户群描述及聚集的意义

那么反过来考虑：究竟刻画、定位目标客户群到底有什么意义呢？

（1）任何产品都是要为客户服务的，项目定位的根本目的是先圈定人群后、销售，客户定位所创造的阶层划分和诱导最能撼动目标客户的心，引诱其产生购买欲望。

（2）虽然我们主观上都渴望目标客户群越广越好，但实际上由于产品的最大化，需求的多样化，一种产品不可能满足所有人的需求。刻画目标客户群的目的就是在通过特定人群的挖掘，进而吸引、影响、显化甚至扩大项目的使用者队伍。

（3）目标客户群的全方位刻画进而会反作用于项目的其他定位，因为特定人群的习惯、喜好、需求在某种程度上是易于大众的，只有显化了目标客户群才能更好地营销。其实这一点说白了就是一种策划意识的运用，即：4P—4C—4R的轮回思维，只有在全程策划中时刻有轮回的意识指导工作，才能作好项目策划的每一个步骤——这也正是策划意识的体现：胸怀全局、着眼局部。

（4）真正科学、合理地确定项目主导的目标客户，更为重要的是在目标客户群定位的基础上，配合营销推进，进而确定项目、产品市场开发的科学顺序。

5. 目标客户群定位要讲究门当户对

目标客户群定位其实就是给社区的业主定位，也就是说，项目的定位是从人的定位开始。这里讲的定位，不是楼盘物理属性的定位，而是楼盘个性的定位。

所谓楼盘的个性，也就是它与众不同的特质。因为社区特质的不同，从而将其居民和其他小区的居民进行了分群，让他们拥有了特定的门户身份。

（1）“门当”、“户对”的原始意义

“门当”与“户对”最初是指古代大门建筑中的两个重要组成部分。

“门当”是指在大门前左右两侧相对而置的一对呈扁形的石墩或石鼓（用石鼓，是因为鼓声宏阔威严、厉如雷霆，人们以为其能避鬼推祟）。

“户对”指位于门楣上方或门楣两侧的圆柱形木雕或雕砖，由于这种木雕或砖雕位于门户之上，且为双数，有的是一对两个，有的是两对四个，所以称为户对。用木头雕刻的户对位于门楣上方，一般为短圆柱形，每根长一尺左右，与地面平行，与门楣垂直；而用砖雕刻而成的户对则位于门楣两侧，上面大多刻有以瑞兽珍禽为主题的图案。

根据建筑学上的和谐美学原理，大门前有“门当”的宅院必有“户对”。所以，“门当”、“户对”常常被同呼并称。又因为“门当”、“户对”上往往雕刻有适合主人身份的图案，且“门当”的大小、“户对”的多少又标志着宅第主人家财势的大小。所以，“门当”和“户对”除了有镇宅装饰的作用，还是宅第主人身份、地位、家境的重要标志。

所以，“门当、户对”逐渐演变成社会观念中衡量男婚女嫁条件的一个成语，在今天，反而被人忽略了其原来的意思。

（2）“门当”、“户对”在楼盘中的现实表现

项目定位，站在开发商角度看似在给客群定位，但是我们站在购房者的角度会发现，实际上它是来自于人的自我定位，人们都在寻找符合人们的需求与期望的房子。

项目定位就是为特定的居民设计一个“安身立命”之地。安身，即为这里的居民建造一个符合其生活方式和精神主张的处所；立命，即为这里的居民营造能实现自我价值的环境。反之，客户也在以楼盘的特质表达自己的身份和精神主张。

因此，卖楼就像嫁人，买楼就像找婆家，其过程就像谈恋爱，就是这个道理。在房地产市场，楼盘“门户”影响着人们的选择。

（3）“门当”、“户对”产生的根源在于对居住社区的价值对等诉求

SOHO现代城、奥林匹克花园、星河湾、龙庭·华清园等这些社区，都形成自己鲜明的门户，其居民自然也是门当户对。居民与社区既有一个形象对等的关系，也有一个价值对等的关系。

不管承认还是不承认，“门当、户对”都是事实存在的，并且不分城市与区域。比如在上海，住在尚东国际里的居民，与住在万科燕南园里的居民，就有自己不同的“门户”；在广东，住在碧桂园凤凰城里的居民，与住在雅居乐花园里的居民，有着不同的“门户”；在乌鲁木齐，住在龙庭·华清园里的居民，与住在水清木华里的居民，有着自己的不同的“门户”……

在现实社会中，每个人都是经常与社会中的其他人发生交往的，每个有共同信念、道德观和价值观的人组成的群体，往往能使群体的参与者得到情感的交流和社会交往的满足。反过来，宁可独处，也不要糟糕的社交圈。正是人与人之间的亲近对于幸福如此重要，所以错误的社交意味着比独处压力更大。因此，人们更关注一个价值对等的社区。

“门户”代表着生活方式、生活态度、社会身份，甚至是精神主张，形成所谓的“圈子文化”。这种“圈子文化”与群体的价值观和信仰有关，它要求社区文化符合这种“圈子文化”，使得社区身份与业主身份之间“价值对等”。

6. 项目定位要恰到好处

如何使人的定位恰到好处？这是项目成功的关键！

定位的包容性、明晰性、价值取向的高低以及所蕴含的生活方式和社区文化的不同，决定

了有些楼盘一面市，就会受到热捧，而有的楼盘一上市就面临滞销。恰到好处的定位就应该让客户“一见钟情”，否则会“道不同不相为谋”。

不过，在现实中，很多人对自己的社会定位和精神归属是潜意识的，这就需要营销人士认真分析、挖掘，理其表，潜其心，循其群体文化，尊重人的感情，厘清人的自我定位，才是项目定位所遵循的“道”。

其实大家都有这方面的营销经验，即在一个项目或产品的不同营销时期，其目标客户群的居住区域、购买意识、需求层次是不一样的，对此的深入研究将有利于我们在不同的营销推广阶段将目标客户锁定为清晰而特定的人群，进而从全局出发制定最为科学的整合推广步骤！

链接 为何说万科的成功是基于客户价值的成功

一位长期跟踪研究万科等知名房地产企业的市场人士陈洋认为，万科的成功是基于客户价值的成功。

学生之路：向美国帕尔迪学习

2002年，万科第一次形成了完整的客户理念，并开始建立起客户关系团队。2003年，万科把学习的标杆锁定为有着50多年经营历史的美国帕尔迪住宅公司（Pulte Homes）。帕尔迪是专做住宅的公司，能为11个类别的客户提供一生需要的不同住房产品，其成立以来连续50年高速增长。永远把客户放到第一位是帕尔迪连续50余年长盛不衰的秘诀。帕尔迪前任主席John Gallagher说："如果有什么成功信条，按重要性排列应是：客户——社会——企业，如果开发商充分考虑客户需求，则会很好地满足社会需求，在这两点得以满足后，事业发展则顺理成章，不用担心赚不到钱。"在帕尔迪的核心价值中，有一条箴言："重要的是每天客户告诉我们什么，而不是这个行业正流行或赞美什么。"帕尔迪的运营流程是以客户细分为起点的，是真正的客户导向。2004年，万科明确将客户关系管理列为规划设计、工程管理、营销管理、物业服务之后的第五大专业领域。客户关系部已经成为万科公司架构中最大、最重要的一个部门。

十年规划：从以项目运营为核心转向以客户价值为中心

万科学习帕尔迪的口号就是："客户是最稀缺的资源，是万科存在的全部理由。"万科在确立十年战略规划之时，"从以项目运营为核心的方式，转向以客户价值为中心的运营方式"被提到三大策略（客户细分、城市圈聚焦和产品创新）的重中之重。房地产企业的发展有三个阶段：产品导向、市场导向和客户导向。目前，国内大部分房地产企业还处在项目开发为主的产品导向阶段以及市场细分定位的市场导向阶段，万科已经开始进入以基于客户细分的客户价值和客户需求导向的阶段。在客户细分策略下，万科不再局限于以职业、收入、年龄等"物理"方式去把握客户，而将从客户的内在价值出发，按客户的不同生命周期，建立梯度产品体系，通过为客户创造价值，实现客户的终身锁定。

为新兴中产服务：锁定城乡结合部

万科的楼盘经常位于城乡结合部，原因是万科看清了中国经济和社会的未来在哪里。中国经济的未来是城市化，中国社会未来的中坚是新兴中产阶级。万科对自身客户群的描述是："25～45岁，受过良好教育的城市白领、公务员、自由职业者、企事业管理人员和私营企业主。"按照这种描述，万科构筑了为白领阶层打造的城市花园系列、花园新城系列和四季花城系列。万科专注做中产阶级的城乡结合部的住宅，不仅使万科脱离了靠土地生存的“通用模式”，并且激发了万科在土地价值低的郊区做出了一流的产品。万科过去和现在的成功在于把握住了中国城市化进程中的主导力量——新兴中产阶级。

客户细分：让客户价值精细化

万科从帕尔迪学到了如何做客户价值的精细化。帕尔迪将客户细分为11类之多，这是因为美国已经形成了较为稳定的社会经济结构以及与之对应的阶层划分。万科仔细研究中国市场后根据家庭收入、生命周期和房屋价值等因素细分成5个类别，针对不同的细分市场分别采取不同的策略。

确立价值定位：为客户提供终生所需房产品

万科从帕尔迪学到了如何确立价值定位。帕尔迪的价值定位是对客户的终身锁定，这背后是建立在美国成熟阶层结构之上的客户生命周期管理。王石说：“现在万科开始改变了，万科的定位是客户的终身锁定，从他大学毕业刚刚进入职场时的小户型公寓，到他娶妻生子的三居室，再到他事业有成时身份象征的独立别墅，一直到他退休后入住的老年住宅，万科都要做。万科已经不再将自己定位于只做城乡结合部中高档房的公司了，而是为客户提供终身所需要的房产品。”

王弼云：“凡物之所以生，功之所以成，皆有所由。有所由焉，则莫不由乎道也。”这个道，就是客群的价值定位，其中最为重要的是生活态度和精神信仰。

技巧三：主题定位旨在塑造项目灵魂

尽管项目定位包括产品定位、形象定位、客群定位、价格定位等，但它们都将以楼盘主题为核心。主题是本，本立而道生。

1. 主题定位是楼盘之“本”

这个“本”下包括项目属性、形象特质、生活理念、社区文化、精神主张等。楼盘主题是楼盘精神的主旨，将对产品规划、设计、建设、营销、包装、物业服务、品牌塑造等进行统领，使这些元素共同构成一个有机的生活环境。这样，社区就具备特定的形象与内涵，形成社区特质。即所谓道生一，一生二，二生三，三生万物。

项目主题概念的凝造和提升非常重要，既是楼盘思想和精神的体现，也是楼盘气质的凝聚，更是项目可持续发展和开发商品牌推广的重要渠道。项目主题概念的凝造必须具备以下原则：

（1）有较强的凝聚性

项目的主题概念必须凝聚楼盘的各种卖点并提升为楼盘的气质和思想，具有较强的品质内涵，并能充分阐释开发商的项目开发理念。

（2）较强的冲击力

项目的主题需拿到市场上验证，它是整个楼盘的形象代言，是楼盘的重要传播途径，因此必须具备较强的市场冲击力。好的项目主题能以极高的效率成功地激发受众的认知欲望，起到普通的终端道具所不能的作用，一般是其5～10倍的冲击力。

（3）具有较强的市场操作性

项目主题概念凝造的基础是楼盘品质（包括地段、产品、景观等）和市场运作空间，主题概念不能脱离此基础，否则就是“无源之水，无本之木”，推广工作就会纯粹为了炒作概念而炒作。

(4) 具有较强的先进性

先进理念打造的社区一定是具备居住的先进性。项目的主题必须具有先进性，以符合或引领消费者购房心理。

2. 主题定位需要坚实落脚点

环顾当下房地产市场各种概念纷纷横空出世，层出不穷，但真正能引起市场波澜乃至引领时代潮流的少之又少。有项目的主题似乎定的非常新颖、奇特，但在实际操作起来效果并不理想，究其原因之一即无现实的落脚点。因此，在房地产主题概念凝造中需有强有力的现实落脚点。

（1）文化因素

“当今世界，经济竞争的最高境界就是文化的竞争”，这句话说得很对，于是乎很多项目便纷纷弄点文化牌。打造文化牌完全可以，但关键之关键是要有着脚点。无论是泊来的还是国内的文化均需符合项目发生、发展的事实。

（2）市场因素

市场因素主要指市场的认知、接受程度。房地产主题概念必须能够引领、最起码是迎合市场。市场是验证所有理念的最朴实的法则。

（3）产品因素

严格地讲什么样的理念做什么样的产品，产品要基本符合主题及其理念，这是操盘的基本原则。这里讲的产品因素是复合性的，包括地段、体量、建筑、规划、景观等等。主题概念和产品是领导与被领导的关系，但在现实中又是相互影响的。如，3万平方米体量的小区叫“某某城”，社区栽了几株树木就叫“某某花园”，距离市中心还有好几十公里，就说处于市中心……这些都是概念与产品未形成统一。

当然，情感的、购买力的、经济行为的等等都是我们在做主题的时候必须考虑的因素，这样足见主题凝造的高度和综合性，绝不能断章取义、异想天开。

3. 主题定位要有明确的精神主张

目前在上海、北京、天津、广东等30多个城市建有同类型项目的“奥林匹克花园”，应该是体育概念楼盘的首席代表。它的成功之处就在于，有明确的精神主张。

全国首座学院型文化社区——龙庭·华清园，以“自我实现”为明确的精神主张。“学院文化社区”有别于一般意义上的“高尚社区”，在弘扬居住理念、居住文化方面有质的跨越。恰当地满足人们在文化与信仰迷失后重新反省生活方式的需要。

在明确的概念下，其规划设计追求简洁明快、与时俱进的风格；园艺设计体现“以文化人、以境涤性”的故事化景观；生活理念倡导“行以睿智、居以树德”的生活方式；营销全程包括销售人员的服饰，都体现出浓郁的文化气息；社区倡导以开放式学习为核心的“精细化服务”；实现“文明、健康、和谐”的社区文化理念；以“自我实现”作为社区的精神主张。楼盘的各个细节都体现一种与时俱进的学院精神，在整个房地产市场形成了自己独特的个性特征。

楼盘概念与开发、营销环节的关系图示

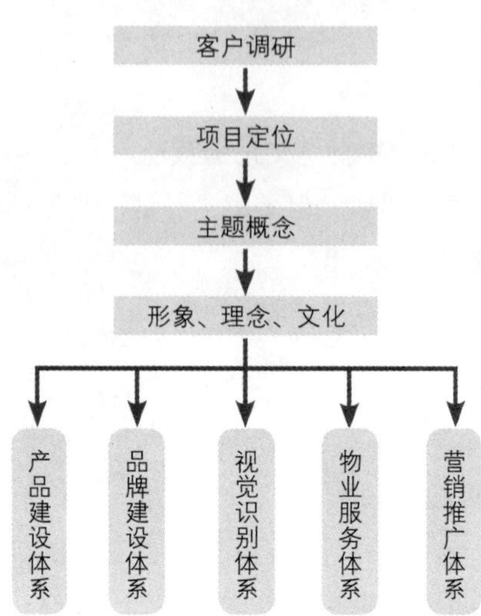

4. 主题定位取向要高

愉悦自我、实现自我、超越自我，决定着客群的购买行为，这与人生自我定位的不断修正有关。人们一直在试图实现自己的目标，接近自己的信仰。楼盘的定位，一定要给予他某种冲动，那就必须有较高的定位取向。

四维主题定位过程

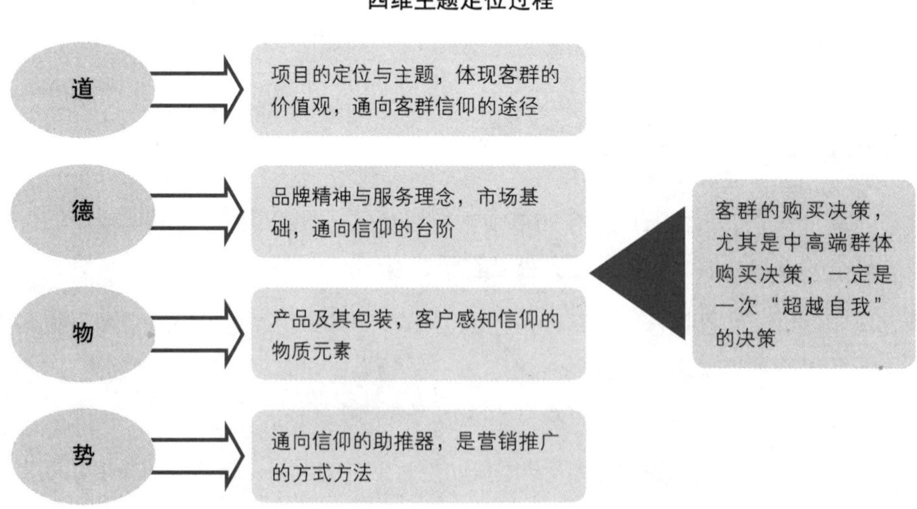

由上图所示，如果探讨中高端群体的定位，完全可以不再考虑购买力对他的影响，只需要研究与他对等的生活方式和自我价值取向。

在项目定位时，尽管专注对象是客户群，但大多数的市场细分，只注重了人的社会属性，而忽略了其精神属性，这不符合最大化体现楼盘价值的取向。

前面已经讲到，市场行为的终极目标是幸福的最大化。《人的宗教》一书里还有这么一段话：人性的潜在能力究竟是神还是魔？如何使个人的定位恰到好处？人应该怎么活出意义？答案是：首先，生命取向要高；其次，生命体验要深；再有，生命能量要强。

因此，一个较好的主题定位应积极向上，有较高的精神主张，符合自我实现、自我超越的要求，完成人与社会和谐共生，塑造文明、健康、和谐的生活意境。

5. 主题定位要适应纷繁复杂的信仰

尽管从表象上看，人们的信仰五花八门、纷繁复杂。有人将权势、金钱、享乐当作自己的信仰，有人将宗教、主义、爱情视为信仰，甚至有人信仰暴力。可以说，人类有多少种文化，就有多少种信仰。但有一点，信仰是可以引导的，就像我们常说的引领生活方式一样；信仰亦有教化作用，犹如环境陶冶情操一样。倡导积极的生活态度和信仰，不但是开发商的社会责任，也是人们的共同取向。如果厘清人类宗教的根源，不难发现都有一个明显共性，对文明社会的向往、对健康的渴望、对和谐共处的追求等，这些承载着幸福的愿望才是人类所追求的本质，因为这些才是人类幸福的基础。

这种一切以人的精神和物质需求为出发点的定位，才能安顿其灵魂，让人产生依恋和归宿感。

6. 主题定位会产生积极的心理诱导

人们为什么不愿意住在贫民窟？人们为什么向往大都市的生活？孟母为什么要三迁？旧时的北京为什么会有东富西贵南贫北贱的说法？等等这些都说明一个区域的精神取向，对人的成长和心理状态有深刻的影响。"环境造就人"，它会对长期居住这里的居民精神状态产生潜移默化的影响。这种环境，不只是物理层面的，还有精神层面的，它包括楼盘的名称、文化、社区推崇的价值观等。

楼盘不同于普通商品的地方，是它同时承载着人们的精神与肉体，世人的归宿。在温饱之后，生活观和价值观对选择生活方式将起决定性作用。楼盘又相同于普通商品，你把它放在VIP专柜或地摊上，其价值印象就会有很大区别。这就是广告人常说的"调性"的作用。

在乌鲁木齐有一个楼盘，案名水清木华，位于南湖广场，对面就是市政府，这是一个新兴的区域，因为市政府搬迁到此后，这里渐渐成为一个地产开发热点。水清木华是当时开发的最大一个楼盘，因为这个地段的潜在价值，起价时3600元/m²，已属相对较高的价位。但楼盘没有明确的定位，广告明显是针对“有钱人”或“暴发户”，卖了一年时间，结果是一地鸡毛。后来新的操盘人进来，调整楼盘“调性”，楼盘重新定位为“成功人士的身份名片”，把楼盘从拥有的地域资源价值，上升到同时拥有与政府相邻的身份价值。结果，价格从3600元/m²一直拉升至4800元/m²，并且在一年内基本售完。

曾经号称“全北京CEO最多的社区”万泉新新家园，在最初推盘的时候，单价只有6000多元/m²，与路对面的楼盘价位相当。因为同一区域两个楼盘，且价格相当，同质竞争压力很大，销售速度缓慢。是调高价位还是调低价位，是调价还是调整调性？向左向右的问题困扰着决策者。后来，操盘者选择调整调性，不与相邻楼盘在同一层面竞争，主动拉高目标群定位，争取金字塔顶的购买群，并抬升销售价格。然后一方面通过宣传提升楼盘的市场形象，另一方面对小区进行细部改造，如将坐便器和门把手更换成市场上最好的，把原来的草坪铲掉重新作园艺建设等，增强客户的价值认同感。当客户进门时触摸到市场上最好的门把手，到洗手间看到最好的坐便器时，对整个楼盘的价值就会产生价值联想，并最终认同了楼盘的价值，销售结果自然是大获成功。楼盘从6000元/m²飙升至8000元/m²，然后突破万元，飙升至12000元/m²。操盘手总结经验时说，当别人拿着大刀挥舞的时候，我就要持枪站在桌子上。

7. 各种不同概念楼盘剖析

近年来，具有明确概念的楼盘不断出现，每一个鲜明的概念楼盘都有一个特定的目标群体，并且拥有独到的人文特质。各种不同类型的概念楼盘在北京风起云涌，北京也成为各种概念楼盘的试验场，无论是成功的还是失败的，都成为全国概念楼盘借鉴的最好案例。在此，我们以北京区域为例，对概念楼盘进行一番梳理。

第一种：SOHO概念——现代人的自我实现

这算是中国最早的楼盘概念之一。1999年，潘石屹把SOHO这个国外概念引入中国，首创SOHO概念楼盘——北京SOHO现代城。SOHO一词起源于80年代的纽约，因艺术家云集而出名，那里风情独特，有纽约最另类、最有品位的商店、画廊和餐厅。后来有日本人在建筑中引用了SOHO这个词，即是“Small Office Home Office”的缩写，意为小型的、家庭的办公室。北京SOHO现代城之后，SOHO这个时髦词迅速传遍大江南北。

市场背景：在90年代后的北京，被称为SOHO一族的自由职业者和居家办公者越来越多，比如记者、作家、经纪人、摄影师、计算机编程员等，还有一些正在起步和发展阶段的公司和一些规模不大的公司，如广告公司、设计工作室、律师、会计师、建筑师事务所、外国驻京办事处等。在网络信息时代，他们的行为方式决定了他们需要自由的工作时间，自在的做事方法。

他们不喜欢朝九晚五的传统工作时间安排，不喜欢在拥挤的人流中行色匆匆，更不喜欢焦灼万分地驾驶着自己的爱车蜗牛般地行驶在令人沮丧的上下班车流高峰中；他们向往亲切、随和、无拘无束、工作与家庭和谐共处。现代城的目标客户群就是这样一群做着居家办公梦的自由职业者，因此现代城的风格不是追求昂贵的大理石、花岗岩、精雕细琢的古典门、金碧辉煌的水晶吊灯等豪华装饰，而是追求个性的充分张扬、自然亲切的生活环境、工作与生活融为一体的崭新境界。SOHO概念与一种生活方式或生活态度的呼应，使销售获得巨大成功。

SOHO概念楼盘的成功，把潘石屹定位为中国概念楼盘运作第一人。

第二种：CBD概念——城市商务精英区

1993年国务院批复的《北京城市总体规划》，首次提出建设北京商务中心区。2001年北京朝阳商务节的成功举办使得CBD的概念引起了人们的广泛关注。合生国际花园、富力城、A派公寓均都因为CBD生活方式的概念，受到了众多向往商务精英生活人士的青睐。

市场背景：在这块规划的3.99平方公里的土地上，汇聚着大量金融、贸易、商业及中介服务，“商业汇聚之地”周边生活需要，具备完善的市政交通与通讯条件。大量城市商务精英云集于此，他们希望扩大自己的社交圈，获取更多的商务机会，他们十分珍惜时间，快节奏地生活工作，更需要有适合自己的生活方式和与自己身份相对应的门户。

第三种：健康运动概念——城市白领的快乐大本营

以“科学运动、健康生活”为理念的中体奥林匹克花园，是概念运用最为成功的楼盘之一。对大多数购房者而言，奥林匹克花园的吸引力也的确是更多来自它的体育概念，而非具体的建筑印象。科学运动、健康生活像一个品牌图腾，吸引了疲于工作、压力巨大的白领一族。

市场背景：热爱运动、注重健康的白领阶层，越来越壮大。然而，竞争激烈的生存环境，使他们的生存状态却在以透支健康为代价。他们渴望一个在工作之余，能够放松自己锻炼身体，并同拥有相同生活情趣的邻里们身心健康地生活。并且，房屋付款压力不要过大，使社会基础和物质资本不够充实的购房者依然能生活的轻松并有品味。

第四种：蓝血概念——中国新兴贵族领地

在西班牙有一种传说，贵族的血液是蓝色的，因此，蓝血成为贵族的代名词。以打造“高知、高贵、高雅”人士专属领地的楼盘——星河湾，成为中国蓝血一族的精神领地。2005年面世的北京星河湾，是宏宇集团凝聚六年的品质地产经验，在首都倾心打造的第一个房地产项目。北京星河湾定位于高档住宅区，用地面积30多万平方米，总建筑面积约60万平方米。该项目的北侧为面积达1600多亩的森林公园，东侧则是2000多亩的大面积绿化隔离带。社区立体化园林、高品质室内装修，建设社区专属重点小学、双语幼儿园、四季会、酒店式公寓等配套，这个洋溢着贵族气息的楼盘，被称为房地产中的“劳斯来斯”。其目标客群直指中国精英群体，有不少来自全国百强企业老总。

市场背景：这是中国社会现阶段悄悄形成的一个特殊群体，他们拥有财富、社会资源、有社会地位、有号召力、有社会责任感，年龄一般在40岁左右。他们是走在市场经济前列并且不断壮大的群体。他们大多属于企业高层管理人员、大型品牌公司管理及技术精英、科研单位高层管理人员以及外籍客户。这部分人群大多拥有高学历、高收入、高职位、高消费，他们有强烈的社会责任感，崇尚张弛有度的健康生活，更讲究与其身份对等的门户。

由以上案例我们可以得出一个市场结论：任何一个楼盘都代表一种语境，与人们向往的生活方式、精神信仰和奉行文化相呼应。概念给这个群体进行了身份定义，同时消费者也利用产品的个性，表现自我身份、个性和追求。在这种消费心理的驱使下，具有明确精神主张的楼盘，具有了图腾般的力量。

技巧四：抛弃项目定位的价值短板

任何一个地块，都会有它的优劣，任何一个市场也都会有风险和机会。一个项目操盘者，如何不拘泥于优劣、风险、机会等纷纷扰扰的乱象，找到清晰的路线和最大的利益，才是操盘手真正要做的。

1. 不要迷恋SWOT

一个儿童郑重其事地拿出一把水果刀和一个苹果，问父亲：“你猜，苹果里藏着什么？”父亲不以为然：“除了果核还能有什么？”于是儿子手起刀落，把苹果切成两半，通常的做法是从苹果的茎部切到底部的凹处，而他却横着切开，然后举起半边苹果说：“看，里面有一颗星星。”面对苹果切面中一个清晰的五角星图案，这位父亲感慨道：“一生不知吃了多少个苹果，因为在自己的观念里那苹果核只是一个随手而扔的垃圾，失去了许多次欣赏这美丽图案的机会。”

（1）SWOT分析的缺陷

传统的营销思路，首先要对产品进行SWOT分析，优势、劣势、机会、风险分析，但这种分析有一个最大的缺陷就是，非劣势就是优势，非风险即是机会，非此即彼。市场分析人士会把市场和产品的各个要素，机械地投进四个箩筐。而市场远远不是这么简单，生硬地判别优势、劣势、机会、风险带有很强的主观因素。

SWOT是市场研究的一个狭窄胡同，对于普通产品也许偶尔适用，但对于承载人的生活与价值观的住宅市场来说，它显然过于机械。在住宅市场研究中，人的自我定位一直是根本，那么以竞争对手和产品为研究对象的“SWOT”就不再适用。

因此，SWOT是对信息本身的一次粗暴的、错误的处理，无法处理看似机会却实际上潜伏着危机，而有些危机又蕴藏着机会的问题。

（2）SWOT忽视了“创造性”因素

像SWOT这种装箱似的做法，是为了寻求所谓的机会，甚至是市场空白，实质是站在产品的角度来分析市场，而非站在人的角度来分析市场，过于注重了产品的市场竞争优劣势，也弱化了操盘者的主观能动性和创造性。结果往往是，找到了市场空白，而没顾客买账；或劣势与风险太大，而忽略市场机会。

2. 不要太在乎竞争对手

以人为本，首先要求操盘者进行的是尊重客群的市场分析，它会以人的现实需要和远景期望为衡量依据，往往会使许多元素变劣为优，反败为胜。这种例子很多，招商·海月花园就是一例。项目位于深圳蛇口，当时蛇口是工业区，并且离深圳城区较远，但它以滨临海岸和连接蛇口与市区的海滨大道为卖点，打出“海风一路吹回家”的口号，转而使项目平添了一些风情。在其网站上有这样的一段描述：大南山下，深圳湾畔，美丽的海滨城区(蛇口，一座大型居住小区)，招商·海月花园拔地而起，它由沁月园、沐月园、润月园三大组团衔接而成。小区内部配套设施齐全，小学、会所、网球场、幼儿园、泳池、超市应有尽有，各种园艺小品穿插其

招商·海月花园，将许多元素变劣为优

中，一草一木，都体现出浓郁的大洋情调和优雅的生活氛围，堪称深圳西部超大型海滨公园小区。

从以上描述中，你很难想象这个优美的地方，在1998年建设初期，是深圳特区的西南部一个荒芜的海滩！

《蓝海战略》要求企业：把视线从市场的供给一方移向需求一方，从关注竞争对手到为买方提供价值，也是在阐述这个道理。

专注竞争市场和专注客户需求的不同结果

指标	专注竞争市场	专注消费需求
对象	竞争对手	客户群需求/愿望
	产品卖点	客群的愿望、精神主张、文化
创新	产品趋近竞争对手	产品更趋人性化
	在现有市场的产品基础上创新	在满足客户需求或潜在需求上创新
	被动创新	主动创新
市场	增加卖点	增强个性特质
	在同一市场上竞争	寻求自己的市场空间
利弊	容易脱离现实需求	符合现实需求
	不能很好地体现服务意识	体现主动的服务意识
目标	直接针对竞争对手	直接针对消费需求
	迎合市场需要	超越客户需要
空间	规划设计、园林园艺、物业服务极大趋同，竞争空间越来越小	心理空间与想象同步，无限开拓

专注客群的市场研究，早已在国际各大型企业得以应用。尤其日本的企业，会不惜重金研究“生活方式”。在中国，房地产行业在市场研究这一项很不成熟，流行于房地产界的“以人为本”理念，大都成了空泛的口号。而其中也有做得好的，如万科、宏宇、龙湖等。尤其是万科，往往选择无人问津的城乡结合部，能够把房子售价做到与城中的房价差不多，而且老客户推介再次购买的比率接近一半。这只有从客户价值的角度，才可能得到解释。

3. 地段论不是行业圣经

“地段、地段、还是地段”，这句广告口号，成了一群人的操盘圣经。而事实上，操盘者的最大贡献在于，不断扩大产品的附加值。而一个地段尚好，加上谁都能卖得好的市场，操盘者的价值何在？

（1）地段从来没有完美过

某市城郊结合部，有一个大型山体生态公园，旁边还有一个维斯特高尔夫球场，环境十分优越。高尔夫球场经营者同时也是一家房产开发商，这家开发商就在高尔夫球场旁建了一个大型小区维斯特花园，小区为多层住宅。因为土地成本比市区低，小区就定位普通住宅，以求低成本、低价位入市。当时的价格2600元/m^{2}左右，比市中心同类住宅低2000元/m^{2}左右，开发商认为这样较为稳妥。但事与愿违的是，小区开发几年来，销售一直冷冷清清。有人分析原因，认为此地离市中心较远，市政配套跟不上，交通不便，购房者不看好这里。开发商一着急，就开始低价抛售，但销售越来越不理想。于是，市场业内外人士都开始认为这个地块不好，把所有的罪过都归咎于地段上。

就在这时，国内一家以开发别墅著称的开发商却看好了这块地，在维斯特花园附近，建了一个别墅区，单价在8000元/m^2~15000元/m^{2}不等，结果销售异常火爆！

维斯特花园的问题出在哪里了？答案不言而喻。现在放下这个案例，我们审视另一个现象。

世界上最为神奇的奢侈品，莫过于雪茄。吸烟有害，雪茄也不例外。大家都知道雪茄这种东西并不完美，但一支上乘的雪茄，是一种诱惑，是人们的梦想，甚至会对它产生一种近乎朝拜的心理。古巴的雪茄之王科伊巴，从一开始就显示出它高贵、大气的非凡品质，代表人类精神的最高境界。而另一种产自瑞士的雪茄品牌，大卫杜夫，甚至被称为神赐的第十一根手指。大卫杜夫这个天生便具备贵族气质的雪茄品牌，代表着一种独特的生活理念，人们享受它的时候，能从中体验到什么才是高品质的生活。

老子说：反者道之动，弱者道之用。天下万物生於有，有生於无。有之以为利，无之以为用。有可以利用，没有也可以利用！这是大营销里的大智慧。虚拟空间是无限的，我们可以在有的基础上，创造更大的虚拟空间。

事实上，地段就像雪茄一样，从来没有完美过。

（2）地段是一个模糊的概念

距离市区数十公里的万科第五园，每期开盘即被疯狂抢购，显然不是因为地段原因，而是代表着一种独特的生活理念。在地产行业的印象中，万科拿地，总是衷情别人看不上的烂地，而出来的产品，又总是十分热销，而价格不比市中心的楼盘低。

地段好坏本身就是一个模糊的概念。建庙宇，可以选择偏僻的山里，建别墅可以选择市郊风景区，建豪华公寓可能选择市中心……

即使同样建筑形态的楼盘，位处相对偏远的地段，也会面临定位层次的取舍问题。定位过高，恐消费者不买账；定位过低，实现收益就会降低，有时还会波及开发商形象。那么，定位能摆脱“地段、地段、还是地段”的困局吗？

比如别墅产品，它凭什么一平方米要卖到几万元？是土地成本高？不是！是建筑成本高？不是！是投资价值高，不是！是地段好？不一定，在同一个区域建经济适用房，可能无人问津。

是什么让别墅卖出天价？就因为它是别墅！除了它可以带给业主荣耀之外，主人还能得到田园山水生活的体验！这种体验的愿望来自于人类古老的生活模式。

（3）深挖地块的特质和个性才是摆脱地段论的“第十一根手指”

其实，许多成功的大盘，往往都在城郊，像星河湾、奥林匹克花园等。因为市郊往往有足够的空间让开发商发挥，这是城市中心所不能及的。这方面，做得最好的当属万科。比如“17英里”、“第五园”等著名楼盘，其项目基地都在城市郊外，这些楼盘都无一例外地取得巨大“名利”。

于是我们要问，地段决定产品价值吗？地段决定营销成败吗？如果是认可了地段的决定论，那肯定是错误的。即使是在同一个地段，不同的楼盘却卖出不同的价格，其价值是谁在操纵呢？

有人在偏远的市郊拿了一块地，人们可以根据主观判断怀疑它的成功。因为以常规思维判断，这种楼盘要成功的确不容易，至于能产生更高的利润就更不可能。但是，比如位于番禺区南村镇迎宾路的碧桂园、蛇口的一个荒的海滩边立项的招商海月花园、上海市松江区九亭镇涞寅路106弄的奥林匹克花园、北京朝阳北路星河湾等，这些楼盘都在郊区，有些在建设之初区域条件还很差，却都成了闻名全国的典范楼盘。

所以，地段、地段、还是地段，更多是一句广告语，而不是开发商信守的法则。在此之前，几乎没有人对“地段、在段、还是地段”这一句话表示过怀疑，那是因为人们被市场宣传口号给蒙蔽了。

就像没有完美的地段一样，同样没有一无是处的地段，关键在于，你要找出它的特质与个性，在此基础上，创造出神赐的第十一根手指。

案例02 学院文化社区定位之道

案例解读：

本项目没有像大多数项目的定位一样，严格按照教科书步骤，生硬地照搬。它是结合区域文化特征，创新性地提出“学院文化社区”概念，并根据市场诉求空白点，不断丰满和夯实这一主题概念，通过“感性”与“理性”定位的结合，塑造一个与原来市场完全不同的产品概念形象。它更多地关注消费者的居住价值理想和内心诉求，抛开了邯郸学步的定位墨守成规之策，从而实现成功热销。其定位之道，亲和、独特、犀利又极具市场震撼力，成为新疆中高端楼盘成功定位的范本。

项目占据一块方方正正的地块，中间有一条水渠流过。这个拥有11万平方米的地块，位于乌鲁木齐景点之一，鲤鱼山脚下。在她的旁边，是刀朗传唱的《2002年的第一场雪》里，那个“八楼”车站。一路之隔，有两个院校：新疆师大和医科大学；一墙之隔有师大附中、附小等多所学校。这是一个充满文化气息的地方。

就在这块地上，诞生了一座被业界及学术界称道的学院型文化社区：华清园。

一、市场分析：寻找客户的需求

2005年，开发商A开始筹划开发该地块，这是开发商A的第一个项目，这个项目将对企业产生深远影响。考虑公司利益和品牌形象的最大化要求，开发高端、中端，还是低端市场，这是一个企业的战略问题。

这里的位置不错，地价较高，有人建议应开发别墅类高端住宅。也有人担心高端住宅滞销，会对新兴企业的资金回笼等造成更大风险，而中端市场又面临剧烈的竞争，低端市场也首先被排除在外。

究竟如何选择产品定位？我们该如何研究市场？大量的市场数据之外，还有什么必须关注？产品定位不是那么简单，市场也不是那么简单。做市场调研的时候，我们没有从市场的基本层面入手，而是从新疆的人文背景开始着手。

思考一：特殊的人文背景将如何左右价值取向？

鉴于新疆的自然、历史、人文等诸种因素，新疆楼市必定具有自己独特的文化特征。

从自然环境层面来看，乌鲁木齐城市与内地的城市有很大区别。内地城市的郊区一般会拥有非常优美的自然环境，非常适合别墅等顶级住宅的开发。而在乌鲁木齐，由于郊区大多是荒漠和戈壁，别墅之类的顶级住宅就不适合。

从人文层面看，新疆自古以来就是多民族聚居地区，同时又是多宗教信仰地区，古丝绸之路的开通等，使新疆文化呈现出多元化特点。

调查中发现，在新疆有三种文化必须关注：一是兵团文化，二是游牧文化，三是特殊的商业文化。

（1）兵团文化

所谓的兵团文化，可以看作自唐朝以来的、历代屯垦戍边的群体及后裔，包括解放初期几十万大军的就地转业，这些人在极其艰苦的条件下世代传承，虽然养成了吃苦耐劳、随遇而安的习惯，但骨子里依然怀有浓厚的“乡土情结”。

（2）游牧文化

新疆是一个多民族融合的区域，因为各民族信仰与文化的不同，对市场也产生着微妙的影响。加上游牧个性张扬而且对环境特殊的适应习惯，使他们对住宅的户型、朝向等都有与内地不同的喜好。

（3）特殊的商业文化

新疆的商业文化十分特殊。无论丝绸之路的繁华与衰退，这条商业线路一直处于“流动”中。汉唐时期始，这里就是内地通往中亚的中转站，是丝绸之路的交汇之地，商业文化交织复杂。直至近代的“杨柳青”、现代的商业企业经营者，都保持着这种商业文化。如果给这种文化取个名字，有一个词比较适合，那就是“路过”。因为归属感的问题，处于高端购买力的人群，不少人抱着“挣上钱回家”的心理。

受以上三种文化的影响，越是高端的人群越有在内地置业的动机。在此置业，大多是为了“适用”和“过渡”，以至于，乌鲁木齐的高端住宅严重滞销，而中端及次高端住宅成为市场强势产品。

思考二：可能在中端市场上绞杀吗？

中端市场是大多数房地产商的竞争市场，利润微薄，硝烟弥漫，这显然不是一个好的切入点。那么，低端和高端有没有关注的价值？除此之外，还有没有市场机会？

我们首先对乌鲁木齐各代表性楼盘进行分级，试图在其中寻找新的空间。

分级依据市民对楼盘的直观印象和楼盘的综合品质两项标准进行，力图准确反映乌鲁木齐当前楼盘层次区分的真实状态。为了便于直观描述，代表楼盘选择的是已经成熟的社区，分级描述如下：

（1）高端楼盘

高端楼盘分为两个层次，顶级和次高端。

1）高端楼盘

顶级是以绿城·玫瑰园为代表的独幢、双拼等别墅，建筑结构为框–剪结构，客群定位是最高端中有品位、有格调的高阶层人士。单价和总价都处于当前市场的最高端，在5000元/m^{2}左右，总价在90～500万元之间。

该类社区一般处于景色资源较好的地段，注重景观和物业，有较高的物业配套，如智能化管理、高级会所、停车场等。

项目注重社区的人文建设，倡导一种优越的生活方式。

初期销售状况不理想，销售周期长。

2）次高端楼盘

次高端是以天安名门、华美文轩和空中花园为代表的楼盘。其中，天安名门定位为“尊贵仰止”的高品质生活楼盘，与其形象同类的有空中花园。其共性是：对立面设计、园林景观比较注重，都拥有会所和幼儿园。目标群体的定位为小资或成功人士，引进先进的物业管理模式，总价在28～200万元之间，均价在4000元/m^{2}左右。

当时销售状况都不理想，销售周期长。

（2）中端楼盘

中端楼盘是乌鲁木齐最多的楼盘。一般位置较好，商住混合，高层多层混合，社区管理一般，有大面积绿化，有羽毛球、篮球场、网球场等健身场地，有较大的绿化和休闲空间。有地下停车库，无会所、幼儿园。同时设有棋牌室等老年活动室简单社区配套。

户型多样，从单身公寓到复式楼都有，无特色，总价12～38万元，单价受地段影响较大。中小户型销售情况较好，混合其中的小高层空置严重。

（3）低端楼盘

低端楼盘主要为经济适用房和普通商品房，其价位普遍较低，价格受地段影响较大，均价在1300～1800元/m^{2}左右，户型普遍偏小，以80m^{2}左右的二室户型为主。结构以砖混为主。有简单草坪绿化，有停车位。社区有基本的生活配套，裙楼多设底商，商住混合，管理混乱，社区居民素质较差。

(4)不同档次楼盘的市场选择

产品分级完成后，乌鲁木齐的产品金字塔清晰地呈现在大家面前，经过这次梳理后，“中高端市场”引起了我们的关注。

中高端楼盘的形象定位，应归位为高端与中端楼盘之间。

在对目标群体走访、面谈调查时，他们对中高端楼盘的描述中，其共同特征是综合品质好，社区具有良好的居住环境，有鲜明的楼盘特色。居民有较高的素养，人文环境较好。配套完善且务实，有幼儿园、有高比例的停车位（库）、有会所。

从产品金字塔的图形中可以明晰地看出，符合这以上描述的楼盘，是天安名门、华美文轩等，它们处于高端的次级。南门国际城、新洲城市花园、空中花园等楼盘也属于该范围。

对于开发商的利益来说，这一市场充满潜力，一是集中着很强购买力的人，因为在特殊的人文背景下，不仅仅包括中端的收入群体，还包括顶级的收入群体；二是有着较小的竞争压力，这一市场不但需要有资金支持，还要有企业文化等综合实力的支持。因此，这一市场在新疆就像一块处女地。

思考三：如何理解中高端楼盘的客户群?

以动态的眼光看中高端产品，中高端楼盘其实就是对现有中端楼盘的综合品质的提升，接近高端客群生活品质，其目标群直指高端和中端人群。

中高端产品定位，其目标群实际上是高端和中高端群体。因为这一群体拥有社会大部分的资源和资金，是项目利益最大化的基础。下面分析一下不同客群的决策。

低端客户的决策：是性价比实实在在的合适。

中端客户的决策：就算价格相对较高，意味着一笔不小的开支。但这个时候住什么样的房子已经对购房者的形象有很大的影响，需要找出比购买轻量级产品更值的理由，这就可能是社会地位、自我认知、生活方式、品牌、产品的特色以及个性，它们成为左右购买行为的依据。

高端的客户决策：已经脱离了价格思考层面，这种项目首先肯定是改变了消费者以往的生活方式、社会认同以及社会地位。

如果说中量级决策是帮助客户“寻找到自我”的话，那么重量级决策一定是让客户觉得是一次“超越自我”的决策。这种重量级决策一定对应着某种强大的社会力量，上升到了同购买决策相关的核心价值观和信念的高度。这就像星河湾、万科第五园等中高端楼盘的客户购买的决策类似。

因此，探讨中高端群体的定位，完全可以不再考虑购买力对他的影响，只需要考虑与他对等的生活方式和价值取向。

思考四：为中高端客群编织什么样的生活方式?

接下来，我们开始对中高端这一群体进行定向调研，在购房目的一项里，我们发现一个现象，注重儿童成长环境占有23%，重视社区人文环境占24%，以上两项相加，高达47%。

另外，二次置业者占不小的比例，他们对改善生活环境有很强的要求。

通过一系列周密的调研，综合结论是，中高端群体是有知识、有专业、收入丰盈，同时也是上有老下有小的一代，对生活环境十分看重，特别是对后代的教育环境、家人的健康十分看重，注重精神生活，不再满足物质需求。

从调研这堆理性的数据里走出来，重回感性的创意，这是策划人必须的功课。在纷繁复杂的房地产市场里，赋予一个项目新鲜的个性，是一件不容易的事，但同时赋予其有内涵的、有亲和力的个性，就会更难!

我开始让自己忘记所有的数据，思考这些数据背后的东西，思考社会，思考人生，关注新闻，关注国计民生，关注各种文化甚至宗教。

当今社会是一个浮躁、失去了自我的社会，每个人都在极度张扬着自己的个性，这恰恰是失去信仰的表现。中国人的信仰是什么?经过反复的思考后，我发现，只有文化。于是，做文化楼盘，是首先要考虑的。但是，文化的外延太过宽泛，以至于许多楼盘都扯着嗓门喊文化。文化楼盘就像当今文娱场一样，文化泛滥成灾。

华清园能否免俗?

这个由知性群体组成的客群，他们会需要什么样的生活方式?

这本是一个不俗的群体，如果华清园的定位不能免俗的话，那就无法与客群产生共鸣。如何寻找与他们价值对等的社区文化?

当我与一个客户访谈时，他谈到自己的生活现状，他说，他压抑得要崩溃了，每天焦躁不安，他是多么的留恋当时在大学上学的时光，留恋校院里简单而整洁的苗圃……我知道他当时说的每一句话都是发自肺腑的，他的焦躁情绪，我也能理解，尽管在外人看来，他是一个拥有上亿资产的成功人士。

我问他，如果让你放弃一切，重回校园，你干么?他说，我做梦都想回校园!

这种校园情结，让我激动不已。我要为这个群体以及他们的家人，设计一个崭新的生活方式!

就这样，学院文化社区的概念萌生!因为这一概念符合利益最大化的要求：

（1）寻找包容性强、立意良好的楼盘概念；

（2）寻找中性而亲和的产品风格；

（3）以居民生活理念进行目标定位，不强调以收入划分人群；

（4）注重定位的市场差异化和品牌的延伸。

思考五：学院文化，有哪些资源可以支持？

提出概念并非难事，但是寻找支撑概念资源，就非常重要，文化、市场及产品都需要给这个主题概念以支撑，这样才能将主题概念落到实处。

第一：周边人文环境的支持

项目位于鲤鱼山路118号，地处新市区和沙区的交接处，处于城市地理中心区，南北贯通的要塞。项目一路之隔有：新疆医学院、新疆师范大学两所大学，同时有数所中小学校，如医学院附中附小、师大附中附小、六十六中、三中、14小、地质小学，教育配套比较完善等。本项目周边除了有以上的院校外，还有人民大会堂、自治区博览中心等，人文景观比较优越。

并且人文环境得天独厚。熟悉刀郎《2002年的第一场雪》歌曲的人都会记得，有一句是这样的歌词：停靠在八楼的2路汽车……，项目就在八楼旁边。八楼是改革开放前，乌鲁木齐最高的一座楼，后依此将该处取名八楼。它本身就代表着一座城市的文明，刀郎这首歌走红后，更是赋予这个区域更多的人文元素。

第二：开发商理念的高度一致

开发商老总毕业于清华大学，“清华”学院文化作为世界文化遗产里最璀璨的一部分，其文明受到举世瞩目与青睐，并同样为位处西北高原的新疆人民所景仰和推崇。

开发商A自2005年成立一来，奉行“以清华精神运营中国生活”的理念，在新疆开发房产，树立自己的品牌个性。

“以清华精神运营中国生活”，其中清华精神主要包括三个方面：行胜于言、人文关怀、厚德载物。

其一：行胜于言

清华精神的核心就是“务实、求精”，在清华大学的主入口处，有一个日晷，刻着“行胜于言”的铭文。创办清华大学建筑系的梁思成，是一个典型代表，他强调一个建筑师要对一个工程负责，必须要有严格和科学的工作作风。他要求每一张设计图纸都要制图清楚，尺寸准确，连字体大小都要按不同等级的规定，文字与图分布均匀，干净利索，一目了然。对每天制图完毕后，仪器需擦洗干净，文具应归放何处等，他也都有要求。这种精神，启发着开发商A，致力于精益求精的建筑品质，向广大客户和业主施行精细化服务，认认真真地建设好社区，先做再说，让产品和服务在市场上得到检验。

其二：人文关怀

清华大学的梁启超、朱自清、曹禺，以及当代的季羡林等，都心怀强烈的社会责任感，形成清华精神之一。开发商A也坚信，一个企业，首先要心怀社会责任感，担当起企业公民的责任。将建筑作为提升城市生活品质的载体，通过社区服务、社区环境的营造，创建“文明、健康、和谐”的社区，帮助居民“实现自我价值”。所开发的社区，不但满足人们物质层面的需要，更要满足人们精神层面的要求，把社区视作送给社区居民的生命礼物。

其三：厚德载物

梁启超先生，在身为清华大学校长时，制定“自强不息，厚德载物”的校训。厚德载物，其意为“以深厚的德泽育人利物”。开发商A在产品开发时，将其阐发为两层含义：一、用最崇高的品德来对待一切事物；二、遵循“天人合德”的生态理念，把自然生态与人类道德紧密联系起来，反对浪费和破坏资源，倡导人与万物友好相处的生态和谐观。并以文化的宽厚与包容性和“言必行、行必果”这一诚信准则，开发社区。简而言之，那就是将遵循两点：“以文化人，以境涤性”。

在“以清华精神运营中国生活”的理念下，开发商A将以一个企业公民的高度社会责任感，中国情愫和科学精神完美融合，为城市居民营造一个有信仰、有感情、充满人性关怀的社区。同时，也将是一个具有浓郁文化氛围、有着精细化服务的社区。

思考六：学院文化是什么样的文化?

学院文化是什么样的文化？这个问题一出，就引起很多争论。有人第一反应是中国传统文化，因为国学现在很流行；有人很快反应四书五经、老子、孔子；有人想到的是清华，也有人想到的是北大……那么我们所倡导的学院文化是什么文化？学院文化社区究竟是什么样的呢?

首先，我们为学院文化做了个定性。学院文化，不是传统文化，是与时俱进的现代文化，追求的是学院内文明、健康、和谐的人文和自然环境。

学院文化社区，即是通过社区配套和物业管理向居民提供丰富的开放的多元化文化教育，并通过社区内外自然环境和人文环境对居民行为进行诱导，在社区内形成崇尚学习、珍视健康、珍爱环境的风尚，以此倡导“文明、健康、和谐”的精神和提倡积极向上的生活态度。

（1）形象定位

注重社区文化的营造，强调环境对人生的积极影响，充分体现人的价值，追求积极向上的社区精神。旨在通过社区环境的营造，感化时风，让人们从物质财富的逐猎之后，找回精神家园，即崇尚文化、回归精神文明。这种明晰而包容性很强的文化概念，对开发商A的客户生态群的发展埋下伏笔。

1）形象内涵

文明、健康、和谐。

2）定位诠释

“学院文化社区”有别于一般意义上的“高尚社区”工程，在弘扬居住理念、居住文化方面有质的跨越。“学院文化社区”的定位本身便具有市场品牌建设的前瞻性意义。

项目在入市形象上的定位，应该摆脱传统策划中非“高档”即“中档”的局限。上述项目市场形象的定位相对业界同类概念更趋深入、更具形象、更丰富，并为项目整体形象的包装、推广以及延展预留下无限宽广的空间。

（2）功能定位

龙庭·华清园社区，专为注重生活质量、注重儿童教育、崇尚精神文明的家庭，提供与其相对应的生活居住环境。为社区儿童的成长，创造一个积极诱导的社区环境。所以，除了提供居住功能之外，还提供文化居家、健康居家、和谐居家三种社区功能。

1）文化居家功能

第一，利用社区一万平方米的文化长堤等社区园艺，营造崇尚文化与学习的社区氛围；

第二，在社区范围内开展多样化、开放性和分布式的教育与学习活动，主要按人的生命周期与职业生涯的不同需求，提供丰富、灵活、多样的自主学习活动，以提高居民的生存、生活质量与发展能力，是建设现代文明新社区的一种创新形式；

第三，配置社区图书馆，为居民提供与时俱进的知识；

第四，配置少儿成长中心，为社区儿童的成长提供幼儿教育、少年教育等，帮助少儿健康成长；

第五，设状元墙，雕刻上社区内每年中考、高考状元姓名与简历，进行精神激励。

2）健康居家功能

高绿化率和10000余平方米的文化长堤，为社区打造一个鲜氧空间；运用分布在各家门前的健身设施，为居民健身提供便利条件；开展丰富多样的社区文体活动；一年一度的社区居民体检，为社区居民提供健康指导。

3）和谐居家

通过以上两方面的建设，在提高社区居民综合素质的同时，创造身心愉悦的社区环境，创造人与自然、人与人之间的和谐共处的居家环境。

思考七：产品定位能不能风险最低、利益最大？

2006年国内的各种房地产行业向左向右的调控政策接二连三地出台；乌鲁木齐房地产市场走出2003、2004两年的低迷状态后，2005年投放量巨增，竞争加剧；开发商A是一个新成立的企业，除了资金运作方面的考虑外，多少还有些摸着石头过河的意味。因此，如何化解市场风险或最大化地降低市场风险，决策是必须重点考虑的。

为保证利益最大化，同时降低市场风险，本方案提出形象统一定位、产品分台阶定位、价格步步拉升、以同类产品最高端价位入市的市场战略。

首先，形象定位，将产品统一为学院文化社区。因为文化具有的包容性，给产品、客户群、价位留下了足够的空间。

产品方面则分三期不断提高综合品质。20万平方米产品全部同时投放市场，风险较大，决定分期开发。一、二期为多层，相对“短、平、快”，有利于资金回笼，并控制风险。三期为高层，是增加项目总体利润的重点。

操作上，利用一、二期形成的品牌效应和蓄积的客源，支持三期利润的更好实现。因此，制定的“一期推广作为整盘的预热期”，成为整个推广的基本策略。

这样，全盘的风险也就大大降低，不仅如此，为步步拉升的价格做好了基础，实现了全盘的利益最大化。

事实证明，这是一个非常智慧的做法。

在同一个楼盘，统一形象定位的情况下，对产品进行分层次定位，是一次成功的尝试。事实证明，如果楼盘设定的价值观统一，而描绘生活方式的概念具有足够包容性的情况下，同一楼盘的产品分层次定位是可行的。就像在森林里生长着不同的植物，因为它们有统一的阳光照耀。

二、精准定位：全国首座学院型文化社区

经过以上细致的研讨后，学院型文化社区逐渐有了清晰的形象。

1. 产品价值形象

学院文化社区，注重文化的营造，强调环境对人生的积极影响，充分体现人的价值，追求积极向上的社区精神，以居民的自我实现以及对后代的成长期望作为社区的终极价值。它通过“以景化人，以境涤性”的社区景观体系，以及注重人文关怀的社区服务模式，倡导一种“文明、健康、和谐”的社区精神。

2. 功能形象

学院文化社区从其功能上，可从以下几方面理解：

第一，利用社区一万平方米的文化长堤和社区广场等，运用石刻雕塑等园艺，点缀历史上有关求学、奋进的典故，以及科学文化知识，营造崇尚文化与学习的社区氛围；

第二，在社区范围内开展多样化、开放性和分布式的教育与学习活动，主要按人的生命周期与职业生涯的不同需求，提供丰富、灵活、多样的自主学习活动，以提高居民的生存、生活质量与发展能力，是建设现代文明新社区的一种创新形式；

第三，配置少儿成长中心，为社区儿童的成长提供幼儿教育、亲情与素质教育等，帮助少儿健康成长等。

3. 客户群形象

社区主流居民，是注重生活质量，注重子女成长环境，年龄在30岁~45岁之间，有知识、有专业的城市精英群体。

4. 社会价值形象

学院文化社区的经典之处在于，把对文化的尊崇提升为整个社区居民的共同信仰，以业主的自我实现作业楼盘的主要诉求点，迎合了当今世风下人们的深层期望。并且学院文化社区还具有以下市场和社会意义，为后来的市场推广预埋无限空间。

（1）满足现代城市家庭对儿童成长环境的要求；

（2）满足在浮躁的社会生存现状下的精神放松要求；

（3）满足人们对学院生活的眷念；

（4）满足老年人对丰富生活的渴望；

（5）满足人们对健康生存环境的共同要求；

（6）符合国家、社会倡导的和谐社会精神。

三、价值构成：物质与精神价值的双重挖掘

学院文化社区的定位，使项目立即拥有了从理性到情感，从物质到精神的价值，一个定位，已经使项目价值超越了同类楼盘。

1. 价值构成元素表

我们重新回到价值的问题，那么项目的价值构成该如何深入地勾勒呢？并通过产品细节予以表现呢？通过下表，我们来进一步分析构成价值链的元素。

价值构成元素表

价值构成	构成元素
精神主张	自我实现或超越，更接近人生信仰
社区文化	崇文尊礼，文明、健康、和谐的社区精神，精细化的物业服务。心灵安顿
产品本体	无障碍通道设计、智能安防、社区内文化景观、合理朝向，精细设计，一梯两户或三户全明户型等，精细化建筑施工等。得到满足
人文环境	周边有新疆师范大学、新疆医科大学，以及附属中、小学校等。得到精神愉悦与美好期望
自然环境	500米范围内两大公园：鲤鱼山公园和儿童公园，社区内流经的和平渠。拥有自然资源，得到尊荣
城市地理	老城区与新市区交界，地理中心，毗邻友好商业圈，交通便利。得到尊荣

2. 价值提升图示

下图是一个价值提升图，要想实现同类产品最高价位、最好口碑，就需要深入挖掘社区文化及社区信仰价值。

价值提升图

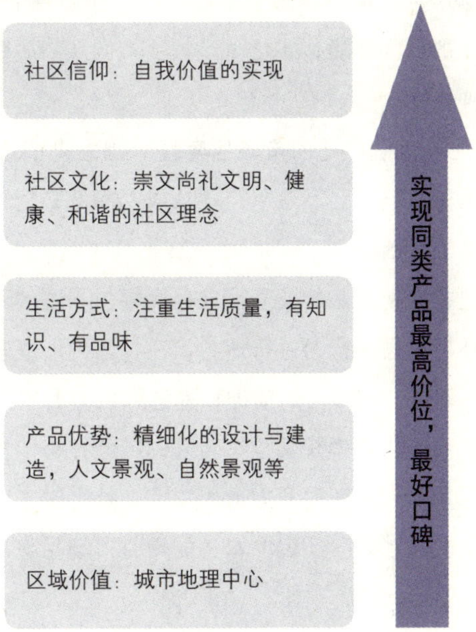

社区信仰：自我价值的实现

社区文化：崇文尚礼文明、健康、和谐的社区理念

生活方式：注重生活质量，有知识、有品味

产品优势：精细化的设计与建造，人文景观、自然景观等

区域价值：城市地理中心

实现同类产品最高价位，最好口碑

四、学院文化社区的市场启示

学院文化社区的开发，没有像大多数项目的定位一样，严格按照教科书步骤，生硬地照搬，它

是结合区域文化特征，并根据市场诉求空白点的一个“感性”与“理性”定位的结合。它的创新给了我们很多启示。

1. 开发理念的创新

只有抓住市场机遇，并拥有新理念和专业化企业才会在纷纭的楼市格局中脱颖而出。如今楼市竞争的核心已经从价格层面转移到价值层面，从“简单的市场供应量”向“市场品牌”的方向转变。只有在“专业与实力”的基础上，提供优质的、创新的产品，并通过精细化服务，才能够建立起市场知名度和美誉度，从而树立自己的品牌形象，才会打造出让居住者真正满意的住宅精品。

在此机遇中，开发商A确定了自己的开发理念：以清华精神运营中国生活。

开发商的社会责任感在这一理念中已显著体现，举世瞩目的清华大学社会责任意识，使企业从单纯的商业利益取向，转向思考企业及产品对社会的积极作用。

2. 社区概念的创新

首先，社区不仅是物质的，也是精神的，它凝聚着一个时代的科技、人文、社会与文化等要素，也携带着特定的精神元素和文化符号。这些元素与符号，共同构成社区个性。

“龙庭·华清园”是开发商A开发的第一个项目，也是新疆首个“学院型文化社区”。社区旨在通过崇尚文化、回归文明的社区环境，感化时风，让人们从物质财富的逐猎之后，找回精神家园。这是社区建设的主导精神。

文化作为社区概念，首先具有了广泛的市场包容性。因为人们可以拒绝贫富和权势，但没有人拒绝文化。这样，小区的居住人群已经不是单纯地从收入高低来划分，而是从人的价值取向来划分，使社区的和谐有了最原本的基础。

学院文化社区，即是通过社区配套和物业管理向居民提供丰富的开放的多元化文化教育，并通过社区内外自然环境和人文环境对居民行为进行诱导，在社区内形成崇尚学习、珍视健康、珍爱环境的风尚，以此倡导“文明、健康、和谐”的精神和提倡积极向上的生活态度。

在新疆房地产市场领域，尚无人将学院文化在新疆进行移植与传播，因此具有鲜明的市场个性和无限空间。“学院文化社区”有别于一般意义上的“高尚社区”工程，在弘扬居住理念、居住文化方面有质的跨越。“学院型文化社区”的定位本身便具有市场品牌建设的前沿性意义，使其在同业市场中得到最广泛的传播与弘扬。

3. 社区服务的创新

一进华清园大门，映入人们眼帘的是“翰府书院”和其建筑，这使得进入小区的人们瞬息产生书香满怀的气息。与众不同气质，让这个小区有着本质的区别。

翰府书院，已经成为华清园社区居民的精神图腾。它潜移默化向出入小区的居民传递“以文化人”的精神魅力。文化成为社区居民的集体信仰。

翰府书院其实是开发商A社区责任展现的一部分，也是责任意识的一种体现。

华清园的社区服务，一改传统的物业管理，转而成为社区服务，通过社区物业服务机构，向居民提供精细化的服务。社区服务从三个方面建设：文化服务、健康服务、生活服务。

（1）文化服务

文化居家是学院型文化社区的最核心举措。其创新元素至少包括以下几项：

第一，利用社区一万平方米的文化长堤等社区园艺，营造崇尚文化与学习的社区氛围；

第二，在社区范围内开展多样化、开放性和分布式的教育与学习活动，主要以人的生命周期与职业生涯的不同需求，提供丰富、灵活、多样的自主学习活动，以提高居民的生存、生活质量与发展能力，是建设现代文明新社区的一种创新形式；

第三，配置社区图书馆，为居民提供与时俱进的知识；

第四，配置少儿成长中心，为社区儿童的成长提供幼儿教育、少年教育等，帮助少儿健康成长；

第五，书院内的状元墙将记载社区内每年中考、高考状元姓名与简历，进行精神激励。

（2）健康服务

以文化长堤为主轴的高绿化率，为社区打造一个鲜氧空间；运用分布在小区多处的健身设施，为居民健身提供便利条件；开展丰富多样的社区文体活动；专业专职的社区保健体系，为社区居民提供健康指导。

（3）生活服务

安保、保洁等社区基础服务，将比一般小区做得更精细。在提高社区居民综合素质的同时，创造身心愉悦的社区服务环境。

4. 社区景观的创新

景观主题“学院文化”，取其“文明、健康、和谐”的精神。由此而寓教于乐、寓教于赏，在品鉴学院文化独到韵味的同时，让游历者得到感同身受的文化认知与享受。

近1万平方米水景体系——“文化长堤”是社区的主题景观，运用现代艺术的表现手法，创造各种元素符号。通过雕像、石刻、亭、桥等元素，展示中国文化精髓。

社区大型文化墙上，雕刻社区生活理念、社区创导的精神，以及社区学者、名人、各界高考状员等人名、简历。设状元墙，雕刻上社区内每年中考、高考状元姓名与简历，进行精神激励。

整个水景体系的设计，已超出了一般的水景住宅的意义。通过这种景观的创新，达到感化世风的目的，对社区居民生活的积极意义可谓深远博大。

华清园平面广告

案例03 深圳万科·第五园的定位解密

案例解读：

深圳万科·第五园已经成为近些年成功定位中式住宅的标杆，它的成功不是偶然的。在深圳这个号称文化沙漠的城市，通过对传统文化召唤，将传统的江南园林和徽派建筑在第五园上表现得淋漓极致，强烈地撞击消费者隐藏内心的中国情结。这种对客户精神属性的把握，让第五园具有文化上的无限张力。它的定位是差异化的、超前的、创新的，它的产品表现是传统的、现代的、纯正的、独具特色的。这种定位与产品表现的有机结合，让第五园就不再是一个普通的项目，而是一个遥不可及但却真实存在的、具有强大影响力的居住文化图腾。

一、还原万科·第五园开发的时代背景

十年前的深圳特区，新鲜、充满生机，让人对这个城市产生迷恋。然而，十年后再来此地，你就会发现迷恋一下子荡然无存。

当年，深圳作为中国首个经济特区，来自西方的意识形态狂潮一般涌了进来。建筑很轻易地被西化，因为开发商和特区都没准备好，这种西化也十分浮躁。这个城市建筑有点像温棚加催长剂的植株一样怪异。因而，几年后人们突然发现，这个城市缺乏特色。像香港吗？不像！像西方的城市吗？不像！像人们想象中的城市吗？不像！那它是谁？深圳！但糟糕的是，它又不是人们想象中的深圳！

除深圳外，如上海、北京、西安、成都、重庆等，你都可以找到它们自己的特色。这种特色与文化有关，不管这种文化属于哪种流派。见多识广的深圳人，就这样突然发现自己在这种怪异的楼宇丛林中迷失，文化从骨子里遗失！没有文化的生活是没有寄托的，在这个物质极度张扬的城市里，他们感到了莫名的孤独。

万科敏锐地捕捉这一市场之“道”。

与此同时，万科人还发现，深圳人同时遗失的还有割舍不了的中国文化。而这种骨子里的文化，不但更具有市场意义，也更具有社会意义，更能感动衷情中国文化的群体，使他们像拥有信仰一样，拥有“万科·第五园”，就拥有骨子里的中国。

2005年7月23日，万科·第五园项目正式开盘发售。开盘当日推出的346套单位全部售出，销售率100%，总成交金额为3.5亿元。为何万科·第五园刚入市就受到消费者如此热烈的追捧？是什么成就了第五园开盘即封盘的销售奇迹？是因为万科的品牌磁场效应，还是其“原创现代中式”的建筑风格定位，抑或是万科采用的文化营销策略？

二、项目概况

万科·第五园位于布吉镇坂雪岗高新技术产业园区，梅观高速与布龙公路交会处。坂雪岗片区位于龙华、坂雪岗和观澜组成的深圳城市中部生活服务发展轴线上，该轴线被定位为深圳特区居住、生活配套与第三产业的拓展区域，也被定位为深圳特区外住宅产业最具发展潜力的区域。

1. 交通

路网系统较为完善，主要有“两横”：布龙公路、环城南路；“三纵”：梅观高速、五和大道、坂雪岗大道。

2. 配套

片区配套设施不完善，以社区内部配套为主，主要有菜市场、社区健康服务中心、小学、幼儿园等。

3. 规划

总占地面积11万m^2，建筑面积为14.23万m^2，容积率为1.27，户均1个车位。分两期开发，首期为庭院别墅、叠院HOUSE、合院阳房（多层）。

4. 户型

庭院别墅有四个户型（190～234m^2）；叠院HOUSE有三个户型（135～165m^2）；合院阳房有三个户型（73～105m^2）。

5. 价格

庭院别墅10000～12000元/m^2，叠院HOUSE7000～9000元/m^2，合院阳房5500元/m^2。

三、项目定位

万科·第五园项目是万科地产在深圳坂雪岗区域规划开发的大规模居住社区。项目主打特色是现代中式建筑风格，吸纳了岭南四大名园、北京四合院等众多中式建筑的精华，辅以现代的建筑文化及特色，形成了其独具特色的现代新中式建筑特色。

1. 市场简析

（1）“大深圳”格局下的坂雪岗片区

随着宝安、龙岗两区城市化的推进和全市轨道交通网络的形成，深圳“关外”城市化进程大大加快。城市开发从以往的“二元结构”走向“一元结构”，即“关内”与“关外”日益融为一体。在“大深圳”发展背景下，坂雪岗片区与深圳中心圈层的联系也越来越紧密。

（2）坂雪岗片区的三大特点

特点1：越来越多的“关内”品牌开发商入驻本片区，如招商地产、天健地产、星河地产等；

特点2：越来越多的“关内”买家关注坂雪岗片区物业，并开始在本区域购房；

特点3：坂雪岗片区房地产开发水平逐步向“关内”靠齐，开始出现可以与“关内”楼盘素质相媲美的项目。

（3）坂雪岗片区充足的土地供应

龙岗区房地产规模扩张速度之快，与关内土地供应量的急剧萎缩形成鲜明对比。在龙岗区出让的商品房用地中，有相当一部分集中在坂雪岗片区，充足的土地供应，为区域房地产市场的发展创造了条件。

2. 客户定位

万科·第五园属于中式风格，文化含量较高，文化与经济收入是相互依附的。因此，万科·第五园的目标客户群具有两个基本特征：即收入高、受教育程度高。中年及中年以上成功人士、高级白领、外籍人士、高收入的艺术及文化创意人士、投资客、港澳台人士是第五园的主要买家。

（1）目标客户群

1）本片区周边企业的中高层管理者及私营企业主

万科·第五园周边的龙华、坂田经济发达，制造业、高科技企业较多，如华为、富士康、新天下等大型企业。该类企业的高级职员事业、经济上都处于高峰期，购买实力强，其年龄在35～50岁之间，家庭人口在3～5人之间，他们主要选择3房及3房以上大户型，购房时比较关注开发商品牌、户型、配套等因素。他们大多也有过早先在民居居住的经历，也经历过传统文化和乡土文化的洗礼，有一定的怀旧心理和中国情节，万科·第五园容易唤起他们心灵深处的回忆，将其带到以往的年代。

2）关内福田及罗湖的高级白领阶层

由于地理位置上的优势，以及梅林关交通条件的逐步改善，由坂田至关内的时间成本降低，而关外物业在价格上的优势吸引大量关内白领在该片区置业。其年龄一般在30～45岁之间，家庭人口在3～5人之间，文化水平较高，收入水平较高且工作稳定，有一定的思想内涵和品味修养。他们购房关注的因素主要有价格、户型、配套，第五园的多层是其最佳选择。

3）在深圳工作的外籍人士

很多外籍人士对中国传统的工艺品、家具、建筑物等都很感兴趣，对他们而言中国是个神秘而古老的国家，他们总想了解这个国家，探索其中最朴实、最原始的东西。第五园的中式建筑风格对这些外籍人士具有很强的吸引力。“民族的才是世界的”，对于万科·第五园这种中式风格而言，对于深圳6000名外籍专家及技术人士来说，无疑多了一个新的选择。

4）高收入的艺术及文化创意人士

对于高收入的艺术及创意人士，他们喜欢个性、喜欢宁静的创作环境、喜欢标新立异的产品。万科·第五园产品的唯一性、风格的独特性应该比较对他们的胃口。而万科地产、中式风格、万科物管这些字眼堆积在一起时，对于高收入艺术及创意人士来说，这种身份上的标签意义，已经可以促使他们考虑购房事宜。

5）投资客

万科·第五园在产品类型上创造了稀缺性，文化含量比较高。文化是具有杀伤力的，喜欢的人会无条件地喜欢。同时，产品类型上的稀缺性则让喜欢的人别无它选。这两个特性使第五园具备较强的投资吸引力。

6）在深圳工作或者投资的港澳台人士

多为在深圳建厂的老板或者高级管理阶层，众所周知，对于传统文化，港澳台人士比国内继承得更好。所以，对于第五园这种项目，能够更容易唤起港澳同胞的好感和认同。

（2）消费行为

目标客户有着很深的中国情结，他们喜欢中国的传统建筑；由于生活在城市里太长时间，对“村”的生活形态有着强烈的渴望，但是对于家里内部的生活用品则更偏好于先进的设备。

（3）消费动机

目标客户对西式建筑已经产生“审美疲劳”，是万科地产的忠实客户，想体验万科的优质物管，期待第五园的升值。

（4）消费方式

目标客户基本都是高收入者，他们对价格不是特别敏感。

（5）客户群定位分析

深圳是一个以外来人口为主的、全国各地文化荟萃的地方，看惯了高楼耸立与外国风情，唯独没有纯粹的让人极度怀想并想拥有的老房子。万科·第五园的出现唤醒了五、六十年代出生的中国人。骨子里的思乡情结、唯美的记忆和渴望回归、渴望悠然的文化心态，也是这种社会最新的主流价值观在房地产行业的具体反映。

因此，万科·第五园的成功有着深刻的社会背景。

3. 形象定位——骨子里的中国

以何种形象表现出来呢?

（1）SWOT分析

1）优势(S)

① 扬弃式继承

第五园并没有简单地复古和照搬，而是扬弃式继承，将传统与现代、中式与西式很好地嫁接和结合，以期即可营造出适合中国人居住的传统居住环境，又可符合现代人的生活习惯。

② “准垄断”效应

第五园总占地面积达22万平方米，加上已建成的四季花城(该小区占地40万平方米强)，加上坂雪岗的46.9万平方米，万科在坂田已经有了1.09平方公里的土地，建面超过130万平方米。而整个坂田可开发土地面积不足4平方公里，万科已经占有25%的份额，呈现准垄断的局面。

③ 品牌效益

万科地产在深圳是有口皆碑，品牌效应相当明显。

④ 万客会

万客会成立于1998年8月18日，培育了不少万科的忠实客户。在第五园的成交客户中有不少是万客会老会员，这是一个非常好的资源。第五园项目在深圳还首创了会员制销售模式，购房者只有申请成为万客会会员，方可购买万科第五园的物业。这一销售模式也将众多对万科关注喜爱的客户纳入到了万客会的服务体系之下，从而为客户提供更好、更全面的系统服务。

⑤ 最大限度的挖掘了潜在客户

早在2004年10月份，万科同时找了深圳中原、世联地产、同致行三家深圳代理公司及广州合富辉煌代理公司进行考核招标，优胜者将同万科一起联合进行第五园的销售。

为了取得第五园的销售代理权，四家公司各尽所能，共收集到近3000个筹。万科采取此种独特的方式，可谓是最大限度地挖掘了潜在客户，又节约了广告成本。

2）劣势(W)

① 整体规划方面

第五园为了突出小院却忽略了大院，目前来看整个小区公共绿化面积很小，大型公共休闲中心也没有。

② 土地年限

国土局网站销售公示显示，第五园的土地是1994年政府出让的，到目前为止只有60年的产权。

③ 屋顶没有完全体现中式建筑

除了会所区一片，其他地方的房子屋顶没有表现出来，中式感觉没有完全出来。

④ 白墙带来的问题

由于整个小区内白墙太多，夏天日晒反射是个问题，而且外立面比较容易脏。

⑤ 采光和通风性能普遍比较差

第五园户型的采光和通风性能普遍比较差，虽然有一些天井，但是依然没有很好地解决这个问题。

⑥ 私密性不强

第五园户型的对视性很强，私密性不强。特别是在卫生间，有很多卫生间设计为“三面开放式”。

3）机会(O)

①规划中的道路

在第五园的东、南、西三面规划有三条道路，分别是坂雪岗大道南段(城市主干道)、环城南路(城市Ⅰ级主干道)、坂雪岗2号路(城市支路)，未来第五园的交通将变得非常便利。但具体什么时候开工和通车还不知晓。

②南坪快速一期

南坪快速西起南山前海、东至龙岗坪山，东西横跨西部港区、前海物流园区、南山、宝安中心城、梅林关、龙华、平湖、布吉(一期终点)、横岗、坪山、大工业区。南坪快速一期2006年6月30日通车，有助于沿线的居民更多地选择在第五园置业。

4）威胁(T)

① 目前周边环境不雅

第五园的定位是走高档路线，但其周边工厂和农民房比较多，第五园的品位和安全问题可能会打折扣。

② 配套不完善

第五园最大的劣势在于配套设施的不完善，这包括两个方面——一方面是周边配套的缺乏；另一方面是内部配套的不完善，第五园规划中的配套只有尚街和万科书城，相对于万科城来说配套设施显得非常不完善。

③ 交通不便利

“第五园”地处坂田雅园路，雅园路为目前第五园唯一的对外联系市政道路，但按规划其断面未达到规划等级，而且只有2车道，车辆进出非常不便。

④ 公交线路不完善

第五园的车位户数比是0.8：1，也就是说有20%的客户的主要交通工具是靠公交车。而目前到第五园的公交车只有380B、328、335、917等几路公交，而且只能到五和南路与雅园路的交汇处，再步行近400米才到第五园。对于把公交车作为主要交通工具的客户来说很不方便。

⑤ 中海·月朗苑

第五园旁边的中海·月朗苑目前已经建至地面一层，到其入市时肯定会分流部分第五园的客户，对第五园二期将产生威胁。

(2)风格嫁接

万科力图在中国民居文化建设上有所突破，依寻“岭南四园”的思路，建造了崭新的住宅小区——万科第五园，其意是想在“岭南四园”的基础上探索一种新型的、南方的、中国式的、现代生活模式——园林层叠、出入有致、空间交错、明亮通透、湖光山色、饶有新意，特别是中国民居中内敛和赋予涵养的气质深受文化人士和知识分子的喜爱。中国式的现代建筑，是一个新的提法。虽然有人喜欢传统的建筑格局，建造了新的古典住宅庭院，但现代空间感缺乏，更有些人仅仅拿了传统建筑的符号贴在现代建筑上，那并不算中国式的住宅，充其量是中国传统建筑符号化而已。

在深圳房地产开发中，建筑风格多抄袭欧美、南亚地区，而对于中国传统的建筑文化则没有去继承和发扬光大。万科则坚持“民族的才是世界的”这一亘古不变的真理，潜心研究目前深圳乃至全国的居住意识形态，潜藏在我们骨子里的中国传统民居情愫，真正打造出这样一种产品来实现我们的现代·中式居住情结。在欧风盛行的年代，消费者更渴望看到一些中国传统的东西，以满足其对以往事物的怀旧情怀，而万科第五园则通过传统建筑元素、中式园林，诠释和释放国人骨子里的中国情节，直击其心灵深处。

万科·第五园风格嫁接之后形成独特的“第五园”风格，既现代又传统

（3）文化定位：骨子里的中国，传统民居的复兴，居住文化一次返璞归真的回归

第五园“原创现代中式”的写实主义唤醒了一个城市的记忆，万科通过对中国传统民居“天人合一”的文化象征和厚德载“屋”的伦理功能的准确把握和到位演绎，用典型的“中国味儿”传达民居的世界性。

万科·第五园极具中国味的文化氛围，处处环绕

在全深圳还是一片“欧风美雨”的时候，万科就强调“有根建筑”。同质化的模式和简单符号的粘贴，没有根基的异域风情终究“雨打浮萍飘零而去”，人们的居住方式开始平和地回归。第五园的出现，被视为中国建筑的必然寻根与回归之路——中式民居。摆在公众面前的是一幅百年民居和现代文明和谐共生的写意画卷，万科用美学、文化学的目光对中式民居加以对照，摆脱东西建筑要素拼凑的悖谬，完成了历史传统与现代文明的平静对话、东方民居与现代建筑的自然交融。

万科·第五园有传统文化里的亲切感，它骨子里的中国，小桥、流水、荷塘、箫竹、青砖、灰瓦，在这个喧嚣城市里，带给我们的归属感，是任何一座花园洋房和海景别墅所无法比拟的。

万科·第五园，原创现代中式，承继中国民居骨子里的东方式内敛，这种文化氛围无形弥漫，徜徉其间，一种强大的精神包围着你，激动着你，感染着你。骨子里的中国，是文化的气质，入骨无形。

（4）建筑风格定位：“原创现代中式”+徽派建筑现代版+少许晋派建筑元素

第五园在现代与传统之间只用了徽派建筑元素中的“墙”来过渡，用徽派空间来表达中国古典园林的“幽”。之所以能实现对传统和西化的超越，就在于第五园建筑的多维视野与审美的统一，既满足现代生活的多种功能需求，又保持经典的中国味。

万科·第五园的现代与传统充分融合

第五园利用现代生活观念及现代生活方式对原始院落空间进一步重塑，为第五园人提供更多、更大的与自然结合的活动空间，从而实现传统人文、自然、现代的居住观。

同时，第五园色彩素雅、朴实，其中又不乏亮色。

而在单体上，项目充分吸取中国传统民居的建筑特色，如安徽的马头墙、北京四合院的垂花门、云南的“一颗印”、广东的“镬斗屋”、江南的“四水归堂”天井院……再仔细推敲，利用现代建筑材料及手法，将传统与现代充分融合。通过空间、时间的对比和共性，在碰撞中寻求一种共鸣，从而形成一种打破时间、空间维度限制的全新建筑环境。

（5）产品营造

第五园融合了现代时尚元素与传统建筑风格，把中国的传统建筑文化发挥得淋漓尽致，白墙黑瓦简洁的外观和色彩很有意境的和谐美，营造出典型的江南水乡风格，表现出了传统的古典雅韵，又体现出后现代主义的简练，给我们在中国传统园林艺术在现代景观中的塑造提供了一个很好的范例，这样中国的传统艺术精粹就会经久不衰，源远流长。

在万科·第五园的身上，我们可以看到徽派建筑元素和晋派建筑元素的影子。但是万科·第五园并没有简单地复古和照搬传统建筑，而是扬弃式继承，将传统与现代、中式与西式很好地嫁接和结合，以期营造出适合中国人居住的传统居住环境，又可符合现代人的生活习惯。比如在小区已经看不到传统意义上的马墙、挑檐、小窗等与现代生活脱节的建筑手法。 但是，个性的白墙黛瓦、变通的小窗、细纹的墙脚、清砖的步行道、密集的青竹林、天井绿化、不可窥视镂空墙、通而不透的屏风、方圆结合的局部造型、青石铺就的小巷、半开放式的庭院、墙顶采光天窗及多孔墙等、承载文化的牌坊、可增加通透性的漏窗、富有文化色彩的三雕（石雕、砖雕、木雕）等与现代生活不背离的设计手法则得到了继承。小区广场阶梯造型处一排5个的古代石雕狮子柱更是原汁原味，而密集的阶梯充满了韵律的动感。空调室外机盖板、江西窑烧青砖等则实现了部品批量制造，有点现代气息。

第五园既有传统的古典雅韵，又有后现代主义的简练

1）青竹白墙：通而不透、密而不实

中式建筑几千年来，无论是皇宫还是民居，都延续了一个核心的、突出的外在表现形式，那就

是“墙”，墙内自成一家天地，宫殿有宫墙、民居有院墙、小城有城墙，墙与中国人内敛的性格特征是一脉相承的。尤其是中式民居，长短相异、高低不同、虚实有别的“墙”形成各种组合形式，具有中式民居“外简内繁、外实内虚”的特点，同时，家族等级需要的“礼制”也需要“墙”来实现。当然到了现在，传统民居的具有一定防御功能的高实外墙已经不能与现代生活相适应，但是，其对业主私密性的保障却是难能可贵的。

万科·第五园的青竹白墙

2）院系村落：中国人的“小天地”情结

在第五园，深刻感受到设计师对于“院落”的偏爱。中国人还是希望有自己的“小天地”，在传统上，中国人讲究院落的藏风、聚气，也符合中国人内敛含蓄的气质。

万科·第五园的“小天地”院落设计

3）黑白之“素”：心静自然凉

中式民居在外在色彩形式上，千百年来都是非常节制的，“黑、白、灰”三种色彩主宰了中式民居的表情，“素”是中式民居的主要特色。北方以灰为主，南方则以黑白为主，所谓“黛瓦白墙”。而第五园显然在色彩上延续南方民居，尤其是徽派建筑的特色民居。

万科·第五园建筑色彩的黑白之“素”具有浓郁的徽派建筑的特色

4）功能绿化：曲径通幽和斑驳墙影

园林设计上，第五园在几乎所有的实墙侧、花窗后、小路旁、拐角处种植了密集的竹林。这样一来，业主只能通过密集竹林看到隐隐约约的墙壁，竹丛掩映的曲径通幽和斑驳墙影，顿时缓解了墙的单调、压抑，处理得非常巧妙。宁可食无肉，不可居无竹，竹之高洁品性自古为文人墨客称道，第五园请来了中国种竹的一等好手，负责其竹林的种植与维护，竹文化对第五园的气氛营造功不可没。

万科·第五园的竹文化营造一种曲径通幽和斑驳墙影中式氛围

5）徽派老屋：刻骨思乡第五园、遥忆童时堂前燕

小区里有一栋安徽老屋，属纯木质结构，建设在小区北侧，古朴自然，木质建筑能够留存三百年以上很不容易。据说这房子的主人不在了，闲置了十年没人居住过且待拆，万科便将这座徽派老屋作了一个异地移植，搬到了第五园。这徽派老屋会被用作茶室、社区文化馆的一部分，成为第五园的有机组成部分，也成为小区主要的风格象征和精神核心。

老房子成为最好的形象推广平台

4. 产品定位

万科从中国人的生活习惯开始着手，从中国传统居住的内容着手，设计出万科第五园这个作品，是一次非常有意义的探索。第五园的设计注意到了地方气候特色，在空间处理、在建筑开合上，都能够吸收岭南民居的优点；突出院落的优点，院落是中国民居的江南风格的共性，讲究邻里关系，第五园就是传承了江南民居院落中的精粹，把开放空间与现代建筑的私密空间有效沟通。其实岭南民居与徽州、江西一带的民居在某种意义上都可以称之为江南民居范畴。

（1）规划分析

第五园在规划上，首先引进了“村”的规划概念，将整个社区进行了组团式的分区，形成了组团空间的自然过渡。同时通过街坊——街巷——大院——小院——内院的空间过渡，在强调私密性和领域感的同时也为邻里之间提供了充分的交流场所。

1）村——不同形式的住宅组成的一个大村落

在第五园的规划处理上，建筑师突出表达了“村”的形态。整个社区的规划是边界清晰的、由不同形式的住宅组成的一个大村落。联排别墅组成了两个方向略有不同的主要村落，相邻的由情景花园洋房和多层住宅以及小高层区又分别形成了不同的小村落，通过一条半环形的主路连接起来。各“村”内部都有深幽的街巷或步行小路以及大小不同的院落组合而成，宜人的尺度构成了富有人情味的居住空间，同时也满足了业主渴望拥有一个“小天地”的居住消费需求。

万科·第五园不同形式的住宅组成的一个大村落

2）巷——吸取广东地区特色竹筒屋和冷巷的精华

第五园在设计上吸取了富有广东地区特色的竹筒屋和冷巷的传统做法，通过小院、廊架、挑檐、高墙、花窗、孔洞以及缝隙，试图给阳光一把梳子，给微风一个通道，使房屋在梳理阳光的同时呼吸微风，让居住者时刻能享受到一片荫凉，提高了住宅的舒适度，有效地降低了能耗。巷道的另外一个功能就是连接的功能，不仅将各物业单位有机地联合起来，同时也将不同业主的社会关系连接起来，体现了“社会人”相互交往的、渴望沟通的心理。

万科·第五园巷的设计吸取广东地区特色竹筒屋和冷巷的精华

3）院——多重院落结合，着力体现中国传统建筑的“内向型”空间

建筑师通过Town House产品组合形成的“六合院”和“四合院”、情景洋房的“立体小院”（院落+露台）、多层及小高层公寓部分的围合所形成的大院，种种院落形式的采用，着力体现了中国传统建筑中的“内向型”空间，依稀可以感觉到江南住宅“四水归堂”的性格。

万科·第五园多重院落结合，着力体现中国传统建筑的“内向型”空间

（2）户型分析

有三种建筑形式：庭院别墅、叠院House、合院阳房，其中合院阳房是主力户型。庭院别墅有四个户型（190m^2～234m^2），叠院House有三个户型（135m^2～165m^2），合院阳房有三个户型（73m^2～105m^2）。其中有六套别墅，合做一个小单元，共享有一个100m^{2}的合院。

一期户型配比一览表 

产品类别	面积（m^2）	总面积（m^2）	占总面积比例	套数	占总套数比例
庭院别墅	15816	45260.78	34.9%	52	14.8%
叠院HOUSE	12320	45260.78	27.3%	84	23.9%
合院阳房	17124.7	45260.78	37.8%	216	61.3%

1）庭院别墅

庭院别墅有四个户型，面积在190～234m^2之间，中国传统住宅的标准样式。每个别墅都有“前庭后院中天井”的设计，形成一家三院，在增强空间私密性的同时，也为邻里提供了充分交流的场所。连排私家院落空间层层递进，气派雍容，格局舒适；均有前院，有些户型有小天井，可以直接从别墅顶部采光。大部分主卧配有“空中立体小院”，提高了生活质量。

2）叠院HOUSE

三个户型面积在135～165m^2之间，拥有私密性和领域感的“空中立体小院”。以墙和花台为元素，将楼台升级为“空中立体小院”。墙的非封闭维合、花台的因地设置，取得了两个方向的成功，从外向内大量可保证小院的私密性，由内向外观望保证了对院中人视线的收束；送30多m^2的地下室，送顶层露台。

3）合院阳房

为多层，面积为75～115m^2，为两房三房，有围合的公共大院落，提供了广泛邻里空间的交流。一层送地下室，二层送小露台，三～五层是标准层，六层送顶层露台。三～五层户型实用率为82%，自住和投资两相宜的户型典范。

（3）价格分析

庭院别墅10000～12000元/m^2，叠院House7000～9000元/m^2，合院阳房5500元/m^2。多层物业是用市场比较法定价的，通过分析项目的市场影响力、开发规模、开发时期等参考因素，第五园周边可作为其项目定价提供参考的项目有：万科自己开发的万科城、万科四季花城以及中海日辉台。通过综合分析影响项目价格的规划、环境景观、配套、户型等因素，加权修正得出多层物业的价格定位。

Town House则采用三种方法综合修正得出最终价格：通过与万科城Town House物业的比较得出本项目的参考均价；参考深圳同一项目中普通住宅物业与Town House物业的价格差异比例来得出项目的参考均价；参考其他城市中式Town House物业与普通Town House物业的价格差异得出本项目的参考均价。

四、营销推广策略

1. 包装篇

（1）样板房

万科不惜重金花了500万元打造了9套样板房，分别是TA(庭院别墅)、TB(庭院别墅)、TC(庭院别墅)、TD(庭院别墅)、GA(叠院HOUSE)、GB(叠院HOUSE)、GC(叠院HOUSE)、MC(合院阳房)和MD(合院阳房)。在7月16日，9套样板房同时对外开放；7月23日，8套样板房(除在老房子里的TB外)同时对外开放。样板房的成功塑造，对于第五园出现一天售罄的结果起到了非常重要的作用。

样板房室内

（2）老房子

万科花了三千万元从相隔两千多公里远的北京把老房子移到了第五园，以增加第五园的中国传统文化含量，老房子在第五园的文化内涵中起到了一个画龙点睛的作用。

老房子门口

（3）将文化融入建筑

第五园没有简单地复古和照搬，而是扬弃式继承，将传统与现代、中式与西式很好地嫁接和结合，既营造出了适合中国人居住的传统居住环境，又可符合现代人的生活习惯。

池塘边

2. 营销篇

（1）定价

从万科城、万科17英里和第五园的定价可以看出，万科楼盘的定价都是参考关内楼盘来的，比区域内楼盘的价格基本都要高一大截，所以万科的进驻在很大程度上能提升一个片区的价格。因此也不难想象万科当时以9.7亿的“天价”拿下万科城的一块用地。

（2）送地下室

现在楼盘的赠送面积多在地上，如落地凸窗、露台、入户花园等，而第五园更多地是在送地下室(第五园地下室都是送的)。地下室的私密性很强(就是通风、采光差点)，也很适用(可用来开Party、当客厅用等)，受到客户的欢迎。

（3）认筹手段

万科之前的认筹手段可谓是棋高一着，最大限度地挖掘了潜在客户，并造成开盘当日的“市场饥饿感”，获得了开门红。

（4）样板房开放日的活动

2005年7月16日，在万科·第五园老房子里举办了万科·第五园“骨子里的中国”主题论坛、第五园新产品发布会及李玉祥“老房子照片展”，邀请了美籍华人学者王受之教授参与论坛，还邀请了著名古琴大师陈金龙先生现场弹奏“高山流水”与“梅花三弄”。

3. 推广篇

第五园在开盘前一周左右开始投放广告，深圳主流媒体都有广告投放，而且投放的力度都差不多。第五园的广告投放并不多，项目前期的造势宏大：

2004年，第五园在文博会上精彩亮相，获得了客户与文化界的一致好评；第五园出版发行的《骨子里的中国情结》一书，名列当年底广州必得书店畅销书排行榜第七名。

2004年12月25日，第五园更以“骨子里的中国情结”的文化内涵和现代中式的神似特点，获得了由中国土木工程学会、中国城市规划学会、中国房地产协会城市开发委员会、中国民族建筑研究会和中国建设报联合颁发的“中国建筑珍品大院奖”，标志着第五园项目已成为中国房地产的标杆，万科地产再次引领了中国房地产的潮流。

2004年11月，第五园参展深圳首届文博会，首次精彩亮相。万科首部项目书籍《骨子里的中国情结》在文博会上举行首发仪式，作者王受之先生现场签名送书。文博会期间，万科集团王石董事长亲临展会现场，与中央政治局常委李长春、文化部部长孙家正亲切握手。2004年12月，在北京钓鱼台国宾馆，第五园以其独特的“原创现代中式”设计风格，荣获“中国建筑珍品大院”奖。

2005年5月1日，第五园于“2005年深圳市春季房地产交易会”中亮相。

第五园推广广告

媒体	广告主题	投放版面	版面大小	投放日期
南方都市报	骨子里的中国	03	1/3	2005年7月15日
深圳晚报	开门见“中国”	A1	1/3	2005年7月22日
深圳特区报	开门见“中国”	A1	1/3	2005年7月21日
晶报	骨子里的中国	A1	1/3	2005年7月15日
深圳商报	骨子里的中国	A1	报眼	2005年7月15日
演进商报	开门见“中国”	A1	1/3	2005年7月22日

4. 客户情况

开盘之前已认筹的客户约有3200多人(除去虚筹)，受到“禁筹令”的影响，退了一部分筹，但当天到场的认筹客户仍然达2300余人，认筹客户到场率高达70%。而所推出的房源仅为346套，有效客户与房源的比例高达7∶1，创下了深圳之最。第五园的成交业主相当部分是万科四季花城的老业主，说明万科业主体验过了四季花城的升值，以期万科物业的再次升值。此外，来自福田和南山的关内客户也不少，说明第五园得到了市场的广泛认可。

五、项目营销策略解析

1. 营销概念主题——骨子里的中国情结

万科·第五园里的“骨子里的中国情结”概念广告墙

万科第五园，以一句 “骨子里的中国情结”，直击漂在深圳的异乡人对归属感与对家乡的怀念之情，承继中国民居骨子里的东方式内敛，这种文化是一种强大的精神氛围，是中国居民根植在骨子里的文化气质。

王石不惜重金从北京请来安徽古民居，使其成为第五园的精神图腾，也使得“骨子里的中国情结”来得更加纯粹和彻底。

2. 价值提炼——凝聚中国情结的民居

万科·第五园的火爆不仅仅因为是万科，更是他深深地撞击了中国人内心里的中国情结。

中国人骨子里对江南水乡有一种向往，南方人因为它是故乡熟悉的乡音软语、氤氲空气中弥散的儿时记忆，北方人向往是因为那些从不曾拥有的欲望、那些关于画面中的美好想象。在人们的意识中，似乎只有江南的水乡，那些乌瓦白墙、曲水小桥，与北京的四合院、老城根，山西的窑洞与信天游才是中国的符号。

万科，多年致力于房地产文化建设，在进行了大量的现代城市住宅开发以后，目睹社会的变迁所带来的“文化的尴尬”，开始对多年秉持的居住文化理念寻求突破。从简单意义的栖居——舒适的起居——身心安顿的栖居——文化情感、精神情感的全然回归，提炼出的并不是产品符号复制，主要是原创出一种凝聚中国情结的民居。

传统而现代的民居撞击了中国人内心里的中国情结

3. 宣传推广策略

（1）万科就是一面旗帜，就是最好的广告

万科，全国性的知名地产品牌，其业务覆盖上海、深圳、广州、北京、天津等50多个城市，拥有无数的拥戴与信任者。

万科，中国房地产行业第一个，也是迄今为止唯一 一个全国驰名商标。万客会，地产行业的第一个客户关系组织。

万科，拥有自己庞大的设计公司，其强大的产品研发能力保证了万科常能以产品制胜，众多的优秀产品筑就了万科强势的品牌效应，然而万科又常常打破并提升片区内同类产品的价格记录，这让万科的忠实客户爱之深又恨之切。

所以，万科本身就是一面旗帜，万科的品牌就是最好的广告。

（2）在特定的环境获得卓越成功

深圳是一个以外来人口为主的移民城市，是深圳人的第二故乡，但不是骨子里的故乡。这里更适合拼搏、创业，很少有人能放下忙碌，享受悠然的生活。可以接受新事物，并且愿意追随新事物，这是深圳居民普遍的特征与心理，也是第五园在特定的环境获得卓越成功的另一个重要原因。

（3）从始至终的延续

万科的广告作风一贯的简洁、直白并具有王者之风，如东海岸的“深圳向东看”、“那里有真正的海”等，能够突出项目的最大卖点并从始至终地延续，如同他的企业理念一样，很稳重、很执着、很让人信任。而在第五园的广告推广中，万科秉承其一贯作风，以简洁、霸气、直接、执着的广告语与推广手法，覆盖并渗透市场。

（4）文化营销

王受之，美国洛杉矶艺术中心设计学院终身教授、美国南加州建筑学院教授、中国中央美术学院、汕头大学长江设计学院副院长、清华大学教授、上海大学美术学院教授，曾经多次承担地产设计比赛的评审，是著名的设计专家，其《骨子里的中国情结》一书是第五园营销蓝本，也是第五园营销的主线。

在“hello，中产”传遍深圳大街小巷之后，王受之也被越来越多的人知晓。而此时，万科地产将第五园与王受之的名号以及《骨子里的中国情结》进行捆绑营销，《骨子里的中国情结》无形中成了第五园的形象楼书。

第五园文化营销的巧妙与成功之处，在于其给人一种“文化引导居住”的感觉而不是“为营销

强造文化”的牵强。无论是目标客户群体定位，还是其推广主题“骨子里的中国情结”、“原创现代中式”或者建筑风格都留下了文化营销的痕迹。第五园卖的就是一种居住文化，万科掀起了一场居住文化的回归。

《骨子里的中国情结》图书封面

（5）情感营销

万科·第五园，以一句 “骨子里的中国情结”，直击漂在深圳的异乡人对归属感与对家乡的怀念之情，承继中国民居骨子里的东方式内敛，这种文化是一种强大的精神氛围，是中国居民根植在骨子里的文化气质。

人们的消费行为主要分为三个阶段：量的消费阶段、质的消费阶段、感情的消费阶段。第五园的营销环境已经进入到了感情营销阶段，它能对消费者动之以情、持之以恒。

情感应该贯穿消费者的全过程而不仅仅在销售阶段，这就需要颠覆以往的营销方式，将动机藏好，换位为消费者去关怀他们的需求。

（6）定位营销

万科·第五园的成功，很大程度上取决于项目定位的准确性。随着市场竞争的白热化，越来越多的企业把重点放在了项目的定位上。第五园——骨子里的中国情结，本质上比洋派定位来得更出色，因为买家多为60年代出生的人，这一代人具有骨子里的中国情结，这种情结被唤醒后，营销的爆发力会来得更彻底和果断。销售事实证明，骨子里的中国情结的营销定位是非常精湛的。

“骨子里的中国情结”随处可见，也随时击中消费者的内心

（7）差异化营销

万科城距第五园较近，第五园推出之际，万科城也正在热销，二者必将形成竞争。而万科城是“西班牙”风格，万科早期开发的“四季花城”又是“欧洲小镇”，万科运作的其他几个项目也都是异域风情。

第五园的中式风格，骨子里的中国情结，不但有效避免了万科自身产品的相互竞争，而且既传统又现代的中式之园更是开了深圳的先河。

（8）创新营销

据悉，最初万科相关人士也想将该项目延续四季花城的路线开发，但万科认为这样下去会走下坡路，所以必须有突破，必须要颠覆、创新而不能倒退。第五园的做法由于很冒险，开发之前万科曾用时两年研究该项目。

第五园的精神图腾是王石从北京买来并重建的安徽老房子，也是“骨子里的中国情结”最大的契合与标志物。第五园的产品是传统与现代的结合体，以中式为主、中西元素的交融。

万科·第五园的指示牌都是传统与现代的结合体

（9）营销模式解构

通过对万科·第五园营销策略的全面解析，可以总结出房地产营销的五大发展趋势：

1）销售组织“矩阵作战”

深圳乃至全国的房地产销售，都是以一个企业的销售部门为主、其他部门为辅甚至根本不参与。但万科在销售组织上实现了突破，在第五园、东海岸、万科城的销售现场，可以看到销售组织呈多兵种、矩阵式联合立体作战的态势。整合各个专业线的资源优势，以协同的方式组织销售。

比如客户线的人（物业管理公司、万客会）负责小区内客户的接待、现场秩序的维护；销售线的人负责控制销售过程、接待看样板房的客户；策划线则负责产品品质的渗透讲解和对销售人员的技术支持；设计线则从专业层面向行业内渗透式推广。客户线、销售线、策划线、设计线的人员均由销售负责人统一调度，形成多兵种立体“矩阵作战”的态势。

多部门、兵种立体“矩阵作战”这种销售方法应变能力快、专业分工细、服务提供能力强，在万科城、东海岸等楼盘身上都得到了体现。由于专业分工细化，而且职责范围内授权明确，每个专业口的人都积极性很高，充分享受工作所带来的成就感，互相自动补位，整个协作流程非常严密。

2）客户服务“差别待遇”

1998年万科成立“万客会”以后，经过多年的培育，终于到了收获的时候。现在万科所有楼盘都率先对会员先行开放，并取得了良好的效果。万科这种做法，实际上是对不同的客户施行了不同的待遇，对于忠诚客户、老客户、会员，万科提供购房积分、返利的措施，对于不是会员的新客户，则没有这种待遇。并且制度化、长期化，形成惯例，与一般企业的突发性、偶然性有很大差别。

房地产企业对于客户极少实行差别待遇，唯恐因此而失去客户。但万科凭借自己庞大的会员资源、产品的创新，果断实行针对购房者的“差别待遇”，反而对很多不是会员的人产生了吸引力、对会员又进一步巩固了其信心、给予了很好的心理暗示。随着万科实行差别待遇取得良好成效，这种做法会对整个行业，尤其是大型房地产企业造成一定的触动。

3）入市安排“无季节差”

每年的3～8月份都属于房地产销售的淡季。在这几个月内，一般的企业都会尽可能地避开这些季节，而把项目安排在当年9至下年1月份的旺季里销售。

万科城二期5月份开盘、第五园7月份开盘，从销售安排可以看出，无论是淡季、还是旺季，无论是天气高温、还是下雨，对万科来说都没有太多顾及，而是进入了以我为主的“无季节差”时代。这种做法，如果没有对市场的准确判断、没有对产品的信心，是很难做到的。

4）行业创新“文化植入”

第五园是一个个性化很强的产品，是深圳第一个真正意义上的中式建筑。在万科·第五园，无论是外在近似、内在神似的建筑风格，还是功能区分清晰的绿化层次，以及青石小巷、挑檐、院落、廊架、花窗、孔洞、高墙、缝隙等等，都让人无须借助外形就能够感觉到实质。万科·第五园是深圳迄今为止真正具备中式神韵和内涵的住宅社区，是从“产品创新”进入“文化创新”的重要标志。

5）多次置业“个性消费”

万科的住宅在2004年前走的是洋派、拷贝、物质化、大规模生产路线，个性化、本土化、精神化诉求很少。万科·第五园的原创现代中式建筑、中式园林，是万科地产第一个极度个性化、本土化（中国化）、精神化的作品，表明随着深圳产品创新到达一个“创无可创”的临界点以后，多次置业者的“个性消费”已经成为在市场中脱颖而出的重要依托。

有人评价万科第五园时说，骨子里的中国情结让万科第五园赚了不少金钱的同时，更赚取不少社会认同。这倒不是说骨子里的中国文化有多成功，而是骨子里的遗失成就了骨子里的中国情结。

链接 “骨子里的中国”

深圳特区报记者陈昌询　樊小兵

深圳25年的辉煌发展历程中同样经历和见证着居住需求的层进变迁，从基本的居住功能到追求舒适型居住，再到享受型居住，深圳的房地产开发随着居住需求的变迁一路上行。

当我们坦言目前深圳的居住形态时，“舒适型居住”是主体现状，而“享受型居住”尚在探索中。是谁在细细思量目前深圳乃至全国的居住形态意识？是谁深刻玩味着潜藏在我们骨子里的中国传统民居情愫？又是谁真正打造出这样一种产品来实现我们的现代·中式居住情结？今天让我们开始关注万科·第五园，关注万科“骨子里的中国情结”。

7月16日，万科·第五园产品发布会在备受关注的“老房子”里隆重召开。此次活动也吸引了一直以来对万科及其第五园项目给予高度关注的置业群体，据统计当日到访第五园的置业者逾六千人次，创造了深圳楼市的又一个新标尺。

万科·第五园的出现是必然的

深圳作为中国楼市市场经济样板田的标志性区域，在25年的辉煌发展历程中经历和见证着居住需求的层进变迁——从基本的居住功能到追求舒适型居住，再到享受型居住。深圳的房地产开发随着居住需求的变迁一路上行，但当我们坦言目前深圳的居住形态时，“舒适型居住”是主体现状，而“享受型居住”尚在探索中。尤其是文化享受、文化寻根的“中国民居”更似乎是一种奢望。作为中国房地产第一品牌，万科有责任理解这一居住意识并实现这一居住形态。万科也正以此为己任——万科近年来，矢志探索根置于中国文化土壤“中国民居”，探索中国民居文化与现代生活方式衔接；“原创现代·中式”，便是万科·第五园便是这一探索的完美实践。

可以说，万科·第五园的出现，是居住需求层进的必然，更是万科勇担重任及不断超越自我的必然。

万科·第五园是与时俱进的

万科·第五园的出现是必然的，同时也是与时俱进的。在当日接受记者采访时，肖楠表示，万科给第五园确立了一个比较高的目标，创新开发理念背后对中国民居文化做一些思考和尝试，“用白话文写就的传统”表达了这种尝试的内涵。

来自美国加州洛杉矶艺术学院的终身教授王受之认为：“万科地产力图在中国民居文化建设上有所突破，依循‘岭南四园’的思路，建造了崭新的住宅小区—万科·第五园，其意是想在‘岭南四园’的基础上探索一种新型的、南方的、中国式的现代生活模式，园林层叠，出入有致，空间交错，湖光水色，诗画意象。特别是第五园内在蕴含的中国民居文化中内敛、含蓄和富于涵养的气质，深受文化人士和知识分子的喜爱。‘中国式的现代建筑’是一个新的提法。虽然有人喜欢传统的建筑格局，建造了新的古典住宅庭院，但现代空间感缺乏，更有些人仅仅拿了传统建筑的符号贴在现代建筑上，那并不算中国式的住宅，充其量是中国传统建筑符号而已。

万科从中国人的生活习惯开始着手，从中国传统居住的内容着手，构思万科·第五园的文化意象，是一次非常有意义的探索。万科·第五园的设计的确注意到了地方气候特色，在空间处理和建筑开合上，都能够吸收岭南民居的优点，突出院落文化。院落是中国民居的江南风格的共性，讲究邻里关系，万科·第五园就是传承了江南民居院落中的精粹，把开放空间与现代建筑的私密空间有效沟通。

例如，在万科·第五园中没有延续上海民居石库门的天井式的封闭结构，比较好地采用了西式的开放式庭院布局。但是在庭院、天井的提示性应用上，则也包涵了石库门的精神。万科·第五园的联排住宅采用庭院的方式，在某种程度上，把石库门的一些优点都结合到比较敞开的布局上去，有一种依稀熟悉的影子。”

第五园是深圳的，更是中国的

万科一直以持续超前的意识，引领着中国房地产市场的不断发展。在这个过程中，万科也在不断地超越着自我。惟其如此，万科才能继续在行业充当领头羊的角色。深圳作为全国房地产市场开发的样板田，其市场的创新性在全国是有目共睹的，也正是基于创新，深圳才得以领跑全国楼市。在深圳楼市因“全盘西化，缺乏创新意识”与“中国第一楼市”渐行渐远之际，万科再次以创造性的开发意识，为创新日益匮乏的深圳市场打造出了“现代·中式住宅”——万科·第五园。从当天发布会逾千人次的到访量看，万科·第五园再次成就了深圳的黄金楼市。

第五园是民族的，更是世界的。

第五园在中国住宅开发领域内第一次将有着悠久历史和文化韵味的徽州民居“老房子”移至深圳，作为该项目的永久珍藏。“将潜藏在我们骨子里的那份中国情结彻底唤醒，是第五园展现给中国的最大期待。”2004年，万科的项目在加拿大的多伦多以其纯现代的建筑设计和布局赢得世界的认同，“民族的才是世界的”，2005年，万科·第五园将向世界展示中国传统民居的现代魅力。

第三章

德篇——让品牌价值转化为产品价值

万物依“道”而生，还需以德性得到蓄养。任何一次营销的成功，都必须有一个足够的群体来支持。这个群体必有一个共同的价值取向，它与企业和楼盘倡导的精神主张趋同。品牌的号召力越强，其群体越大，市场基础就越坚实。这就是品牌价值。

生而不有，为而不恃，长而不宰。是谓玄德。

——老子

神通第一的佛陀弟子目犍连，法力无边，能预知未来。可是，有一天他传教时走在一座山下，被裸形外道人从山上推下的巨石砸死了。于是就有人问佛祖释迦牟尼，既然目犍连法力无边，神通广大，他为何不用法力去抵挡祸害。佛祖说，法力不敌业力，他前世是捕鱼的，杀死许多生灵，种下的恶果，必定要报的。

品牌会在市场上为企业种下因果。房地产业品牌的价值有着更深的意义：使价值资源在开发商的任一楼盘得到共享，增强市场风险防范能力。

不过，在本章，我们重点探讨的不是品牌如何建设，而是如何利用品牌效应为产品增加更大的附加值。

一、从世博会看品牌价值

透过眼花缭乱的表象，可以发现，整个世博会是一个国际前沿的营销秀场，各国都在运用不同的方式包装自己，展示自己的文化、科技、价值观。这场世界超级秀中，有凡个典型代表最值得借鉴：美国，通过尖端的视听技术，诉求他们的价值观，为每一个走近他的人洗脑；德国，通过各种有趣的互动沟通，成为一个最有故事的秀场；英国，用最为简洁的形式，表达对自然物种最深沉的关注；法国，用最浪漫的形式展示他们的建筑节能理念……

除了这些国家秀外，一些企业也加入进来，直接或间接地诉求企业的价值观和社会责任。如万科，以环境保护的名义，表达企业的价值观，这种大企业的社会责任感，也无以例外地赢得了参观者的尊重。

1. 美国馆营销“富兰克林精神”

其中的美国展馆，价值观是他们最名贵的卖点。

美国是一个超级大国，同样包括其超级秀。他们最高明的地方在于，让你一不小心接受了

“富兰克林精神”。

如果你在美国展馆，想看到这个超级大国的尖端科技与产品展示，肯定会让你失望的。偌大的一个展馆，被四个不同的展示空间虚拟化，游客将徜徉于四个不同的展示空间，每个体验区都展示了美国精神——乐观、创新和合作。在每个展示空间，都有时长约为8分钟的影片展示。

第一个空间：序幕部分，不同阶层的美国人向参观者热情问好，欢迎大家的到来，表现出开放包容的美国。

第二个空间：随着大门敞开，可容纳500名观众进入。三块大屏幕上播放美国人伸出友谊之手、用普通话热烈欢迎游客到来的画面。这些问候来自大学、企业和其他社会团体，共同传递的信息是——“为建设更美好的世界，我们紧密团结在一起，无论我们来自哪个国家，拥有何种国籍。”

第三个空间：播放一部名为《花园》的影片。一个小女孩看到了一片废弃的空地，想象着一个繁茂的花园。她的激情和决心启发了她的邻居们，在共同的乐观、创新和合作精神的指引下，使曾经破败和灰暗的城市呈现出梦幻般的美好景象。影片将通过风和雨等四维效果，让观众沉浸在惊奇的情感和视觉体验中。美国馆设计公司创始人罗杰斯介绍说，影片的最精彩之处在于，故事中没有任何语言对话，都是通过图像、音乐和音效来表达，不需要翻译，每个人都能理解这个故事，无论他们的母语是什么语言。

第四个空间：展示五大主题区域，着重介绍美国人如何使他们的社区变得更加健康、可持续和具有文化多样性。

如果你能理解乐观、创新、合作的精神，美国的目的就达到了，因为你的价值观已经与他们趋同，而价值观是一种信仰，信仰的征服是最高境界的营销手段。人们游历美国展馆之后，你会发现你在享受美国式的幽默与风趣后，一不小心已经接受了“富兰克林精神”。

2. 英国馆通过“种子殿堂”将英国的价值观与人类的价值观高度重合

在英国这个展馆，最吸引人的是那个“种子殿堂”。英国展馆这个由6万根蕴含植物种子的透明亚克力杆组成的巨型“种子殿堂”，除了美学效果以吸引眼球外，它所有的触须将会随风轻微摇动，使人很容易联想到撒播的蒲公英种子。而殿堂里面，是800多种濒临灭绝的植物种子。它在唤醒人们尊重自然爱护自然的同时，体现了英国人对自然界的保护精神，而这是人类共同的责任。这种对自然的精神，让国家的价值观与人类的价值观高度重合。

世博会，在本质上其实是推销一个国家价值理念最好的平台。从第一届大英帝国（1851年）登上历史舞台，就是要靠万国博览会展示自己的蒸汽火车与新型政治。世博会炙手可热的年代，也正是西方的价值观在紧锣密鼓形成，并逐渐登上全球舞台的时候。说白了，以展示科技、工业、经济与文化成果为主的世博会，在本质上其实是推销一个国家价值理念最好的平台。

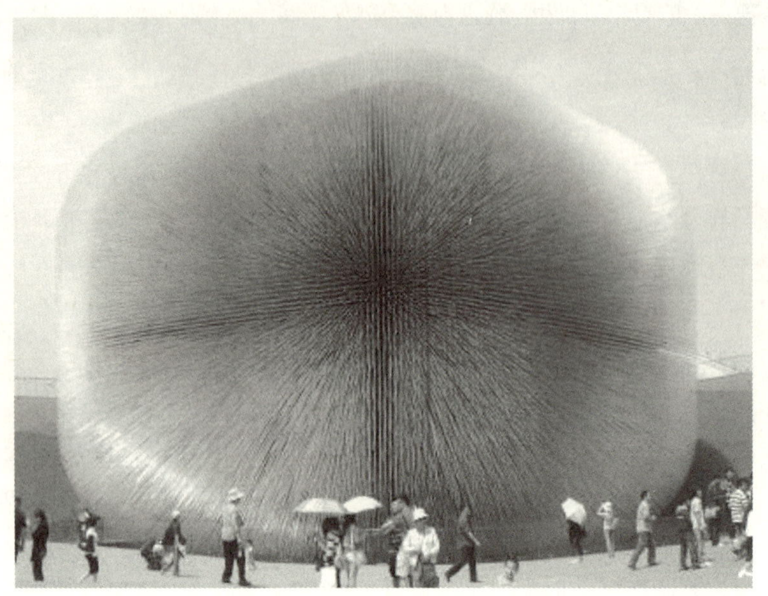

英国馆“种子殿堂”

3. 万科馆巧妙宣传企业的社会责任

国家需要推广它的价值观，企业也一样。

万科馆里，从始至终没有万科的产品出现，甚至你见不到万科的一纸简介。难道万科忽略了推销自己？当然不是，只是它的营销更为隐蔽和高级。分为如下几个手段：

手段1：命名充满悬念的名称“2049”

它的名称“2049”充满悬念，你必须仔细琢磨才能品出味道来，原来“2049”年既意味着一个人的未来，也意味着一个城市、一个国家甚至整个地球的未来。同时，它还象征通往未来的一段旅程，其中蕴含着无限可能。

手段2：建筑材料的节能环保

其次，“2049”展馆以天然麦秸秆为建筑材料，由7个相互独立的形似金灿灿麦垛的筒状建筑组成，寓意万科环保理念。其尊重自然、低碳生活的诉求逐渐彰显。

天然麦秸秆为建筑材料的万科馆

手段3：五个展厅展现人、自然和城市相互尊重的关系

在馆内万科并没有自说自话，而是以白蚁、水、沙尘暴、垃圾和金丝猴五个故事来讲述人、自然和城市相互尊重的关系。这貌似与主业地产没有任何关系的故事，却潜移默化地表达了万科以社会责任为企业精神的诉求。

第一个展厅：雪山精灵厅

讲述了滇金丝猴从丧失生存空间的劫难中得到解救这样一个险象环生的故事。这些除人类之外唯一长着红嘴唇、外表最像人类的珍稀保护动物长期处于濒临灭绝的状态。在这里，美丽的滇金丝猴和它的故事要唤起的是参观者的感动。此时，被感动的人们开始忘掉了这是一个企业的展馆。

万科馆雪山精灵厅

第二个展厅：生命之树厅

讲述世界最大规模的公益环保行动——中国的退耕还林政策如何让林进沙退，并在茫茫沙海中灌溉出生命之树。通过LED环幕、全息膜、沙画、影像，参观者将在这里体验到流沙陨落、绿芽破土、生命之树繁盛、万鸟齐飞的美轮美奂。

第三个展厅：莫比斯环厅

通过莫比斯环造型的屏幕，让参观者了解到台北的“垃圾分类回收及处理”政策如何让垃圾变废为宝，让资源无限循环。

第四个展厅：蚁穴探险厅

参观者乘坐“热气球”升降台，一窥蚁穴奥妙。非洲草原上看似不起眼的白蚁，却掌握着连人类也要刮目相看的建筑技艺。如果将白蚁放大到人类的大小，那么蚁穴的规模会超越人类所有的摩天大楼。更神奇的是蚁穴中虽然没有空调却能保持常温，育婴室、高速公路等功能结构一应俱全。万科的开发创新的精神与建筑追求，悄然植入。

第五个展厅：主题厅“尊重·可能”

在展厅的主题影片中，参观者将通过奚志农、梁从诫、马军以及阿拉善SEE等一系列个人、组织为保护生态环境所做的努力，看到每一个人的力量，看到一个个体的力量汇聚成中国的环保行动，自然、生命、震撼、感动将贯穿整个影像。

参观者通过以上展厅后，开始感动于万科的社会责任。只要你是一个尊重自然、尊重生命的人，你一定与万科的价值观是相同的，这种价值观的趋同，会带来你对这个地产企业的认同，对这个企业的产品的认同，这就是万科想要的。

以上展馆的营销秀，各有各的理念，各有各的特色，但有一点无一例外，都是以高度的责任感，关注人类的生存环境，关注人类的未来，这种姿态，无一例外地从精神层面感动着参观者。

这就是品牌形象所带来的价值。

二、如何将品牌价值转化为产品价值

万科的楼盘比同类楼盘价格高很多，而汤臣一品又比万科的楼盘高很多。其实这种市场现象还不算什么，你可能还有另一种经验：在同一个市场，发现两件服装，其款式、布料、做工相同，而唯一不同的是商标。可能一个是你知道的名牌，而另一个却是很普通的牌子。但是，就因为小小的商标不同，价格却相差数十倍。即使如此，名牌衣服被挂在名牌橱窗里，惹名媛钟爱，普通品牌依然却在大卖场里冷冷清清，无人问津。如果你想深入了解，你还会惊讶地发现，它们出自一个生产厂家，用的是一样的生产工序。而这数十倍的价差，是什么带来的呢？是品牌。这就是品牌的价值。

在第一章讲到的“雪茄现象”，就说明产品的附加价值有很大部分取决于品牌价值，而非生产成本。在市场竞争加剧、产品差异化缩小的时候，产品本身所能带来的利润空间越来越小，市场风险也会越来越大。而品牌，具有明显的抗风险作用和增加商品价值的作用。

崇尚理性市场的人有些惊讶，同样的商品，怎么凭空生出这么大的价值呢？但这种看起来有点不可思议的事，在市场上就这么真实地存在着。为什么呢？从人的角度出发，每一个人的大脑中都存在一个意识的世界，在这个意识世界里，这个品牌会代表他的身位、地位、尊重等，如品牌时装，会代表女性的品位、知性等。

尽管经常有人指着身上的LV皮包，或者拿出LV皮夹说：“用来用去还是LV最耐用，这个包已经8年了。”高昂的价格仅仅是因为LV的耐用吗？岂不知，拥有它的人不是在炫耀这个皮包的结实耐用，而是在炫耀这个皮件代表主人品味脱俗。

范思哲时装，这个有多年历史的闻名品牌，创立于1978年，品牌标志是神话中的蛇妖玛度莎（Medusa)，代表着致命的吸引力。范思哲服装的设计风格非常鲜明，具有独特的美感和极强的艺术冲击力。在欧美社会，穿上它，就代表穿衣服者走近了欧美上流女性社会中。

Tiffany（蒂芬尼），它的设计焕发出浓郁的美国特色，冷静超然的明晰与令人心动的优雅在每一Tiffany设计中自然地融合体现。卓越的设计并非完全的奢侈，更不是轻浮的炫耀，而是真正能震撼心灵的作品。Tiffany的每一款珠宝都有属于自己的精神空间，无论是精致刺眼还是沉稳内敛，都能使你感受到Tiffany悠远的品牌文化。

奢侈品就是无形价值/有形价值关系比值最高的产品。在生活当中，奢侈品牌就代表着非凡的品味和社会地位。奢侈品实际是满足“心灵消费”的商品，它的价值在于走近消费者的心灵空间，无论宾利轿车、伯瓷酒店、劳力士表、奔驰汽车等，价值都超越了使用的意义。

本书一直在强调，人是感性的，而越是高端消费者，其行为越感性。在奢侈品及高端产品的世界里，你可以认为这个世界是意识的世界。因此，谁最终能掌控意识，就能掌控商品价值。

由此，我们也就明白——品牌价值的转化，其实是意识教养的过程。

大宗消费品房地产，除了社会保障性住房外，都具有奢侈品属性。又因为，房屋与生活息息相关，其精神属性更加明显，品牌的价值就更明显。房地产品牌价值的转化，同样是意识教养的过程。在房地产行业，一般会运用哪些途径进行意识教养呢？

1. 我有明确的核心价值

正如浪琴表的品牌核心价值是“优雅人生”，这种给消费者的联想是“我也是优雅”的。大多数人可能并没有优雅的人生，这种联想是消费者所向往的，所以能打动消费者的内心世界。如果有一个楼盘核心价值定为“经济适用”，这里的居民大多数人都是平凡的生活，所以这样一个品牌肯定就只适合作为大众品牌，而产生不了品牌溢价。

“创造健康丰盛的人生”，是万科的核心价值观。它自己的诠释是“创造健康丰盛的人生，意味着我们将持续提供超越客户期望的产品和服务，让客户骄傲；意味着我们将持续提供超越投资者期望的回报，让投资者满意；意味着我们将持续提供超越员工期望的发展空间和报酬，让员工自豪。”毫无疑问，这种超越客户期望的“产品、服务、回报”，为万科产品也带来超越期望的回报。

2. 我有崇高的社会责任

“海螺行动”、“绿色低碳行动”、“零公里行动”（由万科公益基金会与腾讯公益基金会联合发起，旨在呼吁通过生活垃圾的前端分类减量解决城市垃圾问题，“零公里行动”将由三部分构成：珠峰行动、社区垃圾分类以及网络社区互动）等，万科从来没有缺乏过社会关注的亮点，一直在以一个崇高的姿态，关注着社会、自然、人居生活。崇高的社会责任，具有非凡魅力，能够吸引人的心，让人忘记价格。主义的号召力，是以一个主义去领导消费者的心，最终能够得到最高溢价的手段。

虽然责任是一个人乃至一个企业的基本应该要做到的，但是按目前的社会状况，良好的责任也成为了一种稀缺，所以当一个品牌把对消费者或者对社会有很好责任也进行传播时，自然就会建立起高溢价品牌的形象。

3. 我的企业有高尚的品格

北京时间2010年5月22日7时至10时间，包括王石在内的“零公里行动”南坡登山队全体队员成功登顶珠峰，并将世博旗帜带上峰顶。上海世博会事务协调局当日发来贺电，表示“此次零公里行动登山队携上海世博会会旗成功登顶世界最高峰——珠穆朗玛峰，并在海拔7000米以上开展垃圾收集清理活动，这是世博会有史以来的一次伟大壮举，也是上海世博会环保理念的生动实践。”

从2005年底开始，王石开始了一系列环保探险考察行动，他认为“探险有极，公益无限”。希望通过自己在极限环境的亲身体验与社会各界分享全球气候正在发生的变化，号召绿色环保的生活方式。此次王石参加的珠峰南坡登山队就是由万科公益基金会与腾讯公益慈善基金会共同发起的名为“零公里行动”的公益环保行动的一部分。将企业领袖炒作英雄，也能够间接为品牌创造溢价。正如人们在钦佩王石去珠峰捡垃圾时，为万科楼盘每平方多付出1500元钱是不在乎的。

缔造几个品牌故事，炒作企业创始人，像香奈尔女士那样将自己的魅力转嫁到品牌上，对提升品牌溢价是很有用的。路易威登这样在做，劳斯莱斯这样在做，奔驰这样在做，松下这样在做，几乎世界上任何一个大企业大品牌都在为自己创造故事。

4. 我的产品稀缺而珍贵

中国人有句古话，叫做“物以稀为贵”，也就是越稀缺的东西，价格会越高。因此，常有楼盘会宣称“不是每一个人都能拥有”，暗示楼盘的稀缺。龙湖地产的颐和原著，紧邻颐和园东宫门，东临圆明园、畅春园旧址，占据康乾盛世之产物畅春园、圆明园、清漪园（颐和园）三大皇家园林中心位置，尽得风水福祉，安享自然生态，其位置金贵，自然不是一般人能入主的。因此，这个“家国理想”成就的传奇别墅，以宫殿级的奢华大宅，为当代中国财富翘楚度身雕琢。稀有成为了“颐和原著”的根本，这个根本成就了它一套5000万元的均价。

龙湖地产的颐和原著紧邻颐和三园，独特的地理位置奠定了独一无二的稀缺产品形象

不过，颐和原著比起汤臣一品还是稍有逊色。位于小陆家嘴滨江一线的汤臣一品由于地处小陆家嘴核心区，紧邻金茂大厦等地标建筑，且正对外滩，占据了小陆家嘴一线观景位。项目占地2万多平方米，由4幢超豪华滨江住宅和1幢高级会所组成，2006年8月3日汤臣一品以单价

13万元/m^2成交后，一夜间创造了中国豪宅的最高天价。

汤臣一品也是在卖一个“稀缺”。陆家嘴作为唯一一个国家级金融贸易区地位已经明确，国际金融中心的前景决定了未来必然是高楼林立的状态，也必然是国际精英人士汇聚之地。国际精英的身份已经彰显，钱就算不了什么了。

进入2009年后，随着陆家嘴金融地位迈向世界级的步伐进一步加快，同时由于陆家嘴一线江景房的日渐稀缺，汤臣一品的价值已明显进入了新一轮上升轨道。

汤臣一品外景图

除了地段的显要，汤臣一品对景观的充分利用，也无愧其“滨江领跑者”的地位。由于前后都有世界级景观，建筑的设计必须为业主实现观景效果最大化。汤臣一品从楼体排布、楼层安排和户型设计三方面加以保证。

楼体的错落式布局，使相互之间的遮挡降至最低，从而每一栋都有良好的外滩和陆家嘴景观、每一户均能分享外滩景观；设计的最大亮点来自户型，全部220户均带私家门厅、大面积阳台，且全为套房设计，最小面积超过430m²，最大的复式房则超过1200m²。其中A栋为一层一户，360°全览上海，单套面积约为597m²，拥有11m面宽、120m²宽敞客厅，全通透落地玻璃窗设计，再加上40m²大尺度观景阳台，可以全角度享受外滩及黄浦江美景。

汤臣一品40m²大尺度观景阳台可360°享受外滩及黄浦江美景

5. 我的产品与众不同

一只万宝龙牌依金钢笔的价格可能会是一只英雄牌的依金钢笔的价格的几十倍。万宝龙传递给消费者的联想是奢侈、贵族，也就是说因为万宝龙在消费者脑海中建立了深刻的、高档的、贵族化的联想，所以产生了高价。

高溢价品牌的气质是稀缺的气质。正如宝马汽车，给人一种潇洒与休闲感，现在这个社会活得很累的很普通的人是多数，而潇洒与休闲感正是一种稀缺的联想，是一种向往。

对于楼盘的气质表达，除了企业符号之外，还有楼盘个性。走近汤臣一品看似普通的建筑外墙，采用的却是日本三菱的高科技纳米技术，并单独为汤臣一品设计外墙颜色，注册为“汤臣Color”这一汤臣集团特有的颜色。而屋顶的设计前前后后竟然修改了36次，从这些外立面细节来看，汤臣一品的品位已让人对其室内装饰的豪华程度好奇不已。

汤臣一品的气质表达，有一部分是靠样板间。它的一个样板间大门，来历也不简单，它是由德国纯手工雕花的铜门，价值20万人民币。单单一个大门就大有来头，让参观者对门后的世界意想联翩。在进入样板房后，即进入了整个套间的大厅，采用的是富丽堂皇的欧式风格。但与这些相比更吸引眼球的是落地窗外那一道美丽的天际线，一瞬间让你感觉仿佛拥有了整个外滩及黄浦江，相信购买汤臣一品的客户并不是要单单买一套豪宅，买的应该是一张可以看到上海过去与未来的电影票。同时，为了充分发挥江景的优势，每间卧室都设置了阳台，睡在床上向外看去，窗外的景色就像一幅生动的油画，让人流连忘返。

汤臣一品富丽堂皇的套间落地窗感觉让人拥有整个外滩和黄浦江景

6. 我的产品系出名门

汤臣一品系出名门，但它依然没有忘记名门效应。其中最为引人入胜的是，汤臣一品与Versace Home（范思哲·家居）的跨界牵手。在2007年携手打造陆家嘴黄浦江边的顶级样板间的那一刻开始，豪宅便被赋予了更多的国际新元素，时尚与经典的蜿蜒流转，奢华与典雅的恰到好处，范思哲的设计理念与中国文化的完美结合，每个细节都透出对品质的追求，每个角落都弥漫着独特的品位。

Versace Home源于意大利，是具有全球影响力的国际时尚家居品牌。它创立于1992 年初，一贯秉承大胆、强烈、诱惑的设计理念，汲取了古典贵族风格的豪华、奢丽，精致上乘的面料辅以明亮的色彩和大胆的创意，以美学及装饰创意阐释奢华风格，透过赏心悦目的弯曲几何图案对比效果，奠定品牌对典雅的最高标准。卓越的质量、精细的手工、一丝不苟的态度，以及持之以恒的研究，把现代与传统重新演绎。赋予品牌独树一帜的鲜明风格，是独特的、美感极强的艺术先锋。

Versace Home主要服务对象是皇室贵族和明星，所以，Versace Home与汤臣一品，一个是时尚奢华的风向标，一个是国际大宅代表作，这样的牵手，在中国乃至世界的豪宅领域无疑是一个新的突破。汤臣一品作为世界级豪宅，这不仅表现在物质上高端品牌的选择，精神文化上的品味提升也在她身上绽放光芒。

Versace Home为汤臣一品打造的家居散发皇室贵族和明星的光芒

两大品牌的强强联手还体现在品牌形象的提升，双方更将位于汤臣一品42楼的Versace Home 样板间命名为Versace Home at Tomson Riviera。

有人说“豪宅就是金钱的象征”，而汤臣一品与Versace Home的携手，则改变了这种偏见。其实，豪宅更意味着一种高雅的生活情调、一种海纳世界的情怀。充满艺术色彩的居家设计，闪烁着国际高端品牌的时尚元素，中外文化底蕴的双重构造，360° 近在眼底的景观享受，这一切无时无刻不在体现着它独特的品位，让身在其中的人也随时感受到浓浓的雅致情调和尊贵气度。

它给所有看过的消费者都有一种不想走的感觉，犹如一个艺术品。当豪宅已经变身为一种艺术品，它所蕴含的理念和情调已经上升为一种精神文化。

豪宅常有，而品位不常有，这也许就是汤臣一品背后一种无形的魅力，它让今天的汤臣一品在中国的豪宅版图上，始终独树一帜。

毕竟大品牌的地位与领导者形象都是稀缺的，普通大众更易信任领袖品牌。所以正如海尔“先难后易”的国际化战略，大肆张扬“产品畅销德国、成功登陆美国、全球海尔人祝中国人民春节愉快”，有效树立起国际级大品牌的形象，溢价能力超过了其他国内电器大品牌。而即使产品没有覆盖全国，只要财力能支持，就投中央电视台，只要品牌在中央电视台一亮相，马上让普通受众认为这是大品牌，很快就建立了很高的品牌形象。正如福建的一些品牌，如柒牌、利郎、劲霸、七匹狼、安踏、德尔惠、特步等等都是这样一个战术，靠中央电视台迅速打响知名度。建立起大品牌的品牌识别之后，在中小城市做起品牌溢价，马上就成为中小城市被顶礼膜拜的大品牌。从市场调查中显示，在有些小城市，安踏的知名度甚至比锐步还高，锐步卖高价甚至在小城市会被当作骗子，因为锐步在中央电视台没有广告。

如果企业不是名门，那最好要嫁接一个，嫁接星级酒店的物业公司，直接借用品牌进行连锁开发等都是巧借名门的手段。

7. 我的产品不断创新

继与范思哲家居深度合作之后，汤臣一品还聘请了两位国际级室内设计师，对C栋剩余房源进行全新的主题创作，从客户的需求出发，为其提供更为舒适的配套设计，此举受到高端客户的肯定和推崇。

对于这个主题创作，汤臣一品C栋围绕“家・传承”的总体思路，秉承“如何为客户创造更多的使用价值”、“怎样的布局设计才更加符合客户的生活习惯”而进行。

潮流是不断变化的，任何一个产品今天独有，明天可能就普及，所以要打造品牌的高溢价，一定要使产品与品牌形象有成长性与锐气和活力。推陈出新的目的就是为了满足客户不断增长的期望，就算没有在产品上没有多少的创新能力，在传播上也要让消费者感知到品牌是在不断成长与创新的，这样才能创造出品牌溢价。

8. 我的行为持续可靠

将品牌核心价值真正刻入人的大脑之中是需要很长时间的，所以必须要坚持，只有坚持自己的品牌核心价值，并使企业的整体价值活动都围绕这一主题展开，就一定能打造高溢价品牌，而且坚持也是一个大品牌的形象。认真做产品，认真做企业，开发商可以有很多技巧手段，但谁也别想在这方面偷懒。

从上面对品牌溢价过程的解剖我们可以知道，产品品牌的价格最终是由消费者的意识决定的，而消费者对品牌产生什么意识，是靠开发商耐心培育的。

三、发展生态客户群加速品牌价值转化

不战而屈人之兵，善之善者也。全世界的战争，无论是兵战还是商战，都对这句出自中国《孙子兵法》里的谋略研究颇深，崇拜有加。很多人认为，不战而屈人之兵，靠的是造势、震慑、实力等，让对手不敢轻举妄动。

IBM就很擅长向目标消费者造势，往往在其新一代计算机产品投放市场前两年，就开始向消费者宣传，此举正是为了“阻止”消费者在这段期间内购买其竞争对手的产品。

拿破仑在战斗开始前，经常将自己安排在部队前面的位置，这样敌人可以首先看到他，这就对敌人产生一种强大的威慑力。威灵顿将军在滑铁卢之战打败拿破仑后承认：“在战斗中，拿破仑的出现足以抵得上4万名士兵。”

2002年初，联想集团成立联想移动有限公司之后，就面对摩托罗拉、诺基亚、索爱、三星等国外对手……每一个对手的实力都是远胜于自己。于是，联想移动选择了“韬光养晦、苦练内功”的策略，谋求以蓄积足够实力达到征服对手的隐忍策略。

以上这些在市场上认为经典的案例，只是成功地把谋略应用成了计谋。其实更高境界的战略，在于如何征服市场，以此来达到不战而屈人之兵。征服市场不是征服对手，而是征服大众，这就是“毛泽东思想”的伟大之处。

“战无不胜”的毛泽东思想的伟大之处，就在于坚持“人民基础”。这一思想就是通过创造“信仰”，输入思想，营造文化，统一价值观，使人民群众成为战胜敌人的坚强后盾。这一思想对于现代商战依然具有现实的指导意义。“一刻也离不开群众，一切为了群众利益。”这是毛泽东思想中群众路线的精髓。把这一思想运用于商战，可以释义为“一切以消费者为基础，一切为了满足消费者需求！”这实际上就是把群众基础作为商战胜利的坚实基础。

1. 发展客户生态群的7大意义

客户生态群是企业最重要的战略性资源。拥有客户就拥有市场，拥有稳定的客户就拥有稳定的市场，拥有不断壮大的客户生态群，就拥有无尽的市场资源和坚强的市场支持者。中国的一句古言：得道多助，失道寡助，阐明的是同一道理。当企业有了共同的价值观，它就拥有一份无形的生产力。在实际的营销过程中，让销售人员领会价值观与企业文化，比教其“销售技巧”有意义的多。

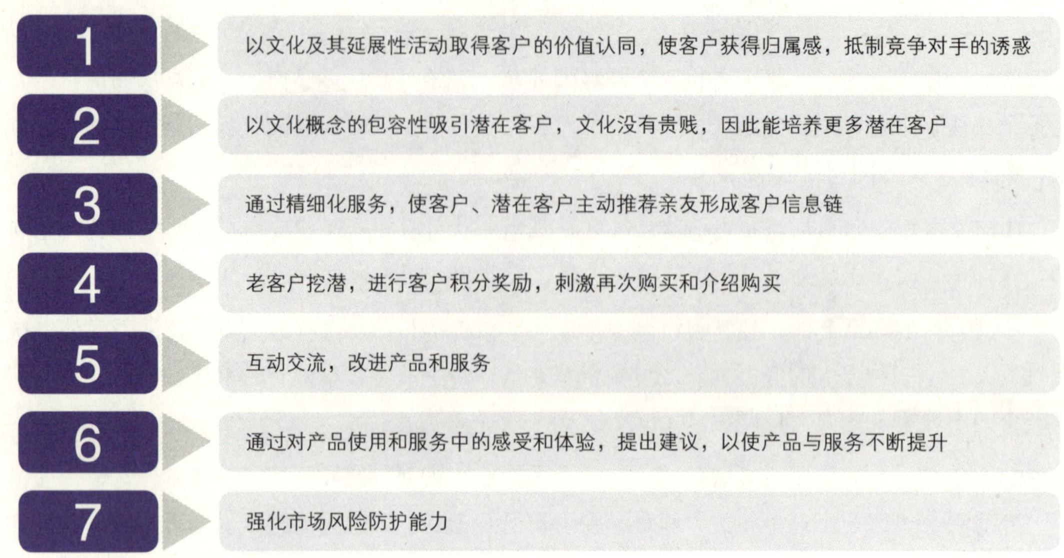

2. 实现良性客户生态群的三种路径

在房地产业，不断壮大的客户群，即形成良好发展态势的客户生态群，才是市场基础和产品附加值基础。如何实现由客户发展为客户群，由客户群不断主动繁殖，生成良性发展的客户生态群呢？路径大致有三种：

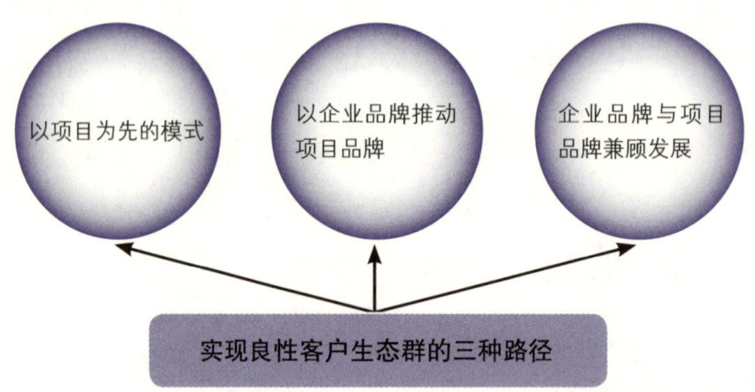

一是以项目为先的模式

即“产品主义”，以项目品牌带动企业品牌建设。以项目为先的模式，初创的企业采用的很多，它能在企业尚不知名的情况下，靠产品的品质、风格带动市场对企业的认可。非初创的企业也会采用这种形式，这样可以避免项目品牌失败而对整个企业品牌带来的影响。

二是以企业品牌推动项目品牌

企业品牌为先的形式，可以框正项目品牌与服务品牌，减少产品开发、定位、营销、物业服务等过程中的风险。但对市场的适应能力较差，在复杂多变的市场中，营销有时会变得无所适从。

三是企业品牌与项目品牌兼顾发展

企业品牌与项目品牌兼顾发展的模式，可以使企业品牌与项目品牌相辅相成，比如中体集团的理念与奥林匹克花园关系，可以相互支撑，共同积累附加值，这种形式，在成熟的品牌公司采用的较多（如万科等）。万科在其成熟的理念下开发特定的产品，框正项目的品牌形象，促其项目个性突出，品质优秀。反过来，优秀的产品形象，又为企业品牌镀金，从而形成良性发展格局。

3. 发展客户生态群的三种策略

但无论什么形式，发展客户生态群，都会遵循以下路径。

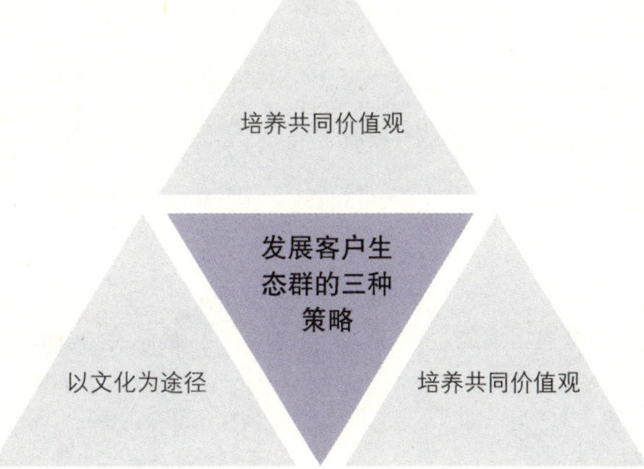

（1）培养共同价值观

客户生态群的概念，首次出现在健坤集团的品牌战略报告里。报告对客户生态群的定义是：客户生态群是通过企业明确的价值观诉求，形成特定的文化环境，并以此在社会上形成一个有着共同价值取向和文化认同感的市场群体。

万物莫不尊道而贵德，厚德方能载物。品牌作为企业的文化集合，反映了企业的价值观，这种价值观会以一种文化的形式，营造属于企业专属的市场生态气候。在这种生态气候下，自然生发客户生态群，这一群体是一个可以衍生发展的市场基础。

（2）以文化为途径

文化的重要功用，在于它传递着一种价值观。文化就是“以文化人”的意思，它潜移默化地影响着一个人的思想，最终使人树立一种价值观，产生一种信仰。广告人常讲的“洗脑”就是这个道理。总的来说，文化创造信仰，文化成就品牌，文化是品牌的速成介质。

1）文化创造信仰

在中国，文化在生活中至少有两种功能，一是它本身代表一种信仰，二是文化是通往信仰的路径。

一是文化本身代表一种信仰

文化具有广泛的包容性，所以它不同于宗教。文化信仰，是不拘于形式的信仰，是共同价值观的凝聚，是民族个性的集中与积淀，只是你无法具像地描述它，它甚至没有形象代言人。而宗教则不同，比如佛教的释迦牟尼佛祖、基督教的耶稣等，这些已经形成了宗教的“神”。中国也曾试图造神，比如老子、孔子等，但最终又都回归到了纯文化层面，也就是说在中国文化的意义永远大于宗教符号。

广泛的价值认同是企业客户生态群的基础，也是楼盘的市场基础。事实上，文化即品牌。

二是文化是通往信仰的路径

佛教经书，完全是佛家故事集，它就是靠故事来传递信仰。在人们悟道的过程中，这些故事就是引领教徒通往信仰的路径。这是佛教独特的文化现象。

为什么说初级的销售是讲产品，高级的销售是讲故事！就是因为，故事是文化的一种载体。通往信仰的路径始终有两种。

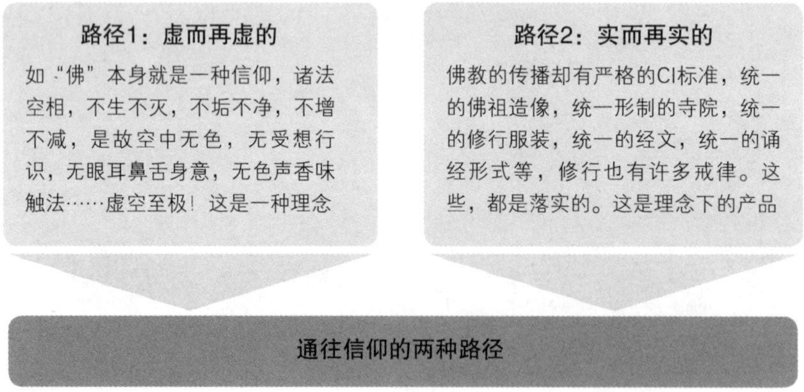

路径1：虚而再虚的

如“佛”本身就是一种信仰，诸法空相，不生不灭，不垢不净，不增不减，是故空中无色，无受想行识，无眼耳鼻舌身意，无色声香味触法……虚空至极！这是一种理念

路径2：实而再实的

佛教的传播却有严格的CI标准，统一的佛祖造像，统一形制的寺院，统一的修行服装，统一的经文，统一的诵经形式等，修行也有许多戒律。这些，都是落实的。这是理念下的产品

通往信仰的两种路径

2）文化成就品牌

房地产业品牌的建设，同样是虚空与落实结合的。文化成就品牌的过程，实际上就是品牌

"形象——支撑——升华"的过程，"形象——支撑——升华"的过程也说明，品牌建设是可以循序渐进的。

万科有一整套的品牌推广思路，该思路为了在全国推广导入，必须是拔高再拔高，务虚再务虚。如责任地产、精细化服务等理念，实际描绘是一种理想城邦，是一种境界，它把追随者带入一种愉悦的梦境。而另一方面，万科却坚持不懈地在研究：物业管理、生活方式、居住文化、建筑细节、社区文化，公益形象等等。这使得万科产品既有精神的虚幻，又有现实的支撑。以上过程帮助万科完成"形象——支撑——升华"的品牌建设全程。

在万科发展的前一阶段，人们从万科的品牌中理解到的更多是"诚信、实力"，后来又补进"精细化服务"，使品牌的内涵不断升华。但这依然是与同业竞争者在一个圆桌上周旋。万科擎出"社会责任"这杆旗，才真正把万科的品牌推向一个极致，跳出了"诚信、实力、精细化服务"等品牌概念，使其品牌更具有个性和竞争优势。

3）文化是品牌的速成介质

在新楼盘推广中，品牌必须是速成的，因为没有人等你多年后品牌完成才来给你竞争，开发商自己也不可能等那么久，这有悖于品牌是长期积淀的说法。

品牌速成，就必须通过造梦来完成。文化之于楼盘，就像阳光、雨露之于森林，它不但培养着现实需求的客户，还激发着潜在的客户。它让目标客群像追逐阳光一样，不断发展壮大，成为一个楼盘和企业的客户生态群。那么如何才能品牌速成呢？

首先，要让市场广泛认可

一般意义上讲，一个楼盘，不管你设定的目标是哪一阶层，阶层虽然可以描述，但很难划分。阶层里的人员是动态的，今天的蓝领，明天可能就是白领，今天的白领，明天可能会是金领，现在的孩子，很快就会长大成人，做市场就要培养自己的客户生态群。

还有，客户生态群的发展要有落地的土壤

这种土壤就是文化传递的介质，是经营者必须重视的工具。这种工具可以是公众媒体，如电视、网络、报纸，也可以是企业内刊、企业网站、楼盘宣传品等。

公众媒体的运用，受自由度的制约。相比之下，企业内刊、网站等，就有更大的空间可供侍弄。而其中影响力最大的，还要数纸媒的企业内刊，这可能是中国人自古以来视文字纸张为圣物有关。事实上，这种书写有文字的纸媒，更能有效地记录企业历史、沉淀思想、传达文化气质。

中国房地产内刊的鼻祖《万科周刊》，最初是为了向属下公司传达总部意图的刊物，以解决各分部"诸侯"拥兵自重的情势问题，这本用来凝聚企业思想的内刊，后来不小心成了在业界很有影响力的"内刊"。《万科周刊》现在已经成了为万科营造梦境、发展忠实客群的刊物。以至有人会问：究竟是万科企业的影响力支撑着其内刊的扩张，还是内刊的持续传播支撑着万科的品牌？

之后，万通有了《风马牛》、潘石屹有了《SOHO小报》等，各种内刊粉墨登场，内刊成了房地产商的规定动作。这些内刊风格在不断变幻，形式也在不断创新，但有一点，它始终携带着这个企业的文化，成为一个企业的第一表情。

从营销角度看内刊，也在持续地营销一种越来越美的梦境，最终成为了客户生态群的发展土壤。

（3）以服务为基础

企业的一切经营活动、营销策略都应围绕“发现、维护和发展客户”这一基本理念进行。

维护和发展，其实就是靠服务具体执行。考察世界任何一家成功品牌商，如麦当劳、肯德基，有两样东西给人的印象特别深：文化与服务。文化与服务实际已成为成功品牌的必修课。因为，道与德的描绘，靠的就是文化，而落实靠的就是服务。文化影响人们的意识形态，服务让人尊重。两者的结合，就会滋养一个忠实的客户生态群。

在以往的市场印象中，开发商就是房屋生产商，开发商在这一过程中，只是为了简单地制造房子，然后卖给消费者，最后由物业管理公司托管，开发商抽身走人，圈地→建房→卖房→物业托管，整个过程被消费者形象地比喻为“圈钱”。

而从市场的实际需求来看，产品质量及诚信经营这些因素，只是一个购房者对房产要求的最为基础部分。购房者，表象是购买房屋，而深层原因是为了改善生活品质，享受新的生活方式。因此，在房屋之外，所附加的社区服务就显得尤其重要。随着人们对社区生活品质要求的提高，精细化服务必将是开发商在比拼产品质量与诚信经营之后，抢拼品牌制高点的又一策略。

4. 把尊重与服务作为营销的最后一道防线

我们看一个案例：在某城市，有城中心的一个楼盘A，单价5000元/m^2，有城南的一个楼盘B，单价3800元/m^2，两个楼盘的地理位置优劣很明显，价格也是各有所值。有一个客户，一次认购了A小区的4套房子，但经朋友介绍他又去看B楼盘，B楼盘的负责人允诺给予500元/m^{2}的优惠。结果他开始动摇了，然后他要求A楼盘也要给出相应的优惠，否则就要退掉A楼盘的房子。一次认购4套房子，算是一个不小的单子。但对于A楼盘的销售经理来说，优惠是不可能的。这是因为这种优惠，对其他客户、公司利益、项目形象、销售队伍的任何一方都会构成伤害。

如何避免脱单？我们分析一下客户的心理。客户之所以要退A楼盘的房子，不存在价格的问题和自己承受力的问题,否则他之前不会订这套房子。他之所以现在要退订，是因为他在B楼盘的商家那里，除了得到优惠之外，更得到了自尊，这种额外的自尊在他的情绪中占据了强势地位。所以，如果简单地回绝客户，显然会让他的自尊受到伤害，人在自尊受到伤害的时候，就会断然做出有利于维护自尊的选择。因此，如果继续和客户纠缠在价格和优惠的方面，结果也就可想而知。这个时候，你最明智的做法就是避开这个问题，让他在其他方面得到尊重。同样是这个A楼盘，但与其仅有两站距离的C楼盘，其价格只有3800元/m^2，但C楼盘却出现滞销。很多客户在A和C之间选择时，更多选择A（虽然这里面有综合的因素，比如缺乏品牌意识的销售行为等），这是为什么呢？

有一个案例的细节是这样的：有一位赵姓客户来到A楼盘销售现场四次了，他每次来都对楼盘做细致的了解，都要到小区里转转，每次销售员都会不厌其烦地带他看楼，解答问题。但他一直没有下订，他只表示，他很喜欢这个楼盘。他再次来到销售现场的时候，把夫人也带来了。夫人在看过A楼盘之后，也觉得这个楼盘正是他们要寻找的。赵夫人在表示要下订的时候，赵先生突然显得有些焦躁，便拉着夫人要走，并对销售员说，你们的楼盘是不错，但我还是要考虑买C楼盘的房子。面对客户的这种说法，销售员有些疑惑，看得出赵先生夫妇俩都非常喜欢这个楼盘，但他又这么坚决地表示不买，其中究竟是什么原因呢？如果他真的觉得C楼盘适合他，为何这么久却没有订呢？在一个间隙销售员问赵先生夫人，你先生为什么这么多次来看房，却又决意不买呢？他看上了C楼盘却又为何不下订呢？他妻子说，C楼盘是代理公司操盘的，他们急功近利的做法让客户产生疑虑。他很喜欢你们这个小区，但因为他有风湿病，平时要花钱治病，养成了节俭的习惯，还是想买一处更便宜些的房子。

销售员终于明白了原因，尊重与关怀对于赵先生来说则更加重要。当销售员送他们走出售房部的时候，对赵先生说，赵先生你真的很幸福，有这么好的一位妻子体贴你，说你身体不太好，想让你住的社区更好些，但她还是尊重了您的选择。

听到这话后，赵先生夫妇突然望着销售员，几秒钟没有说话，然后默然离开。第二天一早，他们两位出乎意料地来到A楼盘的销售部，选了一套房子。

面对客户的关于价格和优惠方面的要求，是销售现场常见的问题，但处理起来，结果各有不同。

我们如何既要留住这类客户，又不违犯公司的原则呢？一个很好的办法是，不要直面价格和优惠的问题，引导他对楼盘有更多的认识，并且在服务中获得更多尊重。比如你可以带他走出销售现场（因为销售现场是一个充满谈判气氛的地方），到小区里去转一转，让成熟的社区细节去打动他，转移他的情绪，调动他对您的感情，让他获得足以产生幸福感的预期。

四、客户会——圈人的学问

产品、广告、地段、价格的竞争日趋激烈，随着消费者的理性，这些噱头的炒作价值对于项目品牌的扩张并没有出现应有的效果。于是，消费者的价值开始被开发商日益关注，如何管理、建设与客户之间的关系将占据越来越重要的位置。

如今，不少房地产企业都在纷纷创立客户会，以维系产品和企业的形象，推广企业品牌价值，挖掘潜在的客户群体。开发商们在经历了“圈地”运动之后，开始意识到“圈人”将同样重要。

1. 客户会产生的背景

无数企业为了适应“适者生存”的定律，不得不进行营销观念和营销方式的变革。旧的市场营销的理念正在逐步退出市场，取而代之是一个“以客户为中心”的营销理念正以迅雷不及掩耳之势向市场的各个领域伸展。“以客户为中心”成为目前市场营销的新思想、新潮流，成为企业追逐的“新星”。

房地产是一个特殊的商品，既然是商品就逃不脱商业经济的规律，“以客户为中心”这条法则同样适用于房地产行业。

正是如此，万客会、置地会、金地会等诸如此类的房地产行业客户服务会的涌现也从一个侧面证明了这点。有的地产公司甚至以得客户者得天下的高度来概括客户资源的重要性。谁抓住客户谁就抓住市场这个朴素的道理如今已经被大多数企业所认知，越来越多的房地产公司开始通过各种渠道积累客户。

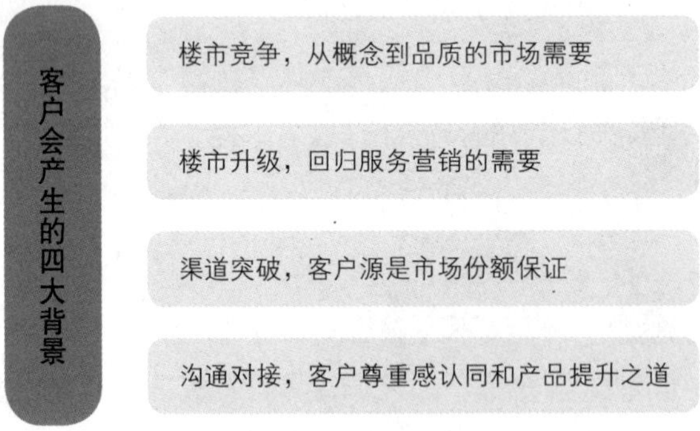

客户会产生的四大背景
楼市竞争，从概念到品质的市场需要
楼市升级，回归服务营销的需要
渠道突破，客户源是市场份额保证
沟通对接，客户尊重感认同和产品提升之道

背景1：楼市竞争，从概念到品质的市场需要

随着社会的发展，人们对房屋赋予的东西越来越多，住只是其功能的一部分而已，人们需

要的不再只是“钢筋水泥的丛林”，他们更渴望居家之中的文化内涵。今天人们买房，已经不仅仅是在进行物质消费，也有很大的精神消费。

在需求的刺激下，为了满足人们对房子完美的遐想各种想象，开发商们开始绞尽脑汁，各种各样的概念也开始被炒作起来。于是，现在的楼市营销就形成了一窝蜂讲概念的现象：你搞西班牙风格我就搞印度洋风格，你开音乐会我就组织运动会……

但是，由于很多开发商并没有把概念营销物质化，而只是作为一个口号和手段，概念随之变味。

比如，现在开发商越来越热爱“洋文化”，美国小镇、法国街区不间断地往国内搬。概念和口号满天飞，经过这些年的沉寂，概念早已无法成为噱头。消费者会越来越成熟、精明，他们会更加注重规划设计、产品质量、服务质量、环境质量、性价比，更加注重房子本身和细节。消费者不会永远狂热地为概念暗示而跟风、追求时尚。在消费者冷静清醒之后，如果开发商继续热衷于炒卖点、炒概念、造势，离陷入困境也就不远。

背景2：楼市升级，回归服务营销的需要

房子到底应该怎么卖？一句话，抛弃产品观念和推销观念，树立市场营销观念。实现市场营销必须把握好三个环节：目标市场、顾客需求、协调营销。

它要求销售、广告、管理和市场调查这些不同的职能部门进行协作。在这三个环节中，顾客需求、顾客的满意度是最薄弱的，对症下药，必须加强服务营销。楼市服务营销就是提高向购房者提供服务的质量，延长高质量服务的期限，它是一种以产品即楼房为基础的服务，是一种附加服务。

在这种情况下，楼市营销开始从开发环节延伸到物业管理环节。开发商很明白地意识到，小区物业出现的问题，若物业管理公司与消费者解决中出现的矛盾冲突，也会让消费者迁怒于开发商，对其产生误解，影响开发商的市场声誉。

于是，开发商们一方面尽量去解决小区所可能出现的问题，一方面做好客户投诉的受理工作，以提高其满意度。但是，在全方位的商品的服务时代，仅仅提供售后服务，并不能满足消费者对服务的需求，而且物业管理服务作为物业管理公司所应该做的事情，开发商能够涉足的力量毕竟有限制。

于是，比如包括维修、客户关系维护、日常生活服务、产品增值保障、社区文化活动及物业管理等全方位的综合服务开始成为开发商们需要探索的问题。

在这种情况下，一种新营销关系的出现，彻底改变了房地产服务缺位的状况，这就是客户会的出现。

背景3：渠道突破，客户源是市场份额保证

客户会之所以在当今的营销中备受重视，业内有一个较为相同的认识，即在竞争充分的市场下，客户会不失为是一个很好的营销渠道。

抓住了老客户等于抓住了一批新客户。在竞争越趋激烈的房地产市场，谁掌握了更多的客户就等于掌握了市场。客户会实际上也是一种营销上的竞争手段。通过客户会，客户可以更为详细地了解房产公司的产品，在客户会中至少能够锁定5%～10%左右的意向客户，实际的效果应该是显著的。即便是某些楼盘因为定位的原因，举办客户会对销售促进上的实际效果有限，至少还是能够赢得客户的口碑，在间接上为客户会造势。

当所有的楼盘都拥有二十四小时电子巡更系统、楼宇可视对讲、大金中央空调系统这些同质物业配套和硬件设施之后，“客户”无疑成为各个地产开发商特别是高档楼盘开发商争夺最激烈的资源。

于是，越来越多的开发商开始意识到组建客户俱乐部，出版客户会刊对自身的重要性。更重要的是，客户会可以维系和吸引更多的客户资源。客户资源是开发商得以持续开发的根本，组织成立会员制客户会则成为开发商积累客户资源的称王之道。

客户会的出现，实际上是房产公司多了一道自建的销售渠道，打破了房产公司以往通过在售楼处接待客户、参加展销会等传统销售模式。

背景4：沟通对接，客户尊重感认同和产品提升之道

对于绝大多数的开发商来说，客户会是很好地和客户沟通的桥梁，客户如果有什么建议可以通过客户会及时沟通，公司才能及时解决问题。

1）通过客户会可深入了解项目产品，减少对产品的过高期望

通过客户会，可以让客户对产品有个更深入的了解，不会对产品产生过高的期望值。很多房产公司后期的纠纷，实际上就是存在沟通不够的问题。作为大宗支出的置业，以及普遍实行的期房销售，让很多购买的业主对未来的家灌注了太多期待，一旦实际和想象中有区别，发生纠纷的可能性就大了很多。

2）客户会可缓解客户的抵触情绪，降低客户的不满意程度

买了楼盘的业主，通常会很关心这家公司的发展，也会注意自己楼盘利益的维护。本质上开发商应该是和业主不冲突的，如果沟通得当，双方彼此保持有良好的关系，一旦培养起了感情，即便有些小的纠纷也不至于闹大，这其实体现出了客户会作为售后服务的一个作用。

3）客户会在沟通产品的过程中，能够对产品进步起到促进作用

客户会在沟通产品的过程中，能够对产品进步起到促进作用，从而促使开发商在新的产品中去克服缺点，提升产品品质。通过客户会，可以很快地把消费者的意见传递到开发商，达到两者信息交流的畅通性。

相比一些单纯以促进销售为目的的客户会，万客会从心理上完全为客户着想，不仅是单向的施予，而是双向的沟通。“服务、沟通、分享”是万客会一直坚持的理念，客户可以通过网络、写信、电话等各种形式与万科沟通。

2. 客户会运作是个系统工程

由于客户会在中国的发展历程并不长久，如何使之得到提升也成为房地产业界开始关注的问题。客户会一定要从真正意义上站在客户立场上为客户考虑，才算办得成功，这和公司本身对客户会的定位息息相关。除此之外，客户会还应该按企业的总体方向、发展阶段等方面有所针对地进行。

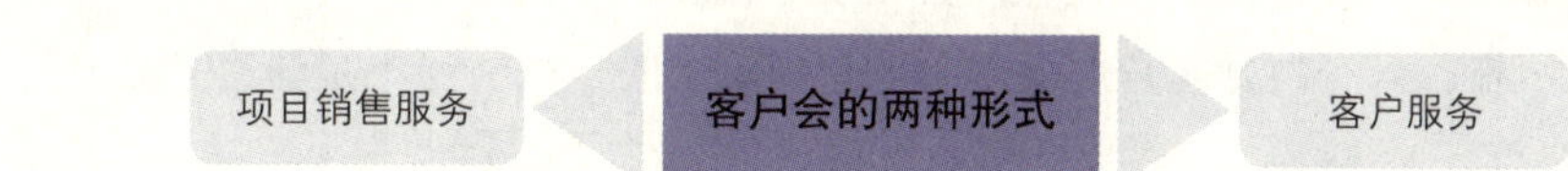

各种客户会满天飞，到底怎么样才能搭建一个好的客户会呢？总结以后，如下四个要素必不可少。

（1）应该是一个长期的计划

要成功运作一个客户会，必须有完整的全盘计划，并把它当作企业的长远战略去操作。只有通过长时间的积累、改进、创新，客户群才会像滚雪球一样越滚越大。办一个好的客户会必须是一个可持续性的、系统性的运作过程，需要投入大笔的人力与物力，包括物业工程、售后服务、销售服务等在内的所有工作都要围绕客户服务来进行。这一系列的功能和作用可能单靠客户会是没有办法进行运作的。但是也只有这样运作的话，才能真正给业主以好处，让业主及购买人群体会到入会的意义所在。如果开发商是带着很直接的营销利益性办会的话，这样的会根本不可能长久，开发商如果项目卖完了，就会觉得这个客户会失去了意义，那这样的客户会也很快就会关门大吉。

（2）适合总公司运作

业内有种一致的看法，即客户会不适合项目公司操作，主要是认为项目公司的存在一般与项目的完结相挂钩，不便于客户管理的延续性。而一个大的集团公司，本身又具有一定的企业文化，就可以组织专门的部门和人员，进行长期跟进服务。一个项目后期的客户服务，又可能成为另一个项目的售前积累。

（3）增强情感交流

一个好的客户会必须是信息及时、沟通畅通、交流方便的组织，不仅要经常性地举办一些活动，便于业主参与，也要体现对业主的关心。这种关心可能不仅仅只是针对业主个人，而是整个家庭，尤其是老人、小孩的关心。

（4）开发商的实力和重视

运作好客户会，其关键之处仍在于开发商的认知程度以及做事的决心有多大。一个好的客户会除了促进楼盘销售外，还必须兼有社区文化建设的功能，带给入会人员实实在在的好处，通过情感培养真正的忠诚度。建立客户会对企业的要求比较高，要求企业要有一定的实力基础才能运作。企业有一定基础也才不会让客户会流于形式。客户是企业的资源，任何会员都希望得到更多实惠的回报，只有做好客户服务才可以起到双赢的作用，而不是让客户会成为企业的阶段性营销手段。

简单来说，资金和精力是对开发商的双重考验。所有客户会小到给会员发送生日短信，大到商家联盟、举办活动等，无一例外都要付出大量的时间和精力。单是一个社区活动，至少也要花费数万元，这样庞大的开销，没有雄厚实力的开发商根本无法长期延续。

3. 客户会的众生相

由于目前很多客户会的入会门槛一般很低，不外乎是填写一份完整的客户资料，只用短短几分钟的时间就可以成为会员，这一点在近两年表现得尤为明显。不少房产公司对客户会会员所提供的服务，仅仅局限于投递楼盘资料、及时通知开盘时间、优惠幅度等简单的信息，这些信息都是直接瞄准销售的，几乎不带有任何感情色彩。虽然这种单纯的销售信息，对楼盘的销售确有直接的刺激作用，但难以持久。这种短期行为的作用仅仅是变相打折，是无法培养客户对房产公司品牌的长期忠诚度的。

现在我们回过头来思考，是不是所有地产商都适合建立客户会？为什么大部分的开发商所谓的客户会却成了聋子的耳朵，甚至起反作用，带来负面印象呢？

这主要因为企业们对房地产业认识的偏颇，开发商们的项目导向思维所造成。

（1）认知的偏颇

中国的开发企业绝大多数是由项目公司转型而来，做一个项目、卖一个项目的小农意识根深蒂固，在企业运营层面、市场营销层面往往力不从心，虽有长远的愿望，却没有长远的打算。

（2）急功近利

将客户会单纯视为销售的一个手段，一旦发现，短期内对销售的推动不明显，便弃之不顾或者根本没有意识到客户会是一个长远蓄积客户，是长期培养客户感情的平台，一个企业品牌战略的重要组成部分。其实，客户会对销售的推动，是一个水到渠成的结果，而不是一个短期的促销行为。

（3）投入不足

客户会本身的体系比较复杂，要运作好需要开发商投入大量的人力、物力，并要有比较完善的服务体系和强大的执行力，一般的公司还处于疲于项目操作的阶段，企业管理、服务等方面还漏洞百出，如何有能力搞好客户会？

所以，客户会是一把双刃剑，没有条件宁愿不搞，有条件的开发商一定要搞，而且一定要有恒心毅力，持之以恒地搞好。

4. 客户会的六大功能

客户会的功能很多，而最实用的还是蓄客、销售、营销推广及服务四大功能，但是很多人忽略其对品牌的卓越功能、对产品附加值的潜在提升。

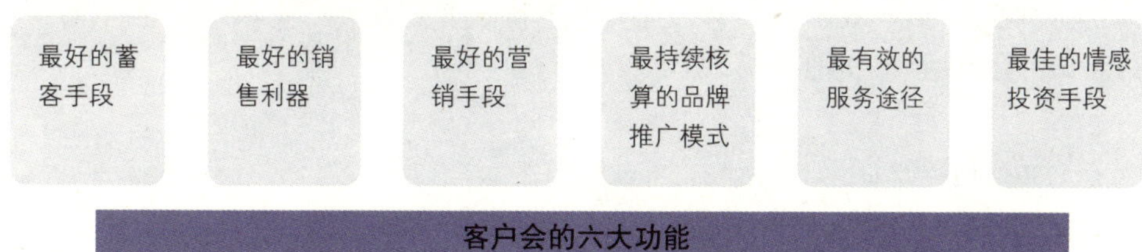

（1）最好的蓄客手段

客户会已成为楼市一种新的蓄客购房形式，通过各种积分计划、奖励措施、促销活动，给予客户一定的优惠，不断地为新项目蓄积客源。

自万客会始，稍微有点儿规模的开发商，都开始扯旗创会。一时之间，各种各样的地产客户会“风潮涌动”，而在这各种各样客户会后面，则是数量庞大的有效客户群体。有数字表明，万科如今有超过40%的客户来自于万客会，这是一个何等诱人的数据，足以令所有的开发商都垂涎三尺。

通过万客会这个平台，万科真正做到了与现实客户和潜在客户联络感情、互动沟通，从而使得万科的关系营销做得非常到位。通过万客会，万科掠夺了大量的潜在客户资源，这成了万科稳步前进的一块基石。万科的万客会，体系严密、服务到位，真正做到了将万科品牌送入千家万户，不管是每月一期的《万客会》杂志，还是各种机会所参加的种种活动，还是遇到疑惑所要解决的问题，万客会都会给客户一个较为满意的处理结果。通过这种方式，万科与客户拉近了距离。

（2）最好的销售利器

通过客户会的形式，开发商与消费者真正实现了双赢的升级财富。对于开发商而言，当一个强大的开发商掌握强大的客户资源以后，就表现出强势消费力：

第一步，这些客户已经消费这个企业的数百亿房产和正在消费着各项物业管理服务；

第二步，这些客户将会消费这个企业日后发展的诸多项目；

第三步，强大的社会消费能力，即这些客户在日后数十年中消费的其他商品总值，肯定会超过他们已经消费的房产。

如万客会的会员大多是万科的忠实信徒，他们是万科项目的二次、三次甚至多次购买者。在某种程度上，正是由于他们的存在，万科的楼盘每次都能得到极好的消化。万客会同时还为万科积累了大量的潜在客户，并为万科了解市场需求提供了有效渠道。在项目的销售过程中，推出他们能够认可的产品与推崇的生活方式，让客户对房子有种量身订做的感觉，从而实现他们久久不能实现梦想。据不完全统计，万客会会员目前重复购买率和推荐购买率超过了40%，个别项目会员的重复购买率和推荐购买率甚至超过60%。

（3）最好的营销手段

客户会在增加客户满意度、降低楼盘营销成本、塑造企业品牌和形象等方面发挥着越来越重要的作用，越来越多的开发商将客户会作为营销的重要手段。对房地产企业而言，客户会的作用首先就在于能够降低旗下楼盘的营销成本，通过社区活动、会刊、网站等途径，客户会紧密联系了一批老客户。

可以说，在“得客户者得天下”的楼市时代，客户会无疑是实现聚集客户最有效的平台。

维系老客户的主要目的

一是利用其口碑传播作用，向其周边亲密人群免费推广产品

二是促进老客户的重复购买行为

三是便于了解老客户对项目的建议和意见，进一步改进项目质量和销售策略

相比于广告等大众推广手段的即时性效应，客户会往往带来更加看好客户服务所带来的持久性效应。这是因为，目前大众营销的成本很高，而且针对性不强、时效性较差，而类似客户会这样的小众营销目的性强、针对人群明确，不失为房产营销的好策略。

宣传讲究的是速度和效益，谁能最大限度地让现有的意向购房者成为自己的客户，谁就取得最大的成功。通过媒体、户外、活动等宣传可以扩大品牌知名度，大范围地传递开发商的信息，但针对性相对较差。采取会员制俱乐部的方式，打造宣传与服务的平台，无疑更有针对性，效果更好。

（4）最持续划算的品牌推广模式

在挖一个坑就可卖楼、有关系就能拿地的年代，品牌和客户服务对于开发商其实无足轻重。但当楼市转入了买方市场，竞争日益激烈，品牌和服务将成为房地产企业赖以生存的必要条件，更是其规模化发展的最有力武器。

房地产市场正在走向成熟，服务意识和提升服务品质正开始为房地产企业所接受。消费者在购买物业的同时，也在权衡哪家开发商能够提供全方位、高品质的服务。因此，谁能打好服务牌，谁就能够在激烈的市场竞争中占据一席之地。

这种服务竞争的意识，一方面是迫于市场的压力，另一方面也是消费者维权意识觉醒的必然结果。在这种情况下，越来越多的开发商已认识到地产服务的重要性。有“觉悟”的开发商认为，房地产企业品牌不单只是靠产品树立起来的，而是靠业主的居住感受和口碑树立起来的，业主住得称心如意，自然会在社会上炫耀和传播，久而久之，房地产企业的品牌形象就会在社会上确定下来。

客户会能使楼盘更具文化品牌价值，形成强大的支撑系统，这是企业从单纯追求经济效益转变到追求文化效益的表现，是一个品牌运作的过程。

（5）最有效的服务途径

在地产商们越来越意识到服务吸引消费者重要性的同时，房地产市场越来越规范，政策法规越来越完善，主管部门监管的力度越来越大，对开发商而言取得销售许可证的条件越来越苛刻。如何做好“服务牌”成为地产商最为关切的事情。

于是，一些有志于做强、做大的地产企业开始争先恐后地亮出了“服务牌”。从“客户服务主题年”到“以客为尊，以诚为本”的服务宣传口语；从各路开发商推出的“全员、全程、全效服务”到“无理由退房”；从成立“业主工程质量监督小组”到做置业者的“贴心管家”等，无不说明了服务竞争已成为房地产商赢得竞争的重要选择和不可回避的市场挑战。

在房地产市场上，最早引入服务理念的首推豪宅和别墅。一些本土的地产品牌公司为了体现出与其他地产公司品质的区别，纷纷在物业服务上下足工夫。从“星级家”到“皇家豪宅”到构建“和谐社区”，把原先单纯认为负责小区安全、保洁等基础服务的物业管理延伸至尽善尽美的社区生活新体验。

对小区的业主或者住户来讲，为其管理好物业，只是第一步，更重要的是要通过物业管理公司的努力为他们提供一种满意的生活方式，让他们住得舒适。在这一前提下，单纯的管理已不能满足需要，不能涵盖为业主提供的所有服务。有开发商提出将管理作为基础，在管理好物业的基础上，突出对人的服务，管好物业只是服务的一个方面，更重要的是满足业主的各种居住需求，真正以“人”为本，用服务体现管理的成效，真正地“想业主之所想，急业主之所急”，房地产营销从以硬件配套为核心转向为消费者提供“全方位服务”为核心的软件营销模式就这样露出端倪。

（6）最佳的情感投资手段

开发商们看中客户会，为的是什么？一为积累客户，并做到客源细分；二为使老客户固定，培养忠诚客户，并由此推广品牌和文化。

在这样的大背景下，真正意义上的客户会，如何才能在消费者当中立足扎根、开花结果？答案是：情感投资。要让会员有一种“大家庭”的感觉，只有通过情感才能培养真正的忠诚度，这一点，也成了大品牌开发商思考的问题。这些品牌开发商给自己的客户会下了“硬指标”：要把客户会当作独立品牌运作，而不是销售的附件。

万客会、招商会、中海会等客户会的大部分会员仍然是业主，这些客户会也有一个共同的特征，那就是对客户会所做的长期情感投资，包括上门维修家电、每年的客户联谊会和书店影院商场等联盟的折扣优惠，有的甚至请来奥运冠军教业主打篮球，这些看似琐碎的事情，恰恰是开发商看中的“情感投资”。

情感投资在短期看来，似乎很难马上创造利益，但真正的客户忠诚度绝对不是急功近利就能培养出来的。

再次以万科的“万客会”为例，万科每一次新楼盘的开盘销售人气都很旺，这些人不少都是“万客会”的成员，他们不一定买楼，但对项目的销售却起到很好的宣传和促进作用。这一点“万客会”功不可没，万科平时在会员身上的情感投资，到了这个时候都集中释放出来，因为会员在情感上已经有了倾向性，哪怕不立刻下单，也会主动关注。

招商会则强调以客为先，通过联络整合蛇口区域内诸如绿草地高尔夫俱乐部、美伦会所、南海酒店、联合医院、体育中心等各类生活服务资源，以及招商局集团麾下招商银行、平安保险等各类专业服务机构，为客户提供更优惠、更便利的全方位服务，使会员真切感受“家在、情在”的美妙感觉。

能打动人心的电影可以留传百年，能拨动心弦的歌曲得以传唱百年，能以情动人的客户会方能长盛不衰。

房地产客户会最终让会员认同的是其产品的理念、其企业的文化，而不仅仅是认同这个会，各种各样的客户会，只不过是一个载体。

案例04 万客会的秘密

案例解读：

万客会的秘密是什么？其实就是对客户的了解、沟通、认知、尊重。这个过程不仅会带来短期的积累客源、销售促进、口碑效应，更是为品牌推广奠定了坚实的基础。大部分的品牌推广都是面向广泛粗像的客户群，这种品牌推广以及品牌形象的形成缺乏有效的成功模式。但是，通过万客会的平台，其品牌推广行动更为针对性，其品牌形象更为扎实和具体。所以说，万客会不仅是一个客户组织，一个销售系统，更是一个品牌价值延伸或扩张的平台。

1. 万科品牌=1500元/m²

楼盘品牌就是昂贵的无形资产，越来越多的消费者更注重楼盘的品牌形象。品牌不仅是企业竞争制胜的利器，而且也是开发商打开市场、实现利润最大化的依托，尤其是中小开发商，更是发展壮大的“捷径”。

由于消费者感情化就是通过追求品牌来实现的，因此，房地产品牌的附加价值像房子的实用功能一样，在消费者心目中占有着重要地位。在选择房地产产品时，品牌成了购房者决策的重要因素。所以，品牌连锁开发可以使加盟企业依托母品牌迅速提升自身形象、占据市场份额、创造巨大利润。

万客会档案

全名：万科地产客户俱乐部
常用名：万客会
英文名：VANKE CLUB
监护人：万科地产
出生地：深圳
出生日期：1998年8月18日
性格：热情、好客、亲和、诚信、有礼
家庭成员：分布于北京、上海、武汉、天津、大连等全国几十个城市
最爱听的音乐：会员们的心曲
最喜欢的运动：与客户交流，与会员沟通
信仰：分享无限生活

在市场运作中，品牌楼盘可以创造高额附加值，同一区域同样品质的楼盘，品牌盘与普通盘的

个别价位差可达一千多元，这就是品牌效应。

万客会的秘密除了让我们所深切体会的客户拓展价值，更主要的是为企业带来巨大的品牌价值。

在房地产业，一个品牌，可以为每平方米创造价值1500元！这听起来不可思议，但事实就是如此证明。有调查显示，对于同质楼盘，万科比缺失品牌的开发商每平方米多卖出1500元！

万科地产产品高出同类楼盘价格，就来自于品牌带来的附加值。而品牌的附加值，则由忠实的客户群转化而来。

万科如何建设自己的品牌？万科漫漫的品牌经营之路当然是一个庞大的体系，我们将抽取操作层面的手段与方法进行探讨，这对于市场营销更具借鉴意义。

2. 万客会是个什么组织

万客会，是中国房地产行业的第一个客户俱乐部组织，是与全社会互动的万科家观念的交流平台，是万科家观念的倡导者和传播者。

成立于1998年的深圳万客会，全称为：深圳万科地产客户俱乐部。它致力于加强万科地产与关心万科、关注万科的客户及社会各界的沟通联系，理解客户对理想家园的需求，为客户实现置业梦想提供全程支持，并与客户携手共创精彩、广阔的生活空间。

2008年，万客会十周年，深圳万客会已经成为一个运作成熟、会员众多的客户俱乐部组织，会员人数达到100000余名，囊括了万科在深20个社区的业主，并吸引了众多关心万科、喜爱万科的非业主会员朋友，建立起一个忠诚、稳固的客户网络，万客会希望通过客户网、互联网、商家网三大网络的互通联动，使组织发展的前景更趋广阔。

(1) 万客会的主张——万科家

家是承载人性的地方。人的智慧、情感、阅历、知识、取向、修养、教养，种种的累积，都在家的空间呈现。人心有多宽广，人性有多丰富，人的累积有多么多元，家的需求便有多么复杂，关于家的学问，便有多么博大精深。万科追求的，是成就人们对“家”的希冀，而不仅仅是做房子。这是万科家的内涵，是万科的家观念。

(2) 万科的家观念

情感观：有表情的建筑，让房子有了人情的生命力。

人性观：对人内心需求入骨无形的表达，呼唤人心中的眷念和渴望，放弛和舒展。

城市观：让家与城市的未来和明天关系交融，让家成为城市时尚可定位的角色。

人文观：是文化、生活、社会的诗意哲学，诗意美学，生活原本就蕴涵着深厚的哲学思维和美学追求。

社会观：是对于一个“社区小社会”的和谐、健康的互动和建设。社区文化，是万科家观念的持续追求和万科社区的价值附加。

（3）万客会会员权益

万客会会员分级制度将会员分为4个等级，从低到高依次为蓝卡会员、银卡会员、金卡会员以及铂金卡会员。每个级别的会员均享有逐级递增的会员权益，尽享尊贵会员生活。成为万客会会员，可以获邀参与万客会组织的各项精彩会员活动、优先参观万科新项目、参与万客会不定期组织的各种团购及消费优惠、获得购房优惠、了解最新时尚资讯等等。

铂金卡　　金　卡　　银　卡　　蓝　卡

1）铂金卡

购买万科物业，可享受2%的购房优惠；

参与万客会积分计划获得奖励；

享受万客会精选商家优惠；

享受携程网便捷商旅服务；

网上会员自助服务；

参与万客会铂金卡会员专享活动；

获邀参与万客会年终答谢活动；

赠阅《万客会》会刊、《会员通讯》；

获赠万客会年度限量版礼品。

2）金卡

直接通过二级市场（一手房市场）购买过至少一套万科地产开发住宅或商业物业的业主，可自动获得万客会金卡会员资格。获得金卡可以享受如下权益：

购买万科物业，享受1%的购房优惠；

参与万客会积分计划获得奖励；

享受万客会精选商家优惠；

享受携程网便捷商旅服务；

网上会员自助服务；

参与万客会金卡会员专享活动;

赠阅《万客会》会刊、《会员通讯》。

3）银卡

租赁万科物业或通过三级市场（二手房市场）购买过至少一套万科物业的人士，可以请所在社区的物业服务中心提供社区居住证明，向万客会申请成为银卡会员。获得银卡可以享受如下权益:

购买万科物业，可享受0.5%的购房优惠;

参与万客会积分计划获得奖励;

享受万客会精选商家优惠;

享受携程网便捷商旅服务;

网上会员自助服务;

参与万客会银卡会员专享活动;

赠阅《万客会》会刊、《会员通讯》。

4）蓝卡

尚未购买或租赁万科开发物业的人士，可于各售楼处、万客会活动现场索取书面入会申请表格，按要求填写后直接交给现场工作人员，或登陆万客会网站直接在网上填写并提交申请表格，经工作人员审核通过后即可成为蓝卡会员。获得蓝卡可以享受如下权益:

购买万科物业，可享0.2%的购房优惠;

参与万客会积分计划获得积分奖励;

享受万客会精选商家优惠;

享受携程网便捷商旅服务;

网上会员自助服务;

参与万客会蓝卡会员活动;

赠阅《会员通讯》。

（4）万客会会员积分

1）积分有哪些类型

奖励积分——用于在积分期末兑付现金或实物奖励。

升级积分——与奖励积分累加作为当期会员级别晋升的依据。

2）怎样获得积分

① 奖励积分

推荐的非会员亲友成为万客会会员5分/人·次。

会员推荐会员或非会员亲友通过二级市场购买万科楼盘（仅限住宅、商铺，车位除外），按成交金额给予奖励积分，不同级别给予不同的积分奖励：

蓝卡会员：5分/万元；银卡会员：8分/万元；金卡以上会员：10分/万元。

② 升级积分

本人在积分期内新入会：10分。

参加各类针对万客会会员、指定有积分赠送的会员活动：50分/次。

对万客会或万科公司提出合理化建议并获得采纳实施：100分/次。

为万客会会员通讯或会刊投稿（稿件必须为会员原创）：50分/次。

为万客会或万科公司提供有情帮助：100分/次。

本人前往万科在售楼盘现场参观：10分/次。

会员推荐非会员亲友参观万科在售楼盘：10分/次。

在积分期内，通过二级市场购买万科楼盘时，在规定时间内完成缴纳房款、签约等购房手续：200分/次。

本人（或直系亲属）在当期积分期内，通过二级市场购买万科楼盘（仅限住宅、商铺，车位除外），按成交金额计算，可获得5分/万元的升级积分。

3）达到哪些条件可以获得升级

积分期末，万客会将会对会员当期的奖励积分和升级积分总和进行排名，同时综合考虑会员的活跃程度、互动情况等，以决定会员的升级资格。具体的会员升级规则以万客会积分期末公示的规则为准。当期会员的升级结果将通过万客会网站或升级通知书向会员发布，届时将有专人与已确认升级身份的会员联系并发放新会员卡。

4）奖励积分如何兑付

如在本期积分期末累计奖励积分超过起兑分值100分，您可按1分=1元的兑付标准，享受现金奖励。

万客会将在积分期末对符合积分兑付条件的会员发出书面奖励兑付通知书，要求按通知书指引完成兑付手续。会员须在收到兑付通知书后3个月内完成积分兑奖手续，若在兑奖期内多次通知仍不履行兑付的，将视为自动放弃。

3. 万客会——分享无限生活

享有盛名的万客会，浸染万科品牌经营的每个细节。成立以来，随地产开发的延伸，已在全国大多数一、二线城市扎根，会员总数达数十万名。

在房地产行业顾客重复购买率很低的情况下，万客会却表现出了强大的功力，如在深圳四季花城销售后期，老业主推荐成交率占50%以上，而这些老业主基本上都是万客会的成员。

万科每一次新楼盘的开盘销售人气都很旺，这些人不一定买楼，但对项目的销售却起到很好的宣传和促进作用。这一点万客会功不可没，通过会刊、网页、活动邀请函等，万客会以多种方式和会员保持联络，会员发现感兴趣的信息，就会主动关注，前往参加活动。

这种无形的影响既反映在人数的增长上，也反映在会员结构上。万客会的会员并不仅仅是万科业主，这与别的开发商组织的会员俱乐部不一样，万科业主仅占50%～60%，其余都是对万科感兴趣的人士或单位/组织。

万客会真正实现了设立时的初衷，“与万科老客户、或想成为万科客户、或不想成为万客客户但想了解万科的消费者交流沟通”。

4. 万客会的忠诚计划

1998年，在持续了两年的概念轮炒、广告大战后，为了吸引客户的眼球，深圳地产界开始热衷于促销，买房子甚至送出了宝马汽车，一纸博士文凭可获10万元优惠等各类新招层出不穷。

而此时，深圳万科地产有限公司却推出了“万客会”，在地产界率先推出了“忠诚计划”。1998年8月15日和9月1日，万客会招募会员广告于《深圳特区报》刊出两期，规定只需年满18周岁，无论性别国籍，均可入会。入会并不收取任何费用，条件是必须填写一份精心设计的包括有职业、年薪等情况的个人资料和现居住状况、购房置业理想的问卷。

万客会为会员提供了近十项优惠，包括提前收到深圳万科地产最新推出的楼盘资料和售楼全套资料；可以得到优先安排选购房产、选择朝向、挑选楼层；可以自由选择参加万客会举办的各类公众社会活动，享用万客会精选商号所提供的购物折扣和优惠价格等。

在成立短短四个月之内，万客会吸引了近2000名会员。随后，万科地产减小了万客会广告推广的力度，进入了对俱乐部的维护建设阶段，推出了定期的业主运动会、一系列的沙龙与茶话会及对会员的各种奖励措施。

5. 会刊成为产品与目标群体的最好沟通工具

万客会刚创立的时候，万客会与会员之间的联系处于比较分散的状态，如何使会员有归属感？如何加强万客会与会员之间的联系？如何让会员了解万科的信息？

万科认为创办会刊是一个非常好的办法。1999年6月第一期万客会会刊发行，会刊将万客会的日常活动以及万科的楼盘销售信息放入其中，定期发送。万科集团的领导层和员工积极向会刊投稿，向业主灌输万科精神，而业主也非常珍惜自己在会刊上的话语权。会刊成为企业和顾客最好的沟通工具。

会刊最初更多的内容是万科的活动、销售信息，而现在这些仅作为辅助性内容，与其他刊物一样，万客会将会刊的可读性和质量放在第一位。

因为万客会的成员有一部分并不是万科地产的用户，考虑到他们可能会对内部信息不感兴趣，会刊已从16开本的双月刊演变成社区版、时尚版分开的月刊，内容越来越丰富，形式也越来越美。

仅深圳分公司每年就要在万客会的会刊上投入100多万元，这个数据反映了万科对万客会的重视。

万客会封面

6. 特约商户提供增值服务

从为会员提供更多的增值服务的角度出发，在成立之初，万客会就与一些商家结成联盟，会员凭会员卡在特约商户消费可以享受到独特的会员价格。这不仅是为会员提供实实在在的优惠举措之一，更是会员入会后的尊贵象征。

在商家的选择上，万客会非常注重商家对于会员生活的实用性，注意分析客户的需求与习惯。

万客会选择商家的三个标准

万客会对于商家挑选的过程及后期的评估非常严格。对于所有有合作意向的商家，万客会的工作人员都要对其进行实地考察。而合作商家也并非终身连任，在合作的过程中会不时地对商家的产品质量、服务质量等进行后期评估，主要是依据会员反馈的信息作出调整。而以后还会加大后期评估的力度，例如进行第三方调查、定期或不定期地回访等。

万客会的精选商家数目并没有像会员那样大幅增长，因为数量并不是体现万客会优势及会员尊贵身份的必要一项，合作商家的品质是否一流、承诺的优惠能否兑现、类别是否符合会员的实际需求这些才是实实在在的东西。

万客会精选商家的范围得到不断拓展，最初的商家几乎都是与房地产行业密切相关的，如家居、装修、装饰等，现在则衣、食、住、行样样皆全。目前仅深圳万客会的精选商家已达到了40多家。

7. 联名卡成为业主的VIP

2002年，万科集团与中国银行总行又联合策划了全国联名信用卡推广计划，并在北京率先得到实施。对于北京万科三个项目的业主来说，这张卡除了具有长城信用卡的所有功能外，还因为嵌入了智能卡芯片，可作为万科门禁系统的钥匙，充当起识别万科业主身份的智能卡。业主所持有的联名卡可以代收物业管理费等多种生活用费，为他们减去许多日常生活中的繁琐事务。联名卡成为万科业主的VIP，在中行享有“中银理财”优惠服务，亦可在中行与万科指定的特约商户享有消费打折优惠。

另外，万科将其全球建材战略供应商纳入联名卡合作范围，邀请了包括科勒、多乐士、西门子、丹丽等知名企业共同为持卡人提供产品优惠服务，算得上是家居生活“一卡通”。除了北京万科三个项目业主以外，万客会会员以及双方认同的客户只要申请了此卡均在服务之列。

万客会自成立之初经历了服务理念的逐步深化：“培植依赖的服务”是最初的方向，而后是“双向沟通，服务客户”，2003年转换成“分享无限生活”。从变化的过程可以看到万客会的工作重心与角色变化过程：开始是从服务者的角度出发，单向性非常明显；后来已不仅仅注重服务功能，还强调双向的沟通互动；而分享的包容性则更强、更广。

8. 欢笑积分分享计划

最早，本着为会员谋取更多利益的原则，除了最初设立的一系列优惠，万客会曾向会员赠送过管理费，引起其他会员组织相继效仿。实施一段时间后，万客会抛弃了这种做法。

2002年7月18日，“欢笑积分计划”的实施成为万客会历史上最重要的一步，成为规范的、长期的优惠计划。

会员在推荐亲友购买万科物业时享有推荐购房积分奖励，入会满一年的资深会员购买万科物业时享有购房特别积分奖励，成为业主会员再次选购万科物业时，还可享有老业主重购房特别积分奖励。根据会员积分等级的不同，万客会为会员提供了欢笑分享之旅、现金等礼品。

现在，此积分计划的积分方式、会员级别评定、奖励兑付、积分流程等更趋完善。而每半年举行一次的积分分享回馈盛会，更成为会员们欢聚一堂，共同分享万科的居住感受，收获欢乐的场所。

9. 万客会用来培养万科地产的客户价值观

提供各种服务，只是万客会吸引兴趣的做法，而根本目的却深远得多。如今你在大街上问过往的行人，“你知道万科地产吗？”得到的答案多数是：“知道，是一个很著名的地产公司。”“万科的产品设计做得很好……”无论万科走进哪个城市，被万科的品牌和规划设计上的优势所吸引而成为万科业主的消费者不计其数。这不仅给企业带来了良好的口碑，也为万科地产品牌发展打下了坚实的基础。

“客户是上帝！”“把客户的利益放在第一位。”是时下企业发展的一个重要部分。然而，房地产企业中真正能够得到消费者认可，并保持长远的品牌忠诚和口碑宣传的并不多见。这与企业对客户价值的认识和运作方式有很大的关系。如何认识万科地产的客户价值？

（1）万客会——了解客户需求的平台

也许有人会问，万客会与时下各大楼盘流行的会员制没什么区别，它推出优惠购房政策也只是吸引客户关注和促销的方式。其实，万客会的成立和推广有着更深层次的涵义。万客会不是一个直销单位，而是销售服务系统。以万客会的方式与客户建立更密切的联系，才能更详尽地把控市场、更深刻了解客户的现实需求，为客户度身定造更适合的产品。

万科始终关注着客户需求。万科认为，能在客户资源的争夺战中胜出，核心优势之一在于：比竞争对手更关爱客户，服务更体贴细致。了解客户需求，是提升客户忠诚度的第一步。房子可能是人们一辈子最大的一笔投资，对客户来说，他所购买的不是一件艺术品、不是一件商品，而是一套房子、一个日常生活的场所。住宅质量和住宅形象只体现了住宅的一部分价值，只有实现了社区的整体和谐，客户才能真正享受完整的住宅品质带来的生活舒适感，才能真正实现客户的购买价值。

万科每走进一个城市，最开始推广的便是万客会。而从会员的信息回馈中，万科第一时间了解到当地市场的需求，才更详细、更人性化地进行产品设计，才能编制更严密的部品性能标准、工艺验收标准、物业管理标准等，才能使万科在不同的城市建造出适合当地客户的产品，才能最终赢得客户对万科地产的认可。

（2）万客会——万科尊贵客户的平台

万客会不仅是万科与客户沟通的平台，也是体现万科地产尊重客户，充分发挥客户价值的重要平台。

客户是一种稀缺资源，谁拥有了它，谁便赢得市场。对于万科地产而言，客户是什么呢？“客户是我们永远的伙伴”，被万科地产摆在了首要的位置。万科地产把客户当作伙伴，尊重客户、善待客户，持续提供超越客户期望的产品和服务，引导积极、健康向上的现代生活方式。这一对待客户的理念让它赢得了客户的认同。

万科地产从成立之日起，便在不断的实践中实现客户的价值。从立意鲜明的产品设计，到细致周全的内部格局和令人赏心悦目的小区环境，再到管理入微的物业服务，精益求精地实现对客户的承诺，对每一个细节的完美追求，无不体现万科地产对客户的体贴入微，也使客户成为万科地产持续发展的最好伙伴。

10. 客户价值的兑现

现在市场上流行有几十种营销概念，如会议营销、电话营销、捆绑营销、利基营销、直复营销、情感营销等等。但是这些概念都必须有一个前提，就是建立在广泛客户资源基础上的。

房地产市场，正从产品阶段→客户需求阶段→价值实现阶段发展。

万科已经开始利用更为先进的技术与理念建立一个获取、保持和增加可获利客户的体系，从传统的“客户关怀和客户活动中心”向现代的“客户价值创造中心”转化，在全程服务过程中，实现“会员价值的最大化”。

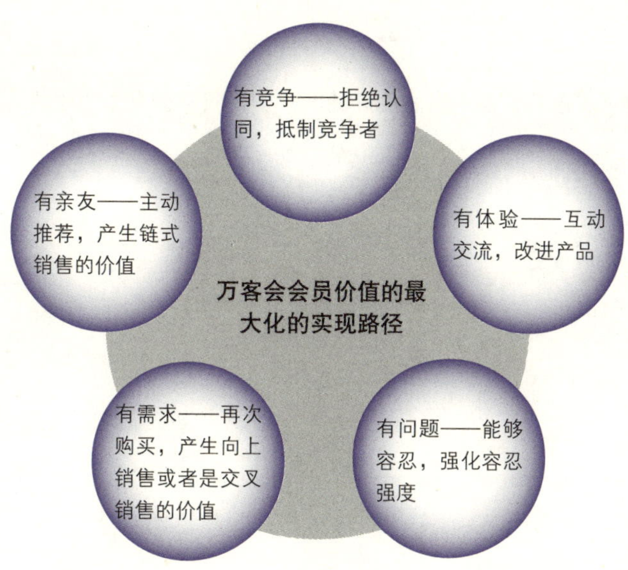

（1）有亲友——主动推荐，产生链式销售的价值

所谓链式销售，也就是客户推荐所带来的销售。对于链式销售带来的销售收入，尽管不同的房地产企业有着各不相同的比例，并且所有企业都认识到它很重要，但是如何使客户推荐的链式销售

更加主动，增加其在整个销售中的比例，却是一件不容易的事情。目前，一般企业对于链式销售采取的是积分奖励策略。

（2）有需求——再次购买，产生向上销售或者是交叉销售的价值

客户只要有需求，就会选择企业推出的产品。同时，企业推出新产品，也会刺激客户产生新需求。这种情况也是比较普遍的存在，买了多层中档房的客户，后来又卖了高层豪宅或者是别墅。

（3）有问题——能够容忍，强化容忍强度

对于企业产品和服务方面存在的问题，客户可以容忍，并且给企业改正错误的机会，同样是会员为企业带来的价值。在两家企业都出现产品和服务方面的同样问题时，如果A企业的总体客户容忍度相比B企业强的话，那么显然A企业要比B企业有竞争优势，这种优势的价值就来自会员容忍强度。

（4）有体验——互动交流，改进产品

客户是在使用产品和接受服务的过程之中进行感受和体验的，房子的什么地方设计的不方便，什么地方应当改进，客户是最有发言权的。通过互动式的沟通和交流，可以发掘出客户的意见和建议，有效地帮助企业改进设计，完善产品。

（5）有竞争——拒绝认同，抵制竞争者

企业之间的竞争不可避免，但是满意度高的客户，不仅不受竞争对手的诱惑，还会主动抵制竞争对手侵蚀。

案例05 项目公司如何迅速兑换品牌价值

——以清华精神运营中国生活的诡异途径

案例解读：

项目没有任何市场背景，就像一张白纸，迅速地为其塑造品牌形象，并兑现为产品价值，是一件颇为仓促的事。但正因为它是一张白纸，也为品牌形象的描绘留下了足够的空间。本项目以清华精神进行品牌推广，不断发展生态客户群便成为夯实品牌价值的脊梁。四维营销的构架搭建和策略形成，最终让一个项目公司迅速实现品牌价值。

品牌价值的兑现并不一定是漫长的过程，这对于项目公司想尽快兑现品牌价值来说，是个感兴趣的话题。

2005年，有个清华大学出身的投资商，在乌鲁木齐拿了一块地，这块地介于老城区与新市区的交汇处。而当时正是市场竞争强劲的时候，周围有十几个大大小小的楼盘与其形成竞争格局。如何从众多楼盘中脱颖而出，并实现项目价值的最大化，是公司面临的重要课题。

方法还是从项目立项入手，这就是结合项目周围的特殊环境，以及特定的目标群体，为项目进行了概念立意。于是就有了“学院文化社区”的诞生，这就是在《道篇》里的那个经典案例。但是，如何让你相信一个陌生的公司会兑现学院文化？这是紧接着要解决的问题。

经过深思熟虑，筛选了一条学院文化的兑现途径：哪种模式的学院文化更具价值？公司与这类学院有无渊源？房地产开发与学院精神如何对接？我们将向市场做何承诺或品牌诉求？

投资商清华学子出身，与清华大学有一定渊源，其清华大学的校训：“天行健，君子以自强不息；地势坤，君子以厚德载物”可以间接地演绎为企业精神，于是“以清华精神运营中国生活”这一企业理念诞生了！

这一句足够了！有人这样评价这个企业的品牌建设。

事实上，“以清华精神运营中国生活”在市场上也产生了足够的联想，使得企业以不俗形象，在同行业中脱颖而出。

一、如何凭借理念发展客户生态群

我们在上一章已经说过开发商A的案例，仅仅用了两年的时间，开发商A在新疆就运营成一家知名品牌的公司。2007年荣获全国住交会中国名盘和中国名企两项奖项。荣誉归荣誉，其开发的项目华清园，是全国首家学院型文化社区，不但开创了文化楼盘的新典范，还创造了当时乌鲁木齐同类楼盘的最高价位和最快销售速度，其成功的秘密得益于成功的品牌运作。

开发商A成立之初，就对新疆本土行业做了深入调研。发现本土行业的竞争层面依然在于产品的质与量的初级层次，如果开发商A也在这一层面绞杀，很难出人头地。于是就另辟蹊径，制定以文化立项、以精细化服务为核心、以企业公民的社会责任感为基础的品牌发展策略。开发的第一个项目华清园，就定位为学院型文化社区。仅这一主题概念本身，就在市场上与其他楼盘拉开了距离。而在运作项目的同时，又打出“精细化服务”牌（精细化服务，是从经营理念到实际操作中全程的精细化服务体系，简称FS：Fine service），使其与楼盘主题相得益彰。为了使品牌形象更有深度，理念更统一，开发商A还以其清华同方的投资背景，树立起行业竞争者难以企及的旗帜：以清华精神运营中国生活。这样，一个品牌内涵，既有了推广的可操作性，又有了信仰的高度。

文化与服务将作为一种企业意志，全面渗透进开发商A的血脉，从而形成了独特的、值得市场尊重的个性。

以下三种元素，单一或相互作用，都将对社区精神与社区品质产生联想，让客户成为价值观的传播者，成为幸福与愉悦的传播者。就像有人研究的一个理论，一个人直接影响着几个人，又间接地影响着十几个人，客户生态群就逐步发展壮大。

客户生态群的建立，最关键就在于寻求、培养价值观趋同的客户和潜在客户

通过对客户的服务、沟通，达到传递企业文化、服务理念、楼盘价值等目的

使客户对产品认知的同时，充分感受产品所具有的文化与服务

客户将形成具有独特价值观的生态群

发展客户生态群是项目开发商最为急迫解决的问题，否则他不会为品牌建设多投一分钱。如何发展客户生态群，这首先需要设计一个清晰的路线图。当时企划部提出发展客户生态群的方案，这

一路线与本书提出的“道德物势”四维营销思路高度契合，描述如下：

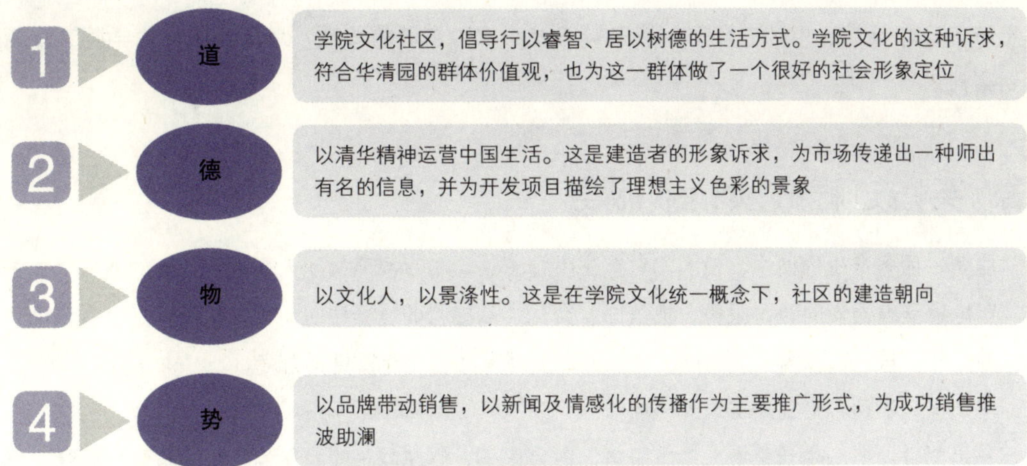

从企业的价值观来看，开发商A擎出“以清华精神运营中国生活”的旗帜，奉行“厚德载物、人文关怀、行胜于言”，将普世的关怀纳入企业精神，并以从其开发的项目进行实践。从华清园来看，“学院型文化社区”，把人的精神带入“象牙塔”的生活模式。这种生活方式聪明之处在于，学院生活总是人们最为留恋的生活方式之一。两者都将生活的精神追求放在首位，反叛现时的浮华世道，重拾中国几千年来的崇文情结。因此，自然会有众多FANS追随和向往，成为客户生态群发展的图腾和目标。

二、以文化为绳系于企业与客户群之间

文以载道。文化既丰富着信仰的内涵，也使信仰变得更加感性。同时，将人们的意识形态朝向统一的价值观引导，成为价值观引导的介质。开发商A和华清园深谙文以载道的内涵，十分重视企业文化和楼盘文化的宣传包装。楼盘文化立项之时就成为项目定位的基本考虑之一。当然，并不强行地推崇某一种文化，而是尊重文化，发掘人们内心潜伏的东西。也不是认为你接受这种文化，就会买这里的房子，目的在于，文化让更多的人认知企业精神和生活理念，住不住这里的房子没关系，只要你接受这种生活观就好。没有人拒绝文化，无论你贫穷还是富贵，它像一篇散文一样，陶冶着大家的性情，让人欲罢不能。像华清园也倡导的 “行以睿智，居以树德”，至少成为一部分人的谈资，让你不自觉中成为口碑传播者。

龙庭·华清园为表达学院文化社区概念，在园林园艺方面也是别出心裁。整个小区，分为两大组团，分别命名为“熙春园”和“近春园”，恰到好处地借用了清华校园里的景观元

素（清华大学主体所在地——清华园，清朝康熙年间成为圆明园一部分，称熙春园，道光年间分为熙春园和近春园，咸丰年间改名为清华园）。在两园之间，规划一个长300米、左右宽30米左右的文化长堤。小区内还有一些中国传统典故为主题的雕塑，点缀其中，使学院文化概念落到实处。

三、实践过程必须精细服务

服务：服务产生的愉悦，使人们对产生幸福感，这种幸福感又使人联想到信仰的意义。让人切切实实地感受着愉悦同时，服务会把信仰、文化，从虚拟的境界拉回现实，从而坚定这种信仰，认可这种文化。自己选择的生活格调，也从无形变得有形，让传播更具力度。

华清园通过两种形式来实现这一点：

一是物业服务：生活服务、健康服务、教育服务，它超越一般意义的社区服务。这就让人感觉离自己的信仰更近一步。

二是营销服务，它把营销设计为体验营销。体验营销的根本在于，你是一个见多识广的人，你可以不相信任何人，但你不能不相信自己，从而以最根本的诚信征服它的观众。

四、客户发展路线图

在拓展客户的过程中，即利用企业的客户生态群基础，又促使客户生态群得到发展壮大。

客户生态群的建立不是一蹴而就，而是不断地设计目标、循序渐进的，这样就可以避免步入“空想主义”的境地。开发商A就是把客户生态群发展目标进行切实可行的分解。

第一步：发展VIP会员，初步适应营销需要；

第二步：树立品牌完整形象，实现品牌竞争差异化；

第三步：成为区域有影响力的企业品牌，拥有良性发展的客户生态群；

第四步：成为国内业界知名品牌，拓展市场视野。

未来的地产市场，项目硬件已日趋成熟，且模式、风格易被模仿，在同等客观条件下，项目竞争，已由单纯的销售前沿竞争演变为楼盘文化与意识形态的幕后竞争。

从消费者思想意识中取胜，则是根本性的胜利。利用已有客户，不断发展壮大新兴客户，拓展客群范围，覆盖全疆，培养牢固健康的客户生态群。

华清园客户发展路线图

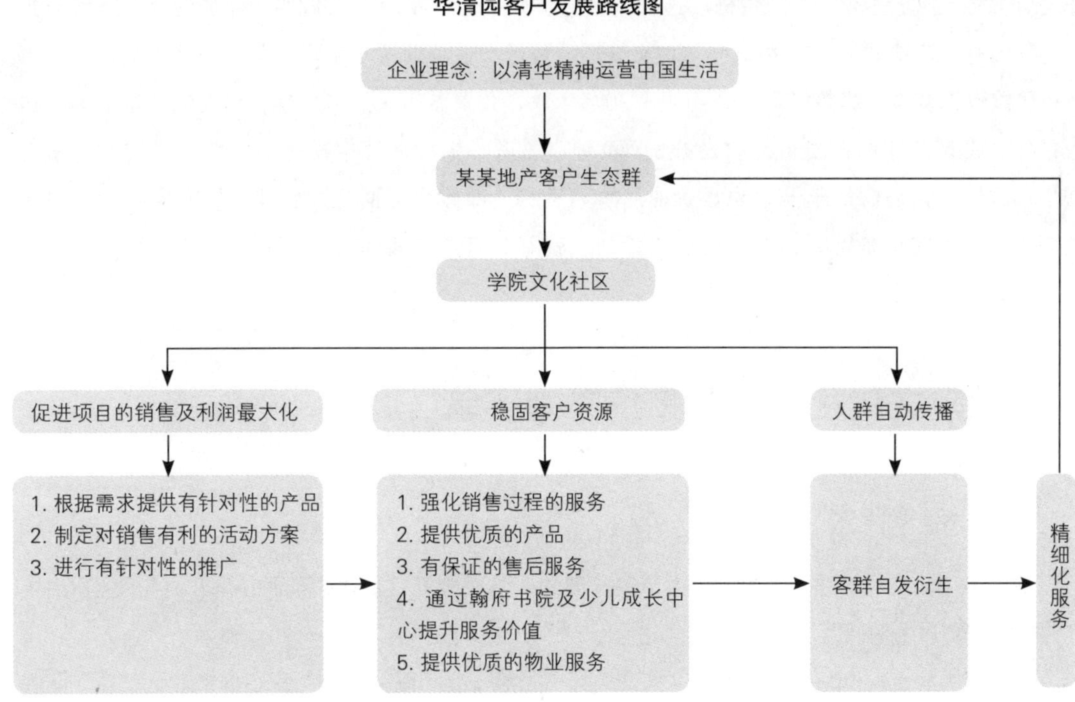

五、价值转化结果：两年成为文化名盘

据统计，2006年开盘时，慕学院文化之名而来的人占绝大多数，因为其价格已经是当时同类楼盘最高。待二期销售的时候，老客户介绍来的占成交总户数的30%。经过一年多的发展，至2007年三期，通过口碑介绍前来的客户达到70%。2008年金融风暴，其他楼盘销售受到重创，而华清园当年开发当年清盘。两年内即成为新疆首屈一指的文化名盘。

六、学院文化社区一次品牌推广策划解析

2007年仲夏，新疆博州一个家境贫困的学生，收到了一份来自清华大学的录取通知书，当他把通知书拿给他瘫痪在床的母亲看时，母亲却没有丝毫反应。他考上大学，曾是母亲一生最大的希望。前不久母亲因操劳过度，罹患脑溢血瘫痪在床神志不清。一旁的父亲，沉默不语，他也在为孩子的学费路费发愁，眼看报到的日子快到了，而学费还没着落。这个一贫如洗的家庭，除了焦虑与惆怅，并没有因为家里出了一个清华大学生有丝毫喜悦。这个学生，就是2007年新疆理科状元，他以723分的优异成绩考上清华大学，但他却因为贫困难以赴校就读。

开发商A在得知这一消息后，果断决定给予该学子四年就学资助。该学子在得到资助后，顺利赴京就学。这一事件经媒体报道后，引发了社会的巨大反响，尤其是教育系统和在校学生，对

开发商A的社会责任精神表示赞誉。这种责任感，并不是企业的孤独事件，而是企业对其所奉行的清华精神：厚德载物，行胜于言，人文关怀的践行。在资助该学子后，为了使疆内的学生能更多地了解他们梦中的高等学府，还组织了20名学生，免费游历了清华大学，让他们感悟清华。这些事件，都是企业的自发行为，是开发商A对“以清华精神运营中国生活”的践诺，对“学院文华社区”建设理念的延伸，也是企业品牌建设的一部分。上面这则新闻，是真实的，但很多人都不会想到它也是策划的，没有这次策划，就不会有这次新闻，就没有“捐助该学子”这一事件。

七、学院文化社区品牌推广策划实录

1. 新闻策划背景

如何将“以清华精神运营中国生活”，从理念上演变成可以触摸的东西，是开发商A企划部里几位同事首要思考的问题。

以清华精神运营中国生活，包括“人文关怀、行胜于言、厚德载物”三层内涵。这是项目品牌和企业品牌建设的目标，也是项目价值联想的重要组成。自2006年，学院文化社区推广以来，一直在坚持对这一精神的宣扬，在社会上初步形成品牌印象，但这种精神的渊源大家并不十分清楚。该企业是清华同方的下属公司，与清华大学有一脉相承的关系，奉行的清华精神是有出处的，而不是人为的一种概念炒作。如何将企业精神与清华精神有一个好的链接，让社会、业主对企业与清华大学一脉相承的关系有个了解，需要有个合适的机会表达出来。

2007年，随着一、二期的交付使用，和龙庭·华清园三期翰府的推广，这种印象已经不能满足于纸面这个体。尤其翰府的定位在前二期的基础上有了进一步提升，为“学院文化社区气质精华”，人们对项目的精神内涵又有了更高的期望。纸面上的“学院文化”与“清华精神”，如何让人们能有深切的感悟，成为企划的新课题。这虽然是一个综合性的方案，但新闻策划在此扮演着先锋的角色。

新闻策划，首先解决的是企业精神在市场上的具体表达。除此而外，2007年9月上旬，三期计划开盘之前，所有的新闻策划与公关活动，必须对销售有着更现实的支持。华清园的人群定位：有文化、有品味、关注儿童教育及成长环境的中高收入群体。这一群体里，从事教育、行政事业单位高层管理者，既是市场基础，也是主力购买群体。新闻策划事件就首先引起这一群体的关注。

这自然不是一般意义的公关策划。这就要求，在设计此次公关活动时，既要有新闻价值，让媒体自然关注，同时要表达企业精神、企业背景、项目形象，还要引起目标客群的最大关注。

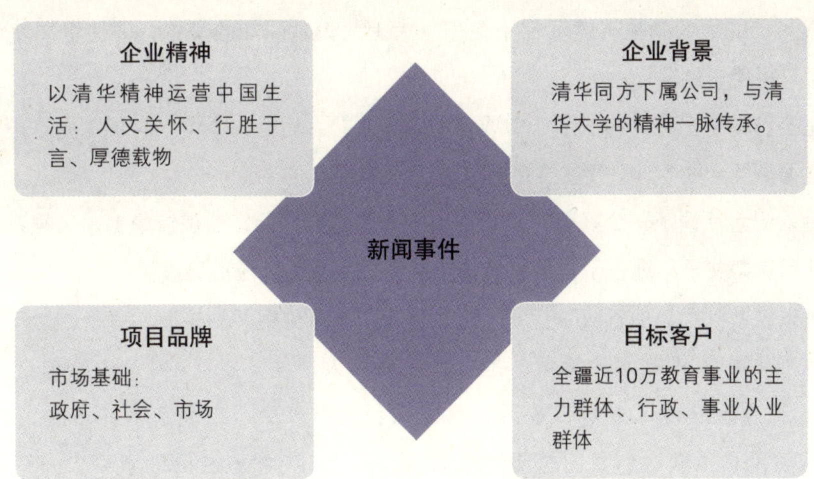

2. 设计合理的新闻事件

在这种需要表达多种元素的背景下，企划部开始了新闻题材的“选题”工作。

商业的新闻也必须是新闻，初级是行业新闻，再高一层次是社会新闻。我们当然要追求更高一层次的新闻。

起初，企划部想策划一起对“SOS儿童村”的赞助事件，但很快被否定。其一，这种事情虽然可以成为一个新闻见诸报端，但这种事件经常被企业、个人等单位运用，很难吸引起市场的强烈关注。其二，事件虽可表达企业的“人文关怀”精神，但与清华大学没有关系，又有作秀的嫌疑。其三，很难引起特定群体——目标客户的关注。其四，事情的后续效应较弱。

当然，这种赞助学生的思路是合理的，下一步就是如何挖掘更好的题材。

此时，正值高考结束，许多家庭、学校、教师等都在关注高考情况。企划部开始特别留意这一类的新闻，其中一则关于今年高考情况的报道引发了整个事件的创意，那则简短的报道讲的是今年全疆有28名学生考上清华、北大名校。

我立即判断，这里面有文章可做，一个思路呼之欲出。

28名高考学生里，一部分是考上清华大学的，而这里有可能有一名家境贫困，需要资助。大家开始着手策划，初步认定这种资助背背，并分析是否有足够的运用空间。这个空间，一是成立清华同学会，以丰富“学院文化社区”概念；二是成立企业助学基金会；三是，将最初资助“SOS儿童村”学生事件，演变为一次“清华之旅”。这样，整个事件的新闻资源就会源源不断，从而让社会、市场、业主能充分“感悟清华”，感悟“学院文化社区”。

3. 寻找事件的载体

我找到晨报的一位朋友，告诉他我的想法，他的回答让我有些失望。他说：从以往的经验来看，能考上清华、北大的学生，家庭都不会差；考上北大、清华的学生，即使需要资助，也会因为“清高孤傲”拒绝资助。

但我还是坚持请求记者寻找一下“需要资助的学生”，因为这个推广时机需要这类事件，同时一时又难以发掘更契合的事件。更主要的是，这后面有更多的文章可做。

两天以后，记者反馈了一个好消息，六中出了一个理科状元，他被清华土木工程系录取，这个学生考完试就回家帮父母种地去了，他家境十分贫困，母亲患脑溢血瘫痪了……

这位学生很快找到了，他答应了资助，于是就有了一系列相关的报道。

这是一个不显山、不露水的策划，是一次让许多人记住开发商A并产生感恩之心的策划。三次要闻版的报道，获得了很好的效果，第一次新闻出来后，市民包括许多企业，都十分关注，纷纷要求赞助，很快达到我们想要的局面。由于我们与报社和受助者事先有约，拒绝了一般企业的赞助，这更牵动了人们的感情。一位老人，因为捐助被婉拒，激动地冲到报社与记者讨说法。

事件本身初步达到了表达企业人文关怀的精神，引起目标群体的关注等，达到了“社会满意、政府满意、企业满意；结合市场、结合时机、结合项目、结合客群”的三满意、四结合新闻策划要素。

但这一事件，只是“感悟清华”的一个切入点，为使这一新闻效应的最大化，后续设计了一系列的公关活动：清华同学会、开发商A助学基金、清华之旅等等，而此次赞助事件成为了一个很好的铺垫。

案例06 奥林匹克花园的品牌制胜法则

案例解读：

1999年，第一个奥林匹克花园在广州诞生，其后十年，奥林匹克花园从广州迅速走向全国，到2009年，在全国47个城市建设了58个项目，成为中国房地产业第一连锁品牌。这个体育与地产叠加的复合品牌，迸发出绚丽的火花。奥林匹克花园的版图扩张速度与巨大成就，令大多数地产企业相形见绌。奥林匹克花园在短短的时间里树立了一个消费者熟知的房地产品牌，并经过不断的完善和发展形成了奥林匹克花园独特的品牌魅力，而这种魅力就来源于奥林匹克花园的优良基因及其核心竞争力体系。

一、奥林匹克花园成功秘诀

奥林匹克花园品牌的成功扩张，得益于三个方面：

其一：蕴含的健康居住理念

奥林匹克花园是将体育产业与房地产业相结合的新型现代化生活园区，是用先进的策划思维，来实现一个全新的生活理念，尽最大可能创造出一个最适合人类居住的生活空间。奥林匹克花园积极倡导健康、科学、文明的生活方式，这种生活的构成不仅包括舒适合理的居住空间、优美的社区环境和完善的生活配套，而且涵盖了以“健康管理”为核心的健康管理服务系统，与社区生活融为一体的体育运动设施以及以奥林匹克精神为内涵的社区文化。

奥林匹克花园依托中体产业强大的资源、雄厚的资产实力，取得了中国奥委会的授权，独家在中国范围内的房地产领域使用“奥林匹克花园”的名称和徽标。在短短的数年中，会同其紧密的发展同盟，在广州、上海、天津、北京等30多个大中城市开发奥林匹克花园项目，在市场乃至业界都引起了巨大的轰动。

其二：特有的连锁加盟经营模式

从2000年开始实施“奥龙计划”，中体在全国各地广泛招纳有着共同价值观及实力的合作者。在“共享品牌、互惠互利”的前提下，为品牌拓展提供强化的资源与动力。

在拥有了独一无二的品牌资源的同时，奥林匹克花园率先提出了国内房地产界首个“连锁特许经营”模式，即由中体输出奥林匹克花园的品牌、管理方法、技术支持和经营模式，加盟者利用自有资金或资源优势结合奥林匹克花园的资源投资盈利的经营模式。在这种模式的运作下，奥林匹克花园的品牌得到了进一步的扩大与增值，同时也使更多的开发企业藉品牌共享的优势得以发展、壮大。

因此，对于成熟而知名的房地产品牌，实行品牌连锁与合作开发的模式，可以最大限度地利用品牌的影响力，节约成本，创造更大的效益。同时，跨区域的多个楼盘共用一个品牌，可以充分展示企业和品牌的实力，实现乘法增长，让品牌向多个城市延伸，进一步提升企业和品牌的知名度和美誉度，同时也让加盟企业迅速获得品牌效益并实现利润的最大化。

其三：从不间断的品牌维护与品牌内涵的拓展

作为运动型健康住宅区，奥林匹克花园品牌所包含的“科学运动、健康生活”的复合地产概念的独特性、唯一性、先进性，挖掘了人类共性的东西，最大限度接近人类理想的生存状态，内涵是非常丰富的，具有广阔的延展空间和巨大的发挥余地。综观奥林匹克花园的发展轨迹，大致已经经历三个阶段：

奥林匹克花园品牌发展经历的三个阶段

第一阶段 项目品牌	由产品外显性要素及居住方式的完善打造项目品牌
第二阶段 企业品牌	由企业经营理念及全国连锁商业模式的凸显企业强势品牌
第三阶段 传播品牌	一方面表现着奥林匹克花园文化的传播、品牌资源的开发应用以及核心竞争力再次引爆整合，另一方面根据变化着市场进行适变、调整与整合

因此，传播品牌是目前奥林匹克花园所进行的阶段，核心竞争力犹如一条主线贯穿其中，但是如今在房地产开发当中单凭孤立的核心竞争力容易被人复制。因此，需要把奥林匹克花园核心竞争

力在十年形成过程当中对其进行集中捆绑形成核心竞争力体系，以确保奥林匹克花园核心竞争力的不可复制性。

在品牌竞争来临之际，品牌建设是当今商战中竞争的制高点，谁在品牌建设上先行一步，棋高一招，谁就掌握了制胜的先机，拥有了成功的法宝。

倚品牌而立市场，也为未来房地产市场的制胜之道。

二、奥林匹克花园品牌价值体系

奥林匹克花园发展经历从产品——品牌的阶段，产品为主导地位，而它目前发展阶段正是由品牌——产品，品牌为主导阶段。奥林匹克花园发展走的是一条连锁的道路，呈快速上升趋势，为正确引导发展过程及结果，核心价值体系是其坚强的后盾。

1. 奥林匹克花园品牌价值体系——品牌力

奥林匹克花园的品牌价值核心凝聚力表现奥林匹克品牌的权威性、唯一性和排他性，而它的作用主要在深化品牌，建立奥林匹克花园品牌模型，实施“品牌精细化操作”。即用品牌思想统一各个项目的经营理念，规范开发与营销行为，同时开发品牌的附加值，输出“奥林匹克”项目的知识产权体系。

奥林匹克花园的品牌是一个综合、复杂的概念，它是商标、名称、包装、历史、声誉、符号、广告风格、产品意识形态的总和，包括奥林匹克花园品牌的整体战略规划、视觉形象设计、核心理念确定、奥林匹克花园符号运用、奥林匹克花园场景设计、广告协调性、品牌个性塑造、品牌的认同、品牌定位、品牌推广、品牌管理等。

2. 奥林匹克花园产品核心价值——产品力

奥林匹克花园是房地产业+体育产业的嫁接，将完美的设计理念和奥林匹克精神融入到社区生活中。

奥林匹克花园是居住区域的范畴，也是一种健康的生活形态。奥林匹克文化所传递的平等、参与、和平、发展的理念已经超越了运动和健康的基本内涵，奥林匹克花园的产品模型提炼到运动与居住的结合、经济与舒适的结合、实用与环保的结合、健康与休闲的结合、体育与文化的结合五大基本原则。

正是这种理想的、健康的生活模式，使奥林匹克花园的品牌有了一批固定的消费群体。

在市场定位方面，奥林匹克花园的销售对象为高文化、中收入的白领人士，这一部分人群对于住宅要求高起点规划、高标准施工、高质量管理和高品位服务。奥林匹克花园恰巧营造了一份热情、希望的生活环境，小区中现代化的运动场馆以及专业的教练及退役后的专业运动员担当运动指导，由此可以开始一种有别于传统的新的生活方式。因此，奥林匹克花园提供给消费者的是双重的满足，并且在竞争力和延伸力方面，明显强于仅以户型、装修、环境和地理位置等为诉求的单一概念产品。

用中档的价位打造中高品质的产品，实现高性价比，来满足最广泛的金字塔塔腰的客户群，是奥林匹克花园最基本层面的竞争优势，即“运动服、休闲服”理论。其深层意义包含两个层面：第一，奥林匹克花园营造出区别于其他像万科、万通、金地的产品差异性；第二，另一层面是产品本身的共性，即奥林匹克花园生活模型，产品层面及目标客户群。

奥林匹克花园经数年的快速发展，形成了自己的产品竞争力，推动了大规模的生产，全面提升了产品质量与服务，形成了一个独特的产品模式：运用独一无二的强势品牌，将目标客户群锁定在“金字塔塔腰人群”，最优性价比的产品设计，巧妙运用运动与健康主题的低成本营销……这个强势的产品功能在运行之中已显示出强大的威力。

3. 用核心运营能力构筑奥林匹克花园竞争优势——执行力

竞争会从无序到有序，主流房地产商将承担起建立游戏规则的任务。核心运营能力是地产企业最宝贵的战略资源。奥林匹克花园执行力表现在两个方面：

奥林匹克花园执行力表现的两个方面

表现方面1：可传递性	表现方面2：可复制性
即“传球理论”的表现，通过奥林匹克花园的连锁经营管理（合作开发）模式，实现奥林匹克花园品牌的快速扩张，运用品牌操作杠杆获取稳固的奥林匹克花园品牌竞争优势	通过一套流程、一套制度使建筑产业以较低的成本，完成大规模的开发量，使每个项目运作得更加受控制、更加快速、更加赢利，使房地产业完成产业化革命，在跨地域的经营中实现一流的执行力

随着房地产产业链的日益完善，资金、土地储备、专业化服务等越来越不是问题，所有的资源都在向企业集中。奥林匹克花园开发最根本的竞争力是什么？不再是企业拥有资源多少的竞争，而是企业核心运营能力强弱的比拼。比的是看谁有自我造血机能，看谁具备对大势的把握能力、产品原创能力、品牌运作与资本运作能力。当别人比技术、比小分、比规定动作时，奥林匹克花园则颠覆性地发动一场革命，它超越了常规的规定动作，以“唯一性”的自选动作超越竞争对手。

奥林匹克花园的成功，证明他的发展模式是可行的，并存在巨大商机，开放式的经营思路使更多的优势资源整合到奥林匹克花园的旗下。

三、奥林匹克花园核心技术体系

奥林匹克花园核心技术体系由“标准化操作流程”和“运动健康设施专利技术”两部分所组成。通过设计技术层面的标准化操作流程与奥林匹克花园擅长的运动健康硬软件的专利技术，通过各关键领域的专家委员会的监控，保证奥林匹克花园项目在“规定动作” 建立一套“80分工程”的标准化执行流程。

建立奥林匹克花园的核心技术体系，为奥林匹克花园品牌赋予更加丰富的内涵与扎实的根基，利用标准化管理模式，解决奥林匹克花园品牌扩张中最紧迫的管理问题，有效地控制“品牌加盟型”奥林匹克花园项目的开发品质，保证品牌含金量，构筑奥林匹克花园核心竞争力。

1. 标准化操作流程

总结以往的奥林匹克花园项目开发，我们可以得到以下一些结论：奥林匹克花园项目的开发模式要求我们必须实现四个“标准化”的操作：操作程序标准化、质量控制标准化、项目进度标准化、区域项目成本控制标准化。要实现奥林匹克花园项目开发的“四个标准化”，意味着开发操作和管理工作必须遵循以下几个原则：

开发操作和管理工作四大原则

1▸ 采用强强联合、配合默契、稳定合作的精英团队的工作模式

2▸ 项目的设计、策划、工程、成本、营销紧密结合，环环相扣

3▸ 检查与反馈、延续与创新的原则

4▸ 程序化操作，计划管理的原则

2. 运动健康设施专利技术

运动城是每个奥林匹克花园的标志性建筑，健康管家中心、体能检测中心都是奥林匹克花园的独特体育配套资源，只有对奥林匹克花园独有配套软硬件设施进行系统化、专利化、知识产权化，成为自己独门秘方，才能使奥林匹克花园比其他项目具有优越之处，具有不可复制性。

（1）奥林匹克花园运动城

运动城属于项目的运动会所，里面包含各种体育设施；健身场馆可采用中体健身集团所拥有的

资源进行经营；休闲、娱乐等其他配套可增加大厦的赢利点，使得配套也可产生利润，超越普通会所概念，形成奥林匹克花园独特优势。

奥林匹克花园共建设社区体育运动场馆21个，建筑面积达20万平方米以上，室外运动场地约10万平方米，累计投资10亿元以上，社区人均体育用地面积0.6平方米以上。取得了巨大的社会效益，实现了“让体育进入社区，走向大众”，树立了社区体育经营以及和谐社区营造的成功典范。

（2）健康管家中心、体适能检测中心

在奥林匹克花园项目配套设施中设立健康管家中心和体适能检测中心，引进智能化和专业化的检测设备和操作系统，并首创“健康管理”服务项目，引进专业的运动医学技术，应用国家体育总局体育科学研究所、北京体育大学等机构的技术资源，通过健康管家中心服务流程，并且使流程与技术专利化，让我国竞技体育领域专业化的体育科技服务于奥林匹克花园社区群众性的体育实践活动，以科学的运动方式指导客户进行规范的体育健身运动。

3. 统一的奥林匹克花园品牌特性

房地产开发是一个复杂的系统，从控制论来说，系统复杂程度越高，可靠性越差，何况再加入多项目异地运作这个元素。中体产业集团将首要任务定为：建立奥林匹克花园项目开发的行动纲领，梳理、完善和提升奥林匹克花园的品牌价值体系与核心技术体系，通过标准动作与自选动作结合，建立《奥林匹克花园标准化流程》。

核心理念连锁经营的要点之一在于统一的核心理念，因此奥林匹克花园通过建立完整、统一的品牌，明确了奥林匹克花园的核心理念。

为了保证有效的内部沟通，使所有奥林匹克花园的参与者在理解品牌的核心本质基础上向同一方向努力，中体产业集团使用了品牌金字塔来描绘奥林匹克花园品牌特性。同时，它们将奥林匹克花园的三个最重要的特性定为：全国连锁、品牌名称、运动健康社区。他们为消费者带来的利益是值得信赖的高附加值产品；情感回报是信任、升值预期、自豪；品牌的价值观是创新、讲信誉、负责任、健康；品牌的个性品质是成熟、活力、健康。

经过以上的努力，中体产业集团顺理成章地概括奥林匹克花园的品牌本质为“科学运动，健康生活”。

案例07 广州星河湾品牌推广解析

案例解读：

你不妨先闭目想象一下，除了完美无缺的建筑和景观之外，星河湾还会是什么？也许是一张城市新名片，它彰显中华现代人居文明新主张，一个国家、一个城市的气质和风貌；也许是上流阶层的符号，犹如英国贵族肩上那颗徽章，标签是全球财富阶层身份的象征；也许是奢侈文化的橱窗。来自全球的精英们在星河湾觥筹交错，不同的商道、文化和思想进行激情地碰撞。星河湾品牌就是让我们这么浮想联翩，你可能买不起它的房子，但是你看见它的房子之后，你就不想离开，它就是这样的产品，看到他不是想到价钱，而是我什么时间可以拥有一套这样的房子。它的品牌价值中的虚拟价值总是那么突出而让人不易察觉，甚而为他鼓掌。

一、不合时宜的板块，不合时宜的开发商，一个改写时代的机会

2000年，广州楼市可谓波澜不惊，除了广州奥林匹克、丽江花园等少量城郊盘，都市盘可谓一统天下。除非买房资金不足，置业于城市中心始终是所有消费者的首选，也正因为如此简单的购买心理，加之缺乏竞争的卖方市场，一张图纸便开售，只有楼没环境，没配套的现象十分普遍！在这样的市场背景下，华南板块虽然有着得天独厚的江山湖泊资源和生态环境，开通中的广园路、华南快速已经大大拉近了其与都市的距离，但买房到华南板块依旧被认为是一件不可思议甚至有失身份的事。而就在这时，一个缺少地产开发经验的开发商宏宇集团大手笔地在华南板块购下了千亩土地！这样一个背离消费意识形态的板块，这样一个背离楼市行规却又寂寂无名的开发商，真能创造神话吗？在与开发商的进一步沟通中，宏宇越来越震撼于开发商的投入与执著，沿江1.8公里用上好红木铺垫的景观长廊，数十万元一棵引进的原生林木，不远万里挑选的澳洲砂岩和原生巨石，甚

至连华南快速的天桥下，都被藤蔓和锦鲤包围成了美轮美奂的生态公园，更不用说花巨资建设当时广州尚无概念的直饮水系统。而当董事长黄文仔指着工地，大声地对宏宇说："我就是要不计成本，建一个广州人，甚至中国人都说好的房子！"在一切不合时宜的表象之下，蛰伏着改写时代的巨大契机。

这是星河湾——一个地产品牌的"跨界"传奇。

2000年，广州楼市的都市盘可谓一统天下，置业于城市中心始终是所有消费者的首选。星河湾却建立在被大多数买房者认为有失身份的华南板块上。不合时宜的板块，不合时宜的开发商，却创造了一个改写时代的机会。

调查发现，消费者选择都市却不满都市，对市场不信任，消费者品位与市场品位断层加大。因此利用媒介的公信力邀请广州所有重要媒体开展了一场"生活在别处"的板块大战，用个人魅力提升集团魅力，"不开盘"宣言加探秘式报道，让广州人心沸腾。

开盘当天，18万人潮从凌晨开始汇聚，样板房外排起前所未有的长龙，让星河湾成为广州最具影响力的社区，改写了广州楼市意识形态。

直到现在，只要让广州人挑选品质与品位前三位的楼盘，星河湾总会位列其中。即使在现在，星河湾的价格远高于郊区盘甚至相当一部分的都市盘，但城市舆论和消费者依旧毫不犹豫地将星河湾视为性价比高的首选楼盘，而这一切，与一场改写广州楼市意识形态的广告运动可谓密不可分。

二、解读城市意识形态，发现消费暗流

某广告公司在进驻星河湾之后，第一步工作便是一次最大规模的市场调查，这次调查范围广（从天河、东山、越秀等区，直至二沙、祈福等各大楼盘），而且更为深度。本次调研通过数以千计的深度访谈清晰地呈现了广州楼市隐含着的巨大暗流：

1. 选择都市却不满都市

在调查过程中，发现大多数消费者是处于"不得不"的选择状态而栖居于都市。工作关系、人际交往、孩子教育等等原因，导致了许多"不得不"的背后，是钢筋水泥的单一风景，是客厅与邻居阳台近在咫尺的尴尬，是呼吸汽车尾气的恶劣生态，老人没有行走的空间，孩子回家也在车流中危机四伏，更不用说生活品质、物业服务等深层要求。如果，这么多的"不得不"还需要负担昂贵的价格，那么，一个从教育、交通、环境、空间规划、品质与配套全方位满足消费者渴望的社区，以它的出现带动一次全城性的"出走"应当不难！

2. “只有图纸便卖楼”让市场信任跌入谷底

为什么会一张图纸便买楼，消费者的回答是，不是出于对开发商的信任，而是身处卖方市场，只有在图纸阶段，开发商才会给出一个较合理的价位，一旦有现楼随即升价的策略，让消费者不得不买下一个又一个的泡沫，在许多开发商的沾沾自喜中，市场的信任度却降到了最低点。而一个有诚意并实现诚意的开发商应势而出，让楼市信任排名重新洗牌将是市场留给星河湾的最好契机。

3. 消费者品位与市场品位断层加大

在2000年，都市盘还停留在对建筑本身材料、开间的追求，郊区盘也沉醉于天然环境和大社区中，而随着传媒与资讯的空前发达，广州楼市消费者处于品位空前饥渴状态，新加坡、中国香港、中国台湾甚至北京、上海地产中高格调、 高文化内涵的环境设计与配套设计，让广州楼市的无限期待转化为一股前所未有的消费动能，一触即发。

4. 媒介的公信力是引导消费形态的最佳动力

在调查中发现，广州楼市长期的广告轰炸让消费者产生了一种“集体潜意识叛逆”，他们会不由自主地以不信任和批判的眼光看待广告宣传，虽然他们也无法完全抵御广告的引导。因此，具有一定公信力的报纸媒体便成了消费者最容易接受的买楼指南，《广州日报》、《羊城晚报》，甚至崛起中的《南方都市报》，一篇言之有据的报道往往能改变消费者的周末看楼行程。而长期以来，这一公信力却被广告推广束之高阁。就这样，宏宇集团将媒介炒作列入了广告推广的整体规划之中，并成为了最具效力的推广手段。

三、全“媒”皆兵，一场“生活在别处”的板块大战

在缜密的市场调查之后，宏宇确立了“解构市场意识形态，引发集体不满——非主流理念炒作+非常规品质见证+悬念蓄势——全面开闸体验”的推广过程，要把星河湾树立为市场的另类，消费者心目中的主流！而在第一步“解构市场，引发不满”的环节中，宏宇将最具公信力和覆盖率的大众媒体推到了台前，成为主流。

宏宇邀请广州所有的重要媒体——《广州日报》、《南方都市报》、《羊城晚报》、《南方影视》、广州电视台的主要领导和楼市版主要精英汇聚现场，向他们讲述星河湾与众不同的理念和雄心，展示星河湾的蓝图和现场工程，提出与各大媒体进行系统性、全局性的推广合作。在反复沟通后，宏宇一反常规地采取了《广州日报》为辅，《南方都市报》为主的媒介组合！而这一蓬勃生长中的报纸也印证了宏宇的选择，将宏宇的思路准确地执行出来。他们不仅系统地分析了广州楼市与

国外甚至国内地产相比的不足，更邀请专家、业主、社会名流举办主题沙龙，一针见血地指出了广州地产在交通，配套，环境，物业管理等各方面的缺陷。随后，他们又富建设性地引入了板块炒作这一手法，将广州地产明确划分为若干板块，不仅轻松地将星河湾所在的华南板块列入楼市版图，也从距离上将华南板块从番禺引向了天河，而它得天独厚的山水资源和规划优势又在板块对比中脱颖而出。不久，广州人都在谈论一个离天河十分钟路程却山清水秀的美丽所在。仿佛应大势所趋，众多即将崛起的华南板块楼盘联合发起了广州楼市有史以来最大规模的媒介讨论运动，从理想人居状态，到国外先进的离城居住理念，再到最适合广州人的“离尘不离城”的生活理想。而率先引发这一大潮的星河湾也成为了这一理想板块的当然领袖。

在这一场广告先行战中，宏宇只推出了两则广告：“中国地产看广州，广州地产看华南，华南板块看星河湾”和“十分钟改天换地”，少之又少的广告费却因为与媒介天衣无缝的对接而收到了最完美的成果！

四、个人魅力提升集团魅力，从“我有一个梦想”到全广州人的梦想

宏宇集团深知，仅仅从环境与板块价值来推广星河湾是远远不够的，更何况华南板块还齐集了广州几乎所有最具名望与实力的开发商，奥园、合生创展的华南新城、碧桂园，如何在板块中抢占先机并扭转企业知名度上的不足成为了决胜的一战。

在消费者调查中，除了对都市环境与楼价不满之外，开发商对品质与生活品位的淡漠，只有图纸就开盘的不平等态度也最为消费者诟病。不满可以让开发商信任排名重新洗牌，态度也能让星河湾脱颖而出，不仅成为华南板块首选，更成为广州楼市性价比的最好典范。

正所谓解铃还需系铃人，对开发商的不信任也必须由开发商自己重新搭建。通过与《南方都市报》合作，一场最完整的形象宣传战由此展开。宣传分为三个层次：

首先，由开发商本人阐述他的发展理念

第一次，消费者在报纸上看到一位地产开发商、一位地产集团的董事长以平实的语气谈着“我有一个梦想”。

第一次，消费者知道了原来地产商也是消费者，他们也曾住过让自己不满的房子，也能体会居者对居住的追求。

第一次，消费者听到一位经营者不是从经营成本上谈建筑、谈园林、谈生活，而是从建最好的房子、建最有品质的生活出发谈成本、谈企业发展。《南方都市报》、电视台、杂志，数不胜数的媒介上，星河湾开发商平易近人的态度、真诚专业的追求透过一篇篇专访让消费者看到了一个广州

楼市的另类。

其次，合作伙伴谈开发商、星河湾

第二波推广在一篇篇连载专题中拉开帷幕。宏宇看到了国际设计大师、国际园林大师、国际建筑大师、著名教育家第一次不是用刻板夸张的语言推销楼盘，而是诉说着一个又一个的故事，怎样因为开发商的梦想和执著而感动，怎样反复更改设计，只为了最好的效果，怎样超成本地建设，甚至连建设者都不可思议，怎样反复从居住者的角度衡量园林、建筑、规划与配套，怎样不计成本地引入宝墨园的水循环体系。在每一篇报道中，宏宇看到这些平素眼高于顶的大公司、大设计师由衷地说，与其说星河湾以这些国际大师为荣，不如说这些人以星河湾为荣！可以说，通过这些最真实的推广，整个广州都被感动。

最后，用真实的故事做创意进行广告推广

这样的真实也延续到了最后一环的广告推广上，在电视广告中，一位建筑师说着自己的执著和对星河湾的感动；在平面广告上，宏宇只是用真实的故事做创意，会所一块以微米计未贴合好的玻璃，黄文仔亲自用锤子砸掉它，十几万元的损失也不会让星河湾放松对品质的追求；宏宇只是用最真实的数字做创意，多少的尊贵原木，多少的珍稀树种，多少的稀世砂岩，再用最少的面积展现实景的一角，但只是一角却让广州人叹为观止，只是最普通的数字就让广州人改写了企业信任排名。如果说，在推广之初，宏宇集团的企业背景还是它最大的弱点，那么，现在，宏宇集团已随着星河湾、黄文仔的家喻户晓而成为广州楼市最大的金字招牌。

五、“不开盘”宣言+探秘式报道，让广州人的期待再沸腾

可以说，经过三波的推广，市场谈的是星河湾，争论的是星河湾，期待的也是星河湾，就在这时，开发商却给了宏宇一个惊人的决定：“不开盘！”

因为样板房还没有达到黄总的期望值，所有的劝说都无法改变黄总对品质的执著，似乎这次，这股执著将导致整个广告推广的严重断层，市场也会因为迟迟不开盘议论纷纷，竞争对手更会散布出许多不利的谣言，最大的问题是，前期所有投入的广告费可能因延误开盘而成为泡影。连记者都说，别的楼盘一个空地就卖楼，你们怎么会因为样板房的一点不满意而不开盘。

说者无意，听者有心！正是这“开盘，不开盘”的直接对比让宏宇为之兴奋。对呀，星河湾对品质的追求早已为市场接受，推迟开盘正好能将这一态度再度体现！于是一系列“好楼盘不做到百分百，绝不开盘”的广告顺势推出，与此同时，开发商也加强了现场的保密工作，即使是买楼者也不能参观现场，宏宇精挑细选若干记者以探秘者的角度适当地报道星河湾的现状，若即若离而又

一丝不苟的态度让市场再度达到沸点，人们开始和户外广告一起倒数，再等5天，再等4天，再等1天……

六、最恰到好处的惊艳和18万人的历史性开盘

在开盘前一周，星河湾的美已经让所有参与者震撼，每一处都绽放完美，宏宇的广告设计师甚至不用考虑广告角度与构图，随手按下快门就是一幅完美的画面。然而，只有一周时间，宏宇既要让所有对星河湾执著认同的消费者看到结果，更坚定他们的信心，又不能让他们的全部好奇都得到解答，从而保证开盘时的现场人流。于是，宏宇放弃了尽可能多展现星河湾美景的初衷，而只选取了星河湾最独一无二的江畔木道长廊，连续7天，在《广州日报》，在所有的杂志上，在所有的海报上，广州人震撼于这江岸独到的风景，所有的品质宣言在这里都有了一个满意的结果，但并不是全部结果！于是在开盘当天，从未有过这么多的广州人同时“出走”，18万人潮从凌晨开始汇聚，样板房外排起了前所未有的长龙，几辆卡车同时从各地抢运鞋套过来，而空前成功的销售结果不仅让星河湾成为广州最具影响力的社区，更将整个华南板块的销售都推向了成功！从更深远的层面上，星河湾建立了一个广州楼市的新标准，带动了整个广州楼市追求品质与生活品位的国际化进程。

七、一个心情盛开的地方，永远的星河湾

开盘后，星河湾从品质的倡导者、中国楼市的劳斯莱斯开始提升为品位生活的最完美演绎者！这一时期，除了稿件，除了一个个的表现，星河湾更需要的是一个灵魂，一个精神的最凝练体现，也就是一句新的广告语。在开盘前期，“好房子自己会说话”成为了星河湾的追求代言；在开盘后，宏宇需要的是能与消费者在生活感受上，在情感体验上产生共鸣的语言。虽然只是一句话，却是星河湾最艰巨的工程之一，动员了全省的创作精英，一共完成了数千条广告语言，最后还是公司策划创意总监丁邦清的一句“一个心情盛开的地方”打动了所有的人，也许是从每一个在星河湾看楼者脸上的笑容得来的感悟，所以特别真实感人。而这个时候，星河湾的一举一动都能引发最大的关注，许多业内业外人士对这句广告语展开了大讨论，有人说文法有问题，有人说平实却有回味，无论如何，却没有人能否认这句话的感染力。从2000年起直至现在，星河湾就如同一个永远让人心情盛开的地方，成为广州的楼市经典，更成为中国南方品质楼盘的旗帜。

第四章

物篇——形象塑造的终极目标在于价值联想

万物本道而萌生，物质赋状而成形。在楼盘主题概念的统领下，进行规划、设计、建设，并提供与其匹配的社区配套。创意性地设计表达社区概念的标识，并进行延展应用（设计销售物料和宣传品），运用各种建筑和园艺细节符号，与概念呼应，明晰反映楼盘个性。只有这样，楼盘才有丰满的个性，并具有了表里如一的价值体现。这一切都将使人们对产品产生积极的价值联想。此谓“物形之”。

道生一，一生二，二生三，三生万物。

治大国若烹小鲜。

道者万物之奥。善人之宝，不善人之所保。

天下难事必作於易。天下大事必作於细。

——老子

技巧一：形神合一——让你的项目形神兼备

为了营造某种生活方式，作为承载生活的楼盘就要表里如一。概念是什么，社区精神是什么，建筑风格、物业配套、物业服务等都要与之匹配。换言之，楼盘的概念，就要靠这些物而“形之”，这样才能达到形神统一。否则，概念就会流于形式，社区生活也就流于平庸，楼盘个性就会随着广告的消失而失去生机。

1. 装点的目的是为了让楼盘更具个性

人靠衣装，马靠鞍装，楼盘也要靠着装。

楼盘的着装，是其立面造型与色彩，是其园林园艺，是其道路与铺装……是其一切表达个性的符号。这些符号，会形成一个整体而丰满的概念，传递给每一个欣赏她的客户，并以特有的气质，魅惑着她的客户，呼唤他的名字，让他迷恋而不能割舍。

（1）没有衣服就没有爱情

灰姑娘有了那双水晶鞋，于是成了王子的梦中情人。女人钟情每款服装，实际是在笃守自己的爱情追求，这就是衣服的魅力。衣服让人身价百倍，并展示个性！

不同品牌服装体现出的个性

衣服品牌	个性
DIOR	淋漓尽致地表达现代女性的追求——性感自信、激情活力、时尚魅惑，迎合上流社会成熟女性的审美品味。好莱坞明星英格里·褒曼、艾娃·嘉德、妮可·基德曼和麦当娜，以及英国王室玛格丽特公主新婚大典的婚纱，都出自迪奥
CUCCI	被商界人士垂青的服装品牌，时尚而不失高雅，以“身份与财富的象征”形象，成为上流社会的宠爱

续表

衣服品牌	个性
安娜·苏	彰显一种可人的叛逆性格，带着美丽的梦想和执着，永远地撩拨多梦少女的心扉
唐那·凯伦	“纽约的黑色迷情”，以妩媚与性感，表达一种取悦自我的生活方式和态度
范思哲	早已不仅仅是一个奢侈品牌，更成为一种几近疯狂的渴望与迷恋。它的服装对于女人，有着着魔一样的吸引力。但他的服装，用料不在比别人的多。它的紧身衣的终身制使女性的每条曲线都完美展现，开缝间的花边若开若合，从而使身体若隐若现，具有隐约的撩拨感，把普通的衣服变成了艺术品。不对称的设计、镶嵌装饰、金属网结构、蕾丝的运用、橡皮材料、皮革配丝绸、黄麻配黄金、金属网配仿宝石等匪夷所思的搭配，都让穿着它的人体现具有震撼力的个性

（2）装点的价值在于体现个性

装点的作用，不言而喻，而装点价值在于体现个性。2008年的一期《名牌》杂志，还专门罗列了几位名人政要的打扮。

普京，黑色调装束，硬朗沉稳，手表戴在右腕上，引得俄官员纷纷跟风；

澳洲总理有意塑造陆克文卡通形象：淡色金发，圆圆的脸蛋，再加上小小的眼镜，赢得了政坛“哈利·波特”的称号；

内贾德的夹克，十分有亲和力的装扮，拉近了与民众之间的距离……

其中，普京曾被誉为全球最有魅力的总统，国内甚至流行的一首歌曲就是《要爱就爱普京这样的人》。他一方面对西方表示出强硬态势，另一方面对内表示亲和性，这样他的行为装束就更加别出心裁。

对整日抛头露面的政治家来说，“体面”是赢得民众好感的“法宝”。无论是初出茅庐的政坛黑马还是老谋深算的政坛老手，对他们来说，迷人的微笑、精力充沛的眼神、修长的身躯与竞选计划、市政纲领同等重要。俄《共青团真理报》曾经披露称，在强力总统普京的带领下，当今俄政坛正流行一股年轻风，各大小官员都努力让自己看起来年轻而充满活力。

2007年当地时间8月13日，俄罗斯总统普京赤裸上身陪摩洛哥阿尔贝二世亲王在俄罗斯叶尼塞河源头度假。一向以严酷著称的普京换上牛仔装，赤裸上身在河边钓鱼，展示了性感一面

作为俄出镜率最高的政治家，普京“体面”变化一目了然。自其入主克里姆林宫以来，共减掉了2~3公斤的体重。此外，这位“俄罗斯最性感男

人”的头发长度也比以前短了2厘米，大概是更常理发的缘故。

普京曾公开嘲笑自己的“鸭子步”，据说，这种“自我批评”的方法很管用。过了一段时间，这位柔道好手走路时不再像以前那样有力地摆动双臂而是改为右臂发力。尽管在俄媒体看来，元首走路姿势仍有待改进，但这已是一个不小的变化。不仅如此，普京的衣橱也发生了“颜色革命”：以前，他只穿深色西装，打深色领带，但现在，不仅有了亮色和深蓝色条纹西装，还添置了红色与咖啡色领带……

简而言之，有什么样的衣服，就会产生什么样的爱情。对于任何产品，都必须有包装。适合而有个性的包装，使得产品更加具有内涵、品味，使一件普通的产品突然具有一种文化特质。包装是产品与消费者之间产生通感的介质，更是通往产品内涵的文化隧道。

2. 产品与概念要形神合一

章子怡、章小惠以及范冰冰、李冰冰等当红女星，令无数男人魂牵梦绕，不惜重金以求琴瑟之合，这与其人内在修养与外在气质共同表达的个性魅力有关。内在修养，有如楼盘的道与德，而外在气质，则是表里统一的形与物。

（1）狄德罗效应

18世纪法国有个哲学家叫丹尼斯·狄德罗。有一天，朋友送他一件质地精良、做工考究的睡袍，狄德罗非常喜欢。可他穿着华贵的睡袍在书房走来走去时，总觉得家具不是破旧不堪，就是风格不对，地毯的针脚也粗得吓人。于是，为了与睡袍配套，旧的东西先后更新，书房终于跟上了睡袍的档次。200年后，美国哈佛大学经济学家朱丽叶·施罗尔在《过度消费的美国人》一书中，提出了一个新概念——“狄德罗效应”。

狄德罗效应的起点并不在于那件新睡袍的风格样式，而在于它所象征的某种生活方式，后面的一切都是为了这种生活方式的完整而构成。

这就要求，在项目规划设计之初，就必须统一于概念。楼盘的外在形象，一定要以表达楼盘概念为要求，千万不要表错了情。

（2）万科的第五园——“骨子里的中国情结”形象兼备

万科的第五园，在形神互相传达方面做得最见功力。

第五园对中国徽派神韵的深度吸纳，已经远远超越了建筑硬件自身，规划、建筑、园林、景观系统地传递着中国民居文化。其中的粉砖黛瓦、拱桥庭院、水竹草木等都恰到好处地成为中国民居文化意象的载体。

现代建筑手法的运用，更是将现代元素与传统中式在建筑神韵中完善融合，成就了“原创现代中国”居住风格，将久违在人们心中的千百年传统文化情结，瞬间激活。这个承载着价值观和审美取向的典范楼盘，对于心中徜徉着中国情怀的国人来说，是在对中式风格继承与发扬后，创造富于中国传统精神的现代建筑的人居回归，成就了身“心”安顿终极的文化情感归宿。如此形神兼备的楼盘，开盘引来数千人现场认购，也就在情理之中。

在这里，梳理阳光的双墙设计、藏风聚气的院落、深邃清幽的环境氛围、村落形态的规划表达……就在潜移默化之间，第五园向无数人传递着中国文化，实现了将传统的中国式居住纳入现代框架的梦想。中式居住的精髓注入现代的建筑模式中，两相辉映。

在这里，我们可以看到现代建筑语言演绎下久违的照壁、山墙、冷巷、天井、前庭、后院、廊架、花窗……还有能“藏风”、“聚气”的“六合院”、“四合院”，清风路过的通道和精心梳理过的阳光……

在这里，水围竹绕，粉墙黛瓦，诗画如歌，实现了天人合一、田园牧歌般的中国家园梦想。

在这里，院落静谧、门楣高悬、隔扇深处的幽秘、照壁背后的安然，中国原始身份感和尊贵感内敛而富有想象力的体现。

中式文化主题和产品，全国皆有，但大都是拿来主义，有其形而无其神，有的甚至形也没有，使概念流于广告口号。而万科，则使第五园的骨子里形神兼备。

万科·第五园水围竹绕，粉墙黛瓦，诗画如歌，实现了天人合一、田园牧歌般的中国家园梦想

万科·第五园院随时随地让人感受到一种身份感，尊重感

（3）上海奥林匹克花园“运动、健康、活力”的社区概念演绎得生动活泼

上海奥林匹克花园小区的园艺也是传神之作，整个园艺体现着体育生活与日常生活融为一体的特色，体育活动设施被组织并顺延至各个小区空间。其中，奥林匹克大厦作为该楼盘最重要的配套设施先期建成，成为开放式的专业健身大厦。这个小运动城，总建筑面积达9740平方米，3个楼层中共有15个场馆、18个功能分区，是目前国内少见的功能齐备的小区大型时尚健身场所。

从总平面设计上看，上海奥林匹克花园分正南北和与道路成一定角度的两种布置形式，避免了“兵营式”的单调感，流线形主干道贯穿南北，成为小区主动脉。同样是南北向的体育景观长廊形成小区呼吸的肺，带活了总体布局。还有各种不同主题的运动场地结合在次一级的组团绿地，促使体育融入居民生活。

一期以低矮的多层为主，二期以多层为主配以部分高层。总体南低北高，二期西高东低，使整个小区有丰富的天际线。公寓楼立面设计为现代风格，大面积玻璃，橙色和黄色等暖色的运用，以及富有特色的屋顶遮阳装饰板的设计，切合了奥林匹克的主题。

小区分布大量运动主题的雕塑，将运动、健康、活力的社区概念演绎得生动活泼，雕塑群成为社区精神的象征。

如童话般的石头墙彰显着健康和活力

自行车运动雕塑

弯弓射箭雕塑

这个抽象雕塑在打太极还是做别的什么呢？但肯定在运动

技巧二：魔鬼藏于细节——让您的产品无可挑剔

建筑细节就像时装的各种符号元素，式样、图案、色调、纽扣、布料，甚至一条锁边线头，都影响着人们对其品质的联想，这时候已经无关乎布料的档次。

卖房子就像谈恋爱，靠的是细节打动人。人在恋爱时这种细节包括两个方面：

一是长相、衣着，此类表象与装扮相当于楼盘的景观、园艺、立面等；

二是言谈举止，这犹如楼盘概念、楼盘广告、服务理念、销售说辞等。

凡此种种，都会对购买者产生微妙的心理诱导。

1. 重新认识劳斯莱斯成功之道

圣之道，至善至美；不为至善至美，创之造之。劳斯莱斯至成立以来，就奉行这一理念。自成立那天起，劳斯莱斯汽车公司一直坚持手工生产，这种只追求质量和档次而不追求数量的做法，在全球汽车工业中极为罕见。一直到今天，其发动机还是完全由手工来制造。更令人难以置信的是，其车头散热器的格栅部件，完全依靠熟练的工人手和眼来完成，而不需要任何丈量工具。一个格栅要花费一个工人整整一天的时间来完成，然后再对它打磨5个小时。制作一个方向盘要15个小时，安装一台发动机要6天。这些还不够，劳斯莱斯头上的飞天女神像，制作过程也是极其复杂：首先采用传统的蜡模工艺，手工倒模压制成型；接着采用手工打磨，至少8遍；再将打磨好的飞天女神像放进装有混合打磨物质的机器里研磨64分钟；最后，只有在通过严格的检验之后才算合格。

魔鬼在于细节，细节出自魔鬼。

今天，劳斯莱斯之所以成为车坛中独一无二的王者，与其“精练、恒久、巨细无遗”的造车工艺密不可分。

今天，劳斯莱斯之所以能成为世界奢侈品第一品牌，拥有至高的附加值，靠的就是细节打造。

2. 星河湾的完美打造每个细节

号称中国楼市的劳斯莱斯——星河湾，一样靠的是细节打造。典型的一个例证是，其甬道两边的黑色鹅卵石，都是定期擦洗后放置。笔者曾在2007年秋同几位朋友前去“踩盘”，就看到保洁人员正在清洗甬道边的鹅卵石，像清洗自家的艺术品一样，清洗完后，摆放好，并把飘落的树叶从石子间捡拾出来。星河湾将细节的雕琢真是做到了极致。

3. 万科第五园细节把控细致入微

细节不但是楼盘综合品质的表达，同时也是开发商理念、综合实力及协调精神的完整表达。骨子里的中国，是万科第五园的根本文化意向。其建筑风格完成了项目的概念诉求，但其细节直接影响人们对概念的理解和对风格的认知。

对于万科第五园，楼盘真正魅力所在，就是在此过程中的细节把控。

万科第五园，无论是广告、形象、推广语言、导示系统，还是建筑、园林、景观、小品、公共配套设施，更有甚者小到广场地砖的铺设、小的家具配置，都非常到位，其强大的执行力，由此可见一斑。

第五园的主题广告语是“原创现代中式”，这同时也是第五园的建筑风格。

入口虹桥，取自中国传统的“小桥流水”村落形态，但其用材，又极具现代感

从小桥纵深往里看是万科书院，社区“书院”的做派，为小区增添了不少风雅，而在书院的一楼就是其售楼中心

注意一下掩映在树荫中的灯箱，这是一个大规模社区中最小的环节。但第五园里的灯箱，其款式、用材、用色，都极具古典趣味又富于现代简洁美。值得注意的是，灯箱与后面白粉墙上洞口图案的联系，其透视的比例大小关系，都非常协调。

第五园里的道路铺装，总会让到场的人心生感叹，青灰方砖与白色碎石组成的广场，朴素而简洁。管道井盖的处理方式不显山不露水，完全不同于有些小区一路的管道井盖，大煞风

景。而往往这些细节，会让客户联想到开发商精细周到的建筑物业及社区服务。

这就是万科作为地产领袖与众不同的地方和与众不同的原因！

当然，对这种细节的处理，在万科许多社区都能见到。

第五园里道路铺装朴素、简洁

楼盘的细节元素是艺术化的外在符号，它承载着丰富的社会人文因素，或蕴涵着往日情怀，或折射着企盼希望，或代表着端庄儒雅，或引领着品位时尚。顾客在欣赏或触摸每个符号时，就像我们在欣赏艺术的时候，并不是将情绪停留在表层的印象上，而是这些表象的形式将人们的情绪带进了一种意境。这些艺术都是人们情感的载体，也是情感的寄宿所。

所有对于楼盘气质的表达，都像在精心地谱一首曲子，而楼盘的每一个细节则是组成这首曲子的音符。看芭蕾、听音乐、欣赏绘画、读文学作品，要的就是艺术与心境的互动，要的就是让人能怦然心动！

聪明的营销策划人，就是要让人们在这些音乐的氛围里，产生美好的联想，达成心灵的共识。

技巧三：以精致提升价值

一个粗糙的发卡或者一个不恰当的眼影会破坏你的整个形象。

恰到好处的装扮、修饰，对提升小区的品质联想十分有益。但过多的装扮也会干扰楼盘主题，或者修饰显得粗糙，效果就会适得其反。因此，恰到好处的装扮比过多的修饰更重要。

1. 楼盘的装点要精致

小区的装点，首先是精致，精致让人产生品质联想，至少达到物有所值的印象；然后才是丰富，丰富让人产生物超所值。但做得多而粗劣，则会让人想到欺诈或劣质货，出力不讨好，所以宁缺毋滥。

心理学家做过这样一个实验。比方说现在有一家家具店正在清仓大甩卖，你看到一套餐具，有8个菜碟、8个汤碗和8个点心碟，共24件，每件都是完好无损的，那么你愿意支付多少钱买这套餐具呢？如果你看到另外一套餐具有40件，其中24件和刚刚提到的完全相同，而且完好无损，另外这套餐具中还有8个杯子和8个茶托，其中2个杯子和7个茶托都已经破损了。你又愿意为这套餐具付多少钱呢？结果表明，在只知道其中一套餐具的情况下，人们愿意为第一套餐具支付33美元，却只愿意为第二套餐具支付24美元。

虽然第二套餐具比第一套多出了6个好的杯子和1个好的茶托，人们愿意支付的钱反而少了。因为两套餐具到底谁多谁少，如果不互相比较是很难引起注意的，但是整套餐具到底是完好无缺还是已经破损，却是很容易判断。

人们总是依据比较容易判断的线索做出判断，尽管这并不划算，这就是基于“完整性”概念。有心理专家在解析这一理论时说，一套餐具件数再多，破了几个也得归入次品，人们要求它廉价是理所当然的。

因此，在楼盘的规划中，一定要依据开发商自身的实力、公司的执行力、楼盘区域环境特征、技术条件、材料情况等，做综合考虑，因地制宜。比如，在我国南方，运用大量的绿植装点楼盘，并大面积地制造水景，是一件很不错的手法。但在北方，尤其是乌鲁木齐，则要靠精细的园艺来包装。乌鲁木齐的龙庭·华清园，因为有一条水渠从项目基地穿过，但水渠每年只有夏季有水，且水量较小，所以在造景的时候，并不是要以水景为主题，而是在大量的保留了两岸树木的同时，以故事化的雕塑等，将两岸做成文化长堤，从而使社区的主题景观，四季都不削弱。而同样条件的另外一个小区，就盲目地模仿南方城市，以水景为主题造景，因为半年漫长的冬季，小渠根本没水，水景只成了一句名存实亡的口号。并且在冬季，成了一个藏污纳垢的地方，使小区形象大打折扣，自然给人以廉价的印象。

另外，有些楼盘在推广中，为了增加卖点，经常请出许多概念，比如文化的、绿色的、景观的、节能的、智能的等等概念都会没有主次地在同一楼盘中出现，结果反而使楼盘没了个性，哪个亮点都不够亮，从而弄巧成拙。如何避免，那是取之有道的事，第一章里有详细的解释，这里不再重复。

深圳万科城一角：休闲长椅、亲水台阶、防护链恰到好处的弧线、远处的房顶，构成精致优美的图案

深圳万科城一角：到位的线条、整洁的铺装、阶梯绿化、朴素的铁艺大门，透出不一般的品质

2. 精致的最重要体现就在于细节

音乐常以最简单纯粹的形式，营造丰富的心境，直接触及灵魂。楼盘也是要以最不起眼的细节，时刻谱写建筑音乐。因此，展示楼盘品格和楼盘文化，往往不在于开发商投入有多少，

而在于做得有多细。

细节的精致是最能触动心灵的地方。因此，星河湾可以比周围的楼盘售价高出10000元/m^2，万泉新新家园可以比路对面的楼盘高出6000元/m^2，第五园可以位处城郊卖出城中的价格，华清园可以比同地段的楼盘高出40%，并且这些楼盘都无一例外地旺销。当你被房子以外的东西感染时，客户对楼盘的价格敏感度就会降低，对于开发商来说，目的也就达到了。

一个楼盘的细节有很多，包括广告、建筑、园艺、服务、卖场等等。为了不至于视觉形象发生紊乱，所以要在楼盘概念出台之后，就要有一整套的应用标识，即VI系统。而这其中最为传神的当属项目LOGO，对楼盘品质十分有影响力的一个纽扣就是项目的LOGO。

3. 精致的细节要统一传递一种气质

细节把握的第一件事就是要“统一传递气质”，因为统一才能达到表里如一，楼盘在市场上才具有影响力。我们往往会有这种感觉，我们对某个楼盘的印象，一般是通过一些细节来产生品质感想。而这些细节必定不是“钢筋混凝土的配比标准”，那需行业规范来完成。从营销的角度来讲，墙体里面有没有黄金并不重要，重要的是看得见摸得着的地方，会不会有品质感、身份感，会不会带来赏心悦目。这与人的服装大致相同，其气质来源于裁剪的式样，其品质感来源于每颗纽扣儿，每一条缝线。

细节元素非常繁多，但有一个原则：越是不经意的地方，越是应该最予考究的地方。如建筑装饰中的门把手、电源插座、抽水马桶、园艺中的铺装、绿植说明牌、导示系统、物业工作人员的服装等等。

技巧四：卖场，为客户洗脑

作为楼盘的前沿阵地——售楼处，就像专卖店里的橱窗，它给买房者传递楼盘的第一印象。尤其是期房阶段，售楼处必须在最短的时间，充分表达或丰富表达楼盘的独特魅力。

1. 售楼处的四大意义

对于购房者来说，如果那个楼盘的售楼处你都不喜欢，他对整个楼盘也不会产生太多的好感。对于开发商来说，如果售楼处不能打动消费者，就是一个大大的失败。售楼处的意义可以从几个方面解读：

如果你觉得这个售楼处太过简陋，你完全可以判断为，这个楼盘一定粗陋无比。因为一个注重自己形象的开发商，是不能容忍脸面如此粗陋的。反过来说，连自己的脸面都不顾忌的开发商，当然会让人产生顾忌。如果销售人员给你解释，我们的楼盘根本不愁卖，所以没有必要去建一个好的售楼处，这种解释，恰恰暴露了开发商“萝卜快了不洗泥”的投机心态。

当然，如果一个楼盘的售楼处过于奢华，且又缺乏内涵时，同样要注意这个开发商的奸诈，售楼处毫无个性，像个大杂院，售楼处销售人员懒洋洋，给人感觉爱买不买，物品摆设横七竖八，很快会给人们联想到，其售后服务也会一脉相承地做表面功夫而不实用、贴心。

2. 卖场——让客户一见钟情

一见钟情要多久？答案是30秒。

根据英国专家所进行的大规模快速约会实验，如果在30秒内无法让异性印象深刻，那么就注定成为“无缘人”。

这项实验由赫特福德大学教授魏斯曼主持，要求100名寻找终身伴侣的单身族每人与十名异性快速约会，同时对约会对象进行魅力评分，并决定是否再与对方接触。结果发现，多数人在30秒内就作了决定，并且女性选择的时间更短。

一个人内在精神世界无不凝聚于其外表，在容貌、举止、谈吐、气质、风度中表现出来。感性的魅力往往正是情爱最动人心魄的地方。

一个楼盘，供人生活并朝夕相伴的房屋，如何才能让客户对楼盘一见钟情？

3. 星河湾售楼中心魅力四射

我们先看看星河湾的售楼中心是如何展示星河湾的魅力的。

当人们从朝阳北路径直走向北京星河湾售楼处，喷泉、流水给人们带来了心情的放松。黄色的售楼大厅搭配红色的屋顶彰显了建筑的华贵与气派。售楼处的占地面积很大，奢华的金色色调、水晶灯、精致的摆设以及多个特色各异豪华装修的样板间，所有内部装修按六星级酒店的标准建造，其奢华特质给参观者留下深刻的印象。

北京星河湾把酒店式的管理引入到售楼处，当来到星河湾的时候，感觉走进了一个很高雅的酒店式大堂。星河湾的售楼中心不仅承担销售部的任务，而且承担着酒店接待的作用，穿着燕尾服的售楼员会像酒店伺者一样，为你递上一杯咖啡。这样的服务给客户的感觉是既高端，又尊贵。

在北京星河湾，可以感受到细节背后的品位和奢华。从售楼中心，可以认识到了奢华背后的简单，内部设计简洁、宽敞而又不失大气。沙盘上能最直观地看到社区布局，以及北京星河湾独有的生态公园，1万余平方米的包括五星级酒店的四季会。同时，大面积的绿化植被覆盖整个小区，景观与居住环境让人赏心悦目，非常舒适。

星河湾样板房高贵大气

星河湾售楼处就是后来的北京星河湾的会所——四季会，其建筑与小区风格既统一又呼应。与传统建筑相比，除吸收其精华的工艺设计元素与功能构件外，重点创新表现在纯欧式的大胆突破。会所整体建筑大器中透着完美与精致，格调生活的不同场景可得到充分演绎，建筑整体表现极具尊贵与奢华，令每一格调生活细节均得以完美体现。

星河湾的售楼处，完整地传递出星河湾“奢华、尊贵”的建筑特质，也透出中国新贵族阶层的生活态度。它达到了品质联想的目的，也达到了传递价值观的目的，而这两点正是每一个售楼处都应该完成的。

4. 售楼处“洗脑”必须处理的十个细节

要达到第一时间洗脑的目的，售楼处必须处理好以下几个细节：

（1）格调

一个恰到好处的售房部，必定是楼盘个性的反映，它们因楼盘文化不同而风格各异。

（2）品位

代表阶层生活品位，至少它们都是精致的。

（3）创新

生活格调和品位，必须具有个性。为表达这种个性，围绕一切推广的物料也必须处处创新，这些要通过现场装点和宣传品来表达。北京橡树湾售楼处内，步入其中，第一眼看见的是玻璃地板下面一个地面沙盘，让人全方位、多角度、立体地来观察项目，这也在暗示开发商精致服务的细节。

（4）通道

通道是绝对不能忽略的，无论是前往售楼处的，还是从售楼处到样板间、工地的通道。它通过艺术品点缀、广告画面、广告语言、绿色植株等，可以表达不同的生活主张。

（5）感官诱导

灯光、广告画面、音乐以及现场的香型设计都很重要，这些看起来与买房无关的视觉、听觉、嗅觉刺激，可以从心理上对客户进行诱导。比如：与项目概念、格调、品位相匹配的音乐，导致想象与回忆的香型，会让参观者产生生活格调、方式、主张的画面，从而诱导客户产生深刻的印象。

（6）图腾元素

比如一架钢琴、一个私家酒吧、一樽雕塑等，搭配与项目概念相匹配的重要元素。

（7）样板房

样板房要有主题，比如装饰风格、生活格调等要有明确主张，每一个房间也应有主题，如儿童房，是男孩儿还是女孩子的房间，她们的年龄、喜好等。又如女主人的房间，要看得出女主人的学识、修养、性格、爱好、年龄等。

（8）现场细节

清洁、桌椅、茶水、雨伞、资料架、材料展示，以及来访者的座位安排、入口处的鞋套预备、鞋套的穿戴形式等都应很好地安排，让客户贴心惬意。

（9）沙盘

沙盘介于抽象与具象之间的特殊介质，这是必不可少的展示元素。好的沙盘，可以大大减少客户对产品的陌生感和疑虑。同时，也因为它是抽象与具象间的特殊介质，对生活格调的联想、综合品质的联想作用巨大。

沙盘对生活格调、综合品质的联想作用巨大

（10）销售人员的行为礼仪

有一个最为重要，也是永远不要忽略的现场细节，那就是销售人员的行为和礼仪（包括衣着、言谈、举止、气质）。

尤其是期房，景观园艺实现稍后，而且这些又都是静态的，对于楼盘的人格化表达，尚欠完整。而销售人员，恰恰是唯一能够动态展示楼盘个性，也是最能展示楼盘个性的元素。销售员可以通过自己的言谈举止，展现楼盘的理念（MI）、形象（VI）、行为（BI）等个性特质。因此，销售员就扮演着更为重要的角色。

在2006年新疆春季房交会上，龙庭·华清园现场填写认购书2000余份，火爆的认购场面让同业者羡慕不已。同时，现场的文化装点、充满文化品格的宣传品以及销售人员的华服也同样让人眼睛一亮。其文化格调，在浮华的现场独树一帜，让购房者对小区“以文化人，以景涤性”的理念有了具体感知。

龙庭·华清园销售人员阳光笑脸

5. 让售楼处成为传递生活梦想的舞台

售楼处可通过对业主产生的第一印象，对客户优化地传递楼盘的生活联想。这种联想，可以让你在星河湾装修的豪华售楼处喝咖啡的时候，找到贵族身份；在第五园的售楼处，你可能谈的只是老房子和中国民居；在华清园的售楼处，你琢磨最多的，是音乐、文化和生活的态度……

上海万科・燕南园售楼处炫目的红色椅，让人联想中国贤达与皇族生活

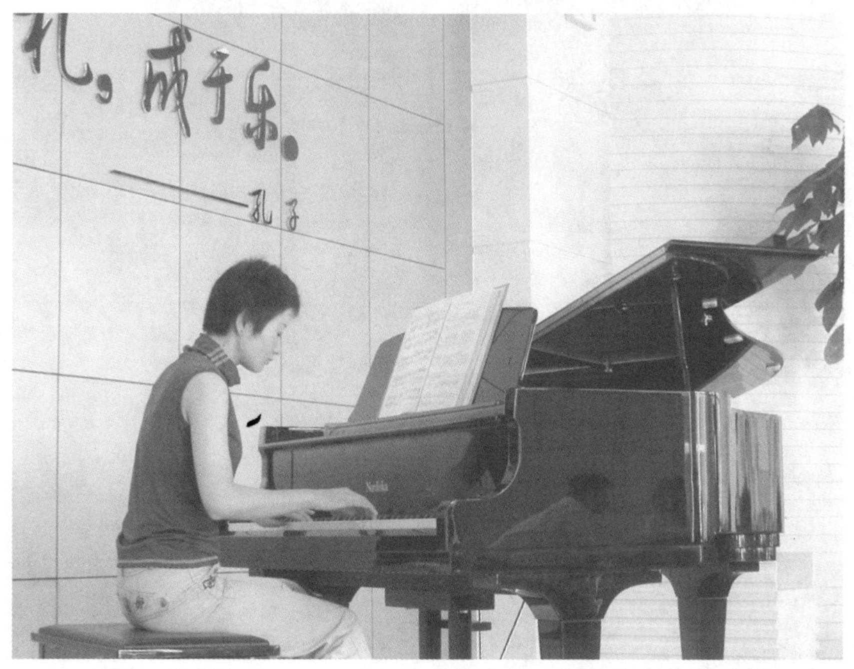

华清园售楼处，孔子的“兴于诗、立于礼、成于乐”和一架流淌音乐的钢琴，让人联想一种“行以睿智，居以树德”的生活主张

坐在深圳万科第五园售楼处一角，让人有如沐浴一种古典之风

2006年中国（上海）住交会绿城玫瑰园展区，充满“书香气息”，让人对绿城玫瑰园的生活充满无尽遐想

技巧五：图腾的力量——让形象激发价值联想

世博会上，丹麦这个童话王国将象征这个国际图腾的美人鱼移动到世博会，这是美人鱼第一次离开丹麦国土，丹麦人情绪交杂。一个雕塑为何会如此引起丹麦全国的关注，因为美人鱼已经不再是一个普通的雕塑，而是丹麦人的精神图腾。

1. 万科第五园——老房子——骨子里的中国情结

一座建于清朝的老房子，从历史的风尘中苏醒。

一座400平方米的徽州民居，从北京移植到南国深圳。

200多年，2400公里……因为老房子，万科地产实现了一次横跨时空的“乾坤大挪移”；因为老房子，万科通过第五园表达了自己对“中国民居文化”的深切关注和思考。

（1）老房子是一种文化图腾

老舍说：“我们最熟悉的房子，总是最亲切的。”再没有比万科第五园更能让人觉得亲切的了，它骨子里的中国，小桥、流水、荷塘、箫竹、青砖、灰瓦，在这个喧嚣城市里，带给我们的归属感，是任何一座花园洋房和海景别墅所无法比拟的。而第五园的精神图腾，是位于园中一座有200多年历史的徽州民居。这座建于清朝的老房子，被第五园从历史的风尘中唤醒，穿越200年的时空，经历2400公里的仆仆风尘，从北京来到了深圳。

（2）万科第五园的精神代言

它被冠以超越时空的名字：老房子。它与第五园浑然一体，仿佛它不是京城远道而来的客人，而是履行了200多年前与南国的一个约定，重归它在深圳的家。它那样自然地出落在第五园一堵堵翘角的白墙之间，被灰色的砖瓦映衬得分外灵动。

穿过小桥和几竿箫竹，就来到荷塘边的“老房子”前。推开露出本色的木门板，抬脚跨过高高的门槛，进入“老房子”，迎面就会看到厅堂中间挂着的巨幅中堂，中堂下面佛龛上摆放着自鸣钟及各种瓷瓶、瓷筒，属于古董类的艺术品，抬眼可以看到，随手可以摸到，它们的身上，仿佛还沾着清朝的尘土。“徽州三绝”，木、石、砖三雕，在这里也随处可见，那些门坊、门罩、漏窗上的雕刻，不见有雷同，窗槛、裙板、窗扇、斜撑等处，雕刻更为精美。“老房子”为传统的徽州民居，一明（厅堂）两暗（左右卧室）的三间屋和一明四暗的四合屋，采用一屋多进。大门饰以山水人物石雕砖刻，门楼重檐飞角，各进皆开天井，通风透光，雨水通过水枧流入阴沟，俗称“四水归堂”，意为“财不外流”。各进之间有隔间墙，四周高筑马头墙，远远望去，犹如古堡。

（3）老房子展现第五园的精神

第五园人的精神奢侈从“老房子”开始。第五园人将有幸坐在200多年历史的老房子里，享受着21世纪的便利与舒适，在熏人的荷风里闲想古人，闲想这所老房子过往的种种。也只有在第五园，才会有这种闲情，因为第五园不是钢筋水泥让人只想到吃饭睡觉的生硬建筑物，它是一种中国感觉。

第五园利用现代生活观念及现代生活方式对原始院落空间进一步重塑，为第五园人提供更多、更大的与自然结合的活动空间，从而实现传统人文、自然、现代的居住观。同时，第五园色彩素雅、朴实，其中又不乏亮色；而在单体上，则充分吸取中国传统民居的建筑特色，如安徽的马头墙、北京四合院的垂花门、云南的“一颗印”、广东的“镬斗屋”、江南的“四水归堂”天井院……再仔细推敲，利用现代建筑材料及手法，将传统与现代充分融合。通过空间、时间的对比和共性，在碰撞中寻求一种共鸣，从而形成一种打破时间、空间维度限制的全新建筑环境，使人置身第五园时，常常忘了今夕何夕，此地何地。

万科第五园，原创现代中式，承继中国民居骨子里的东方式内敛，这种文化氛围无形弥漫，徜徉其间，一种强大的精神包围着你，激动着你，感染着你。骨子里的中国，是文化的气质，入骨无形。

提到第五园，不能不说“老房子”。“老房子”不仅是不少人造访第五园的一个主要目的和理由，也是许多选择购买第五园物业的诱因！老房子成了第五园的精神图腾

这座老房子，因为纯粹的中国民居与第五园的“骨子里的中国情结”浑然一体，自然地出落在第五园现代而中国的白墙、箫竹、小桥、流水之间，成为第五园文化象征和精神图腾。

这就是老房子于第五园的魅力，一种精神图腾的魅力。

2. 龙庭·华清园——翰府书院——学院文化社区

在市场营销中，精神图腾的市场魅力正日益显现，这缘于人们在现代科技下逐渐流失的某种情结。精神图腾最大的市场功效就在于，帮人找回那种情结。

乌鲁木齐的学院文化社区，设置翰府书院也巧合地成就了这种图腾意义。社区里的翰府书院，不但使社区有了独特个性，也丰富了“学院文化社区” 这一概念。

这里原本考虑建一个社区会所，但考虑国内许多社区会所大多流于形式，成为一种哗众取宠的流行词，与学院文化社区倡导的理念不符，于是就取消会所，转建翰府书院和少儿成长中心。

翰府书院是为居民提供阅读、交流、培训、讲座、网络等“终身进修”的学习平台，根据居民不同生命周期提供全程教育服务，这种服务包括现代城市生活下人们关心的“心智健康、身体健康、家庭关系、邻里关系、才艺表演，以及财经、管理、理财知识讲座等等”。

不说具体功用，但凭一个业主在谈到翰府书院时说的一句话，我们就可以领略它的市场意义。那位业主说：每当我进入大门时，只要看到翰府书院，我就会想起我的学生生活，工作中人际关系的压力骤然消失，我回家了！

在温饱问题不再成为首要生活问题时，相对于商品的使用价值，其符号价值变得越来越重要。一种质地、款式都很相近的衣服，有的几十元钱，有的数百元，有的则上千元的现象在服装市场常常可见。一个商品的形象价值常常与它的实际使用价值并不成正比。例如，社区服务所包含的成本可能很少，但当它作为某种符号、某种形象被消费时，最终体现为社区的价值感，就可能远远超过其使用价值和劳动交换价值，也就是说商品的符号价值、形象价值常常不受使用价值和劳动价值的约束。因而，越是追求品质生活的人群，社区的形象价值，越容易被认可、接受乃至流行，最终形成拥有巨大附加值的市场品牌。

技巧六：催熟项目——让社区环境引人遐想

营造成熟的社区环境，已经是开发商为楼盘加分的重要操盘策略之一。如果把楼宇比作小区的枝干，园林园艺就是其花和叶。当枝干在竞争中没有太多差异时，花叶的装扮就会各领千秋。

清水湾，被誉为“海南最美的海岸线”之一，比肩世界稀缺资源，深获政府的致力保护，堪称中国最后的海岸自留国度。2008年7月，雅居乐与摩根斯坦利强强联合，合作开发清水湾项目。双方按照海南省建设“国际旅游岛”标准，从整体规划到产品设计、质量监管，均以国际标准为尺度，高起点打造项目，将雅居乐·清水湾打造成为一个集休闲、度假、观光、商务、运动、居住为一体的复合性滨海旅游度假项目，比肩世界著名旅游度假胜地。

1. 美不胜收的海景资源

三亚之上的陵水，北纬18°上的一颗璀璨明珠，而同处此纬度的美国夏威夷、泰国芭堤雅、印尼巴厘岛都是世界著名的“度假胜地”。位于大三亚旅游圈内的清水湾就是这颗明珠上最闪亮的部分，其湾水如名，清澈湛蓝，冬暖夏凉，风平浪静。湾内沙滩开阔细白，海水平均可见度为11米，200米海域内水深却不足2米，放眼海南各大湾区，风光指数当数清水湾风景绝佳。

清水湾与海南东海岸的三亚湾、亚龙湾、海棠湾、香水湾齐名，被誉为“海南最令人期待的海岸线”。在这里可同时观赏到清水、白沙、奇岭、怪石，最奇妙的是，其弧形海岸一边是礁岩，一边是沙滩，集合了海南东西两地截然不同的景观。

清水湾无限海景

2. 原始丰富的海边生态

海南是中国唯一的热带海岛，拥有热带滨海、热带田园风光、热带雨林、少数民族风情等丰富多元的旅游资源，具有发展国际度假休闲旅游的优势。清水湾通过这些海边生态很好地规划成社区环境的一部分。

（1）黎苗族风情村

世外桃源，体验少数民族风情。黎苗族风情村，是中国风的盛情回归，是热带中国海南风情的烙印。

（2）九所岭山景

九所岭气候清爽宜人，年平均气温在20℃左右，是一个长夏无冬、四时花开的美景胜地。高质量、高品位的生态环境，将大自然的神、奇、古、野、幽在有限的时空内充分展现。九所岭已成为人们观光、休闲旅游的胜地，也是人们修身养性、康体保健的“天然氧吧”和“自然康复中心”。

（3）田园风光

旖旎的田园风光，清新的野草气息，使人忘记了城市的喧嚣，回归自然的纯朴。

（4）海上日出

日出总是从海上升起，总是可以从阳台、露台及卧室看到，海上日出的圣景，在这里每日都可以走进家庭。

（5）海景礁岩

漫步沙滩上，清水湾如画美景尽收眼底，簇簇雪白的浪花、点点赤色的礁岩，让人不禁感叹大自然的鬼斧神工。

3. 六大核心价值铸造完美海景社区环境

雅居乐·清水湾，雅居乐集团2008年旷世之作。雅居乐充分洞察现代人对自然与休闲的内心渴求，用世界级顶尖设计团队和超前的度假意念，将清水湾倾力打造成一个没有繁忙应酬、没有文件烦扰、没有会议行程，只有蓝天碧海的愉悦、椰风海韵的惬意的第二人生度假国度。

（1）超万亩度假新国度

海南·清水湾，占地超万亩，拥有12公里纯美海岸，投资额超200亿元，它拥有海滨生态的纵情，天高海阔的淡定，静于内而动于山水之间的豁达大气，有国际级生活度假的尊贵。

超万亩度假新国度

（2）沿路景观

16公里景观大道，由高速公路出口开始，贯穿项目，直至海滨，一路景观无数。高尔夫球场、山地公园、风情园林、湖景等环伺左右，流动景观水系遍布，不同景观一路随行。在此放慢步伐，让回家的心情变成一生最柔软的时光。

景观大道

（3）12公里纯美海岸

清水湾被誉为“海南最令人期待的海岸线”，其海岸线长达12公里（比亚龙湾还要长），南北纵深最窄处为1公里，海水可见度达11米。更令世人惊艳的是，这条弧形的海岸一边是礁岩，一边是银滩。东端礁石林立，坐看云起云落。中西端，有如一路舒展的闪亮银练，静卧于碧海蓝天之间。如此奇观，不能不让人叹为观止："大自然的神来之笔，竟如此恰到好处！"

12公里纯美海岸让每一个购房者都可以在这里享受沙滩、大海、海风、日出伴随的自由的人生

（4）会唱歌的沙滩

会唱歌的沙滩

清水湾海域属于国家一类海洋水质，是世界罕见的"会唱歌的沙滩"，人走在上面会发出银铃般的声响，有如此奇异特质的沙滩：一处是美国夏威夷，一处是澳洲黄金海岸，还有一处

就是海南清水湾。

（5）海洋体验展览馆

在海洋体验展览馆，可以就餐，可以潜水，可以像众多的海洋生物一样遨游海底世界。

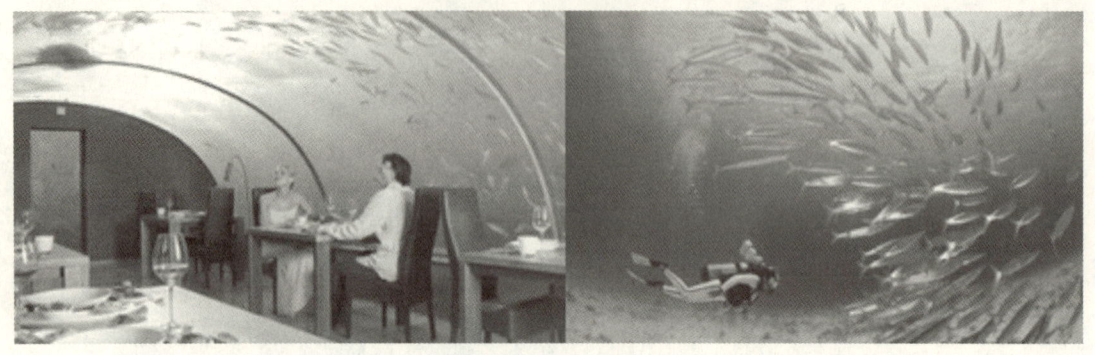

海洋体验展览馆

（6）海洋娱乐项目

海上摩托艇、快艇、拖曳伞、海上垂钓、帆板、观光潜艇、半潜式海底游船、直接潜水浮潜、水肺潜水、夜潜、海底漫步以及沙滩摩托、沙滩排球、沙滩酒吧等休闲娱乐项目，在这里一应俱全。

海洋娱乐项目

4. 54洞滨海高尔夫球场绝不仅是奢侈

众所周知，海滨高尔夫球场是高尔夫球场中的贵族，更何况三个之多。在清水湾，与蔚蓝大海和谐相融的3个18洞国际高尔夫球场，既是竞技场，也是交际场，更是游乐场。高尔夫球场坐落于美丽的清水湾海岸，风格迥异，各具特色。与蔚蓝海景和谐相融，是大三亚唯一可观赏一线海景的高尔夫球场。

54洞滨海高尔夫球场

5. 6家超五星级酒店绝不仅是豪华

雅居乐·清水湾携手世界著名的酒店管理集团，共同造就海滨度假新国度，一个世界级度假胜地的中国样板。其中和迪拜帆船酒店管理公司合作的Jumeirah(朱美拉)酒店等多家超五星级酒店将逐一建成，将世界顶级度假生活引进湾区，实现度假者在莱佛士酒店用膳，在W酒店（喜达屋旗下最高档品牌）摆晚宴，在J.W万豪度假酒店开PARTY，晚上在希尔顿的靠海露台上听海的梦想，满足人们对度假游乐的所有向往。

七星级朱美拉酒店

6. 巨资引入的天然温泉构成度假生活的一部分

海南清水湾，整个湾区森林覆盖高达56%以上，空气质量在中国首屈一指；同时，周边蕴藏着丰富的温泉资源，雅居乐地产投入巨资把天然温泉引入湾区，以中国最好的空气+天然温泉，成就世界一流的疗养度假胜地。

清水湾天然温泉沐浴成为生活的一部分

7. 社区商业汇集高尚生活精粹

社区商业走廊引进特色餐饮、超市、家居饰品、APA、KTV、酒吧、足疗、通信、银行、书店等餐饮娱乐和社区服务行业，将人性化的生活发挥到极致。

社区商业走廊业态丰富

8. 游艇码头也是一道景观

贵族游艇会是大人物的大号玩具俱乐部，名流汇集的社交场所，引领海滨度假时尚。清水湾游艇码头规划将内部水系与大海连接形成港式商业娱乐码头，连接区域中所以水上巴士网络。码头沿岸布置人行道和自行车道，运河沿岸设计有观光台及水上运动设施，满足大量游客及居民在此度假休闲娱乐。

游艇码头有如一道风景

9. 生活中到处都是美景

除了上面这些元素构成社区环境让人浮想联翩之外，这里的美景时刻围绕左右。在这里，售楼处与海滩相连，你来到这里，看到那视野开阔海滩、沙白平缓、沙滩上有风抚过沙留下的褶皱、一波一波像音律般动人，你就会想到是不是早下决心买一套自己拥有呢？

售楼部与海滩相连

清水湾的房子延用雅居乐一贯的风格，在这里你可以看到放大版的“时光九篇”、“浅山小筑”等。它并不强调功能性和日常居家需要的琐碎设计，而是依靠稀缺的外部环境，宽敞、通透和舒适的户型结构打动买家。清水湾的洋房正对高尔夫球场，大片的绿地映入眼帘，时刻可以感受高尔夫带给人的快乐，这是一种多么美妙的生活方式啊！

洋房正对高尔夫球场景观

“我有一所房子，面朝大海，春暖花开”。这样的意境在雅居乐·清水湾就可以感受到，只是，也非常人所能拥有。

成熟的环境，可以把楼盘打扮得魅力无穷，这犹如一个人的成熟气质，她会让自己散发更大魅力。相比速生草坪和新生幼苗铺就的园艺，成熟的楼盘在人心中更具价值。万科、宏宇、绿城、雅居乐等许多开发商深谙此道，他们都会不惜重金让项目成熟起来。

不惜重金，移栽成熟树，为项目催熟，这是万科所有楼盘的操盘技巧之一

深圳万科城一角：巨大的棕榈树，徒增成熟魅力

技巧七：一切为了价值联想

对于房地产营销，“道”与“德”，是为了从生活理念方面安顿客群的心灵，而所有的外在形式——物，它们通过物理形式的具象表达，让楼盘“看上去很美”，让精神有所满足和依托。如立面、景观、门把手、VI标识、导示、宣传品、现场包装、销售人员，这些细节元素，是楼盘品质与精神的外化形式，它们共同构成楼盘的外衣。它的作用，依然超越产品的使用意义。这犹如一所宫殿建筑，庇护的功用已经消失，其更多意义是在表达一种权威意志。

所有人们认为物超所值的楼盘，以及怀有美好憧憬的楼盘，都有一幅优美的外形，而不是因为它的水泥等级和钢筋配比有多高。

楼盘的外在形象，在营销过程中，至少起到两个重要作用，一是诱导客户产生品质联想，二是表达楼盘的精神理念，由此产生价值联想。

轩尼诗理查1.2万元人民币一瓶的价格构成中有相当一部分是属于华美的包装。酒瓶是由巴卡拉水晶制品厂精心设计制造。至于酒和瓶子成本比到底怎样，始终是轩尼诗的商业秘密。但人们可以大致推算，每只酒瓶都要经过40个小时的人工打磨，以巴卡拉各专卖店其他器皿价格作参照，一只酒瓶的价值达几千元。

1. 龙庭·华清园巧妙利用消费者心理联想

全国首座学院文化社区龙庭·华清园的18号楼，正对北侧小区入口处，尤其是对讲究风水文化的人会造成不好的心理影响。为了解决这个问题，设计师在入口处设置一个坡地，置以一块景石，在景石旁密植景观树丛，并以V地造型，延伸到左侧的一条小渠，对水渠做了一个“收尾”，既回避了不好的地理格局，又使得期间的楼宇拥有“左青龙、右白虎、前朱雀、后玄武”的上佳格局。楼宇的区位劣势通过景观手段转变成了优势，从而使楼盘的价值得以提升。以上规则设计恰好巧妙地利用了消费者心理的风水联想。

接下来我们讲讲龙庭·华清园如何利用建筑形体让消费者产生价值联想。在规划之初，就要求“楼体立面，景观园艺与概念统一，符合学院文化社区的特质”。楼体立面在这一精神的指导下，设计达到了简约、整洁、端庄、高雅的整体印象。

（1）整体建筑规划尽量体现现代城市的生活气息、独特的现代居家人文关怀气息，以形象诉求简洁明快的外立面、高低错落的建筑视觉、别具一格的外部轮廓、清新悦目的几何线条来展现独有的风采。

（2）外立面墙体、窗台、阳台、廊柱、横向纵向装饰线条等方面，多采用西式建筑的设计手法，以期通过建筑风格的理性捏合，产生建筑视觉上轻松悦目的“中西合璧”式的效果，从而对传统与现代的建筑文化理念做出生动的现场演绎与实物诠释。

（3）一楼门户采用别墅手法设计，结合私家花园，增加一楼价值感。

龙庭·华清园楼体立面简约、整洁、端庄、高雅，让人想到现代及文化的内涵

2. 北京万泉新新家园通过把手传递“奢侈、尊贵”联想

当年，万泉新新家园在面对马路对面楼盘的强劲挑战时，操盘手就是从细节着手改变了市场格局。把普通马桶换掉，装上市面上最好的，这是很精明的，一个抽水马桶的成本均摊到每平方米里只有几十元，但客户会认为，房子里既然安装市面最好的马桶，其房子的品质也肯定是超群的，每平方米多付出几百块钱肯定是值得的。他们还把门把手换成最高档的品种，让人在触摸门把手的时候，像触摸一件艺术品，感觉一种尊贵的气质。他们还换掉了粗糙的草坪，换上讲究的花坛和绿植。这种细节的“奢侈”元素，让人感觉生活在这个社区里，要比马路对面那个小区里人的更有身份感。而这些代价，换来的是比对面的小区每平方米多出几千元！

3. 前景理论告诉我们什么

2002 年诺贝尔经济学奖获得者、心理学家卡尼曼（Kahneman）在他的“前景理论”里举了一个例子：

如果有两个比萨，他们的配料和口味等其他方面完全相同，只不过一个比另外一个更大一点，你是不是愿意为大的比萨支付更多的钱？

答案似乎毫无疑问是肯定的。人应该都是理性的，对于好的东西和坏的东西，人们总是愿意为好的东西支付更多的钱。可是，在现实生活中，人的决策却并不总是如此英明。

卡尼曼教授在诺贝尔的获奖演说中，着重提到了华人学者、芝加哥大学商学院终身教授奚恺元先生，他于1998年发表的冰淇淋实验：现在有两杯哈根达斯冰淇淋，一杯冰淇淋A有7盎司，装在5盎司的杯子里面，看上去快要溢出来了；另一杯冰淇淋B是8盎司，但是装在了10盎司的杯子里，所以看上去还没装满。你愿意为哪一份冰淇淋付更多的钱呢？

如果人们喜欢冰淇淋，那么8盎司的冰淇淋比7盎司多，如果人们喜欢杯子，那么10盎司的杯子也要比5盎司的大。可是实验结果表明，在分别判断的情况下，人们反而愿意为分量少的冰淇淋付更多的钱。实验表明：平均来讲，人们愿意花2.26美元买7盎司的冰淇淋，却只愿意用1.66美元买8盎司的冰淇淋。

这契合了卡尼曼等心理学家所描述的：人的理性是有限的。人们在做决策时，并不是去计算一个物品的真正价值，而是用某种比较容易评价的线索来判断。比如在冰淇淋实验中，人们其实是根据冰淇淋到底满不满来决定给不同的冰淇淋支付多少钱的。整个螺旋形的冰淇淋高高地堆在蛋筒之外，虽然三口两口就吃完了，但看起来就是感觉很多、很超值。还有肯德基的薯条，常听朋友说买小包的最划算，其实又没谁一根根数过，不过是小包的包小，看上去装得满扑扑的罢了。

人们总是非常相信自己的眼睛，实际上目测最靠不住了，聪明的商家就善于利用人们的这种心理，制造“看上去很美”的效果。

4. 北京顺驰·领海——让北京人感受海的气息

北京顺驰领海总规模44万平方米，板式高层、小高层，简约造型，挺拔中透出十足的时尚感，成为装点城市的一道亮丽风景。社区独拥一座中央水系，水面面积阔达3.8万平方米，与岸上八个地中海主题园林相映成趣，为寸水寸金的北京奉献上一座原汁原味的“城市亲水生活区”。 北京是一个不靠海的城市，要想将海的气息打造得浓烈，让人看到小区能想到大海，开发商用尽心思。他们在这座极具地中海风情的楼盘，特意修建15000m²爱琴海风情广场，同时还在多处细节上让人感受海的气息。

北京顺驰·领海社区入口处让人联想到海上的灯塔

除了宽阔的水面，丰满了领海的项目概念，原木构建的驳岸和驳岸边的皮划船，为项目增添无尽的格调与价值

技巧八：让产品具有服务意识

在房地产行业，一般意义上的服务，可以理解为销售服务和物业服务。那么产品是否也应该具有服务意识呢？随着人们对居住要求的不断提升，这种答案是肯定的。产品的服务意识也代表了产品的形象，它是产品品质不可获取的部分。试想，一个外表深沉、厚重、大气，内部富丽堂皇、美轮美奂，但是住起来缺乏人性化关怀，怎么都不顺心的房子是否会让消费者满意呢？答案当然是否定的。

让产品更具服务意识依然是为了让产品更好的表里如一、形神兼备，这就需要从产品定位、产品设计、工程施工、现场销售、权证事务、客户入伙，到物业管理服务，全程体现服务意识。

1. 服务型产品价值的构成

服务型产品的文化必须是社区居民服务的一部分，而不是单纯的文化楼盘这一概念。同时，产品本身也将赋予其服务意识。

因此，服务型产品必须是以文化为魂，服务为滋养的，其价值构成必定超越以地段、绿化和建筑形式为主导的产品价值体系。其价值同时包含三个层面，即：文化价值、服务型有形产品和服务价值。

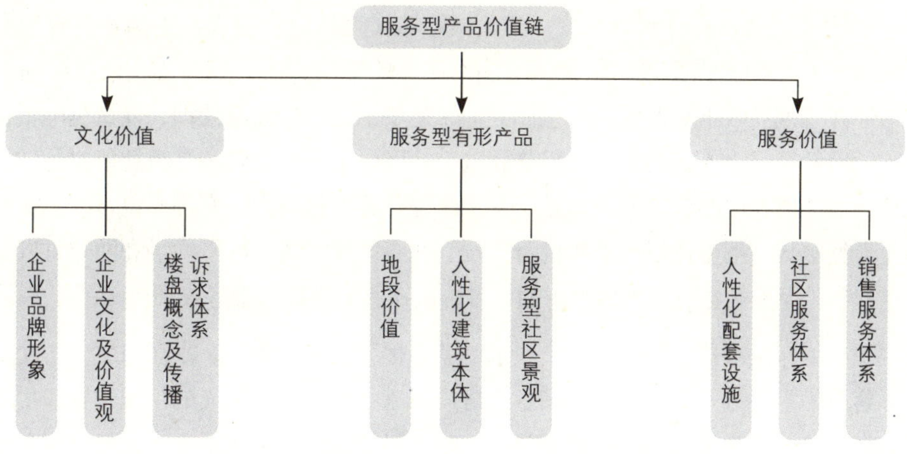

2. 服务型产品价值构成说明

（1）企业文化、楼盘文化、服务成为楼盘价值的一部分

基于服务型服务体系的房地产产品，其价值已不单纯由有形产品构成，即传统意义上

的“产品价值=地段价值+建筑本体+社区景观”模式将被打破，而是由“CRM服务体系+社区文化体系+产品本体”模式替代，其价值外延大大扩展。

在文化价值中，企业的品牌形象成为产品价值的重要支撑，其次，楼盘的LOGO及宣传品传达的品质联想，也成为提升楼盘价值的重要元素。在服务价值中，社区的配套、社区服务、销售服务，也成为可以出售的产品的一部分，成为产品的附加值。

（2）服务型有形产品本身包含精细化服务

服务型有形产品本身附加了“精细化服务”，表现为人性化建筑本体和服务型社区景观。

所谓人性化建筑本体，包括建筑材料的健康指标、建筑立面风格的愉悦性、建筑结构、户型等均好性、公共空间装饰、水、电、暖、气、网络以及安防系统等细节的处理。

服务型景观体系，意义已超出普通层面的社区景观，它已从简单的迎合、愉悦层面，上升至对人的意识形态和价值观的诱导层面。像龙庭·华清园的景观体系中，文化长堤就改变了传统的水景概念；坡地的运用，让人们居住的环境更加上风上水；景点故事化、知识化，对社区居民尤其是儿童成长的感化将起到很大作用。

（3）龙庭·华清园打造产品服务意识让其文化气质发挥到极致

当文化成为人们在物欲之后的共需的时候，龙庭·华清园将文化根植于社区；当人们不再满足一般的社区绿化的时候，龙庭·华清园打造文化景观；当人们不满足现有居室空间现状时，龙庭·华清园提供小进深大开间、明厨明卫的格局；当人们担心室内保温问题时，龙庭·华清园在规范要求下对保温层做加厚处理，还增加做楼层保温处理，以避免上下楼层不开暖气导致的暖耗等；当人们的安全意识增强时，社区做了人员巡防和多重智能安防结合；这里有文化墙、少儿成长中心、翰府图书馆、文化长堤、故事化园艺，有赏心悦目的原生态景观体系。这里有篮球场、羽毛球场、老年健身广场、儿童健身广场、水景广场和随处可以休憩的椅凳等。这些都是龙庭·华清园细致考虑的地方，以期达到最好的服务效果。

龙庭·华清园没有按一般产品为了追求“差异化”，在楼体上、小区内做表面文章，但他们注重了客户需求的每一个细节，包括各个房间插座的位置，都按人的生理特点和生活习惯进行安置。在乌鲁木齐尚未要求“无障碍设计”时，三期翰府却采用了这一设计，这主要是考虑社区老弱病残居民的出入方便。有人曾提出质疑，但是开发商却认为，哪怕有一个人需要，我们都要细致入微地在设计上予以体现。对人的关怀、对设计的通盘考虑，已经上升到终身服务的高度。

所有这些细节的处理，都能让人在使用该产品时，感知一种潜心的服务意识。

案例08 星河湾归来不看房

项目经济技术指标
北京星河湾——中国“劳斯莱斯”级的精品住宅
物业类别：公寓
建筑类别：板楼
占地面积：520亩
建筑面积：约60万平方米
容积率：3
项目位置：朝阳区朝阳北路四季星河路
开发商：广州宏宇房地产有限公司
设计公司：WY国际设计顾问公司
创新亮点：豪宅全成品开发

“星河湾归来不看房”，很多业内人士以及购房人在看过星河湾之后，常会发出如此感慨。当然，人们之所以有此评价，主要是出于对星河湾所达到的产品品质和细节精度的惊叹。

当我以踩盘的角色走进北京星河湾的时候，我被星河湾的建筑和景观所震撼。

这里自然而灵动的每一寸土地，让来访的人无不赞叹：这真的是北京吗?

2001年广州星河湾横空出世，开启了中国房地产品质豪宅时代；4年之后的6月，北京星河湾以开启北京全成品豪宅元年的姿态盛装登场。这场被星河湾定义为“一战定江山”的北京战役，是它从一个代表广州品质地产的品牌，成长为中国品质地产领头羊的关键战役。

“不拿状元，走路回广州！”挥师北上的北京星河湾曾以惊人的口号喊出其员工招聘广告。曾经，这一豪言壮语，让见惯大世面的北京人怪其狂妄自大，就连不少业界人士都为他捏了一把汗。2005年7月2日，酝酿三年之久的全成品豪宅——北京星河湾盛大隆重地揭开神秘面纱，正式接受市场的检阅与鉴赏。

半年后，北京星河湾网签销售额达12.4亿元，列入北京地区住宅单盘销售前三位。

2006年4月，北京星河湾的总销售额已达23亿元人民币，一期约20多万平方米建筑面积中的80%已经售出，仅仅用了不到10个月时间。

2006年12月30日，北京星河湾以全年成交总额20.6亿元问鼎高端住宅销售冠军。

2005年7月至2006年底，北京星河湾项目总销售套数达到672套，销售总额接近30亿元，销售率超过96%。

一、为什么打造这样的豪宅？

追求速度、规模与追求品质精细化程度，实际上是两种不同的开发理念和企业思路。广州星河湾 6 年来只开发了 100 多万平方米，如果以奥林匹克花园系列项目作为参照系，星河湾完全有实力和经验在全国迅速扩张，但星河湾着眼于规模放缓和品质提速。只选择进军京城，采用全成品销售的模式打造项目，意欲征服喜欢以俯视目光来看待外来事物的北京人。

1. 超越对手

三年来，星河湾的开发商先后参观过北京几乎所有有名的豪宅项目，发现北京没有星河湾这样品质的产品，越了解对手，信心就越大。作为一个准备以成品面市的产品，只要产品独一无二，就能超越对手，就一定有懂得欣赏的客户，就一定会有市场。

2. 品质决定售价

如北京星河湾老总黄文仔所言："只要中国经济保持持续增长，楼市的购买力就不会下降，而大家需要好房子是不分市场时期、政策背景的，只要是你的产品足够好，具有唯一性、不可替代性，在任何时候，好房子都是有人买的。"

北京星河湾斥15亿元巨资打造完整的全成品社区，而随着后期建设，投入的资金陆续增加，最终将其打造成北京屈指可数的豪宅产品。星河湾一直秉承"舍得、用心、创新"的开发理念，讲究超越产品质量层面，全面提升楼盘的居住品质、生活品质及城市景观品质，用好房子来说话，价格高依然获得了市场的热捧和青睐。

北京星河湾外景图

3. 豪宅卖给谁

在广州星河湾的签约业主中，普遍都是广州的非富即贵人群，而外籍人士所占比例正呈上升趋势，且来自老业主介绍的客户也越来越多。在北京这样一个比广州更加国际化的大都市，北京星河湾项目的筹备工作已历时近四年之久，其客户定位一开始就立足于：

（1）追求生活品质的高端客户群，包括外地、外籍在京工作的高端人士；

（2）北京不断产生的新兴的富裕阶层和数量庞大的跨国公司雇员；

（3）京城及周边中小城市不断涌现的私人企业主。

二、创新之源：对品质地产的偏执追求

对品质地产的偏执追求、黄文仔和与他一样理解高端客户生活的团队，是星河湾持续创新的载体。这正是很多外地项目抄袭模仿星河湾，但始终未能重现星河湾神话的秘密。

1. 项目概述

北京星河湾是目前中国不多见的停车位超过居住户数的豪宅社区。社区打造有全地形精装园林及大型生态公园，配套有四季会，包括酒店、公寓、运动馆、生态公园、商业街、小学、幼儿园等等。其中，生态公园占地总面积约109000m^2，拥有一个30917m^2的人工湖，目前已经全部建设完工。超五星级的四季会，是目前北京面积最大、设施最齐备、服务最尊贵的酒店俱乐部之一。

2. 用心去征服

北京不是等闲之地，有着中国最有文化、最有优越感的人群。靠什么征服他们？北京汇聚了全国最有实力的开发商，靠什么超越他们？星河湾靠的就是两个字：“用心”！开发商坚信只要将心用在产品上，用在标准的设定上，用在业主的利益上，就一定稳赢不赔，这样所赢得的不仅仅是开发商的利润，还有业主的信任与支持，甚至价值远远超过于此的企业品牌与信誉。

3. 品质为王，不断升华、创新

从2001年广州星河湾“好房子不做到百分百不开盘”，到2002年“国际大师创造装修标准”，到2003年“好房子的标准”，再到2004“重新定义豪宅”，星河湾多年来不断地在品质地产道路上实现自我超越和深度积累，更创造了一种新的居住文化和品质生活。

为城市创造景观品质，为业主带来70年满意的生活品质和不断增值的物业品质，为行业提升标准，为社会带来先进文明的文化品质，是宏宇集团打造品质地产构建品质生活的一贯理念。有了

品质地产的不断升华与创新，有了品质地产开发者持续的超越与进取，也才有上承城市品质、下启生活品质的新北京的美好未来。北京星河湾方面决心在北京打造出中国品质地产的巅峰之作。

4. 在复制中超越

星河湾在上演了广州传奇之后，黄文仔并没有像奥园、碧桂园那样，将广州星河湾在全国各地快速复制扩张。他谨慎地选择星河湾扩张的方向，最终选择在北京再造星河湾。北方气候下的园林、非传统豪宅地段、不同的消费习惯和文化以及全新的本地化团队——这些因素是星河湾在保证神韵不变前提下，能否成功北方化的关键所在。星河湾的开发商一靠广州成功的经验，二靠用心做事的态度，在复制中超越。

三、开发“全成品豪宅”的征服之旅

在系列政策的打压与限制下，在大批豪宅“惜售”或“延迟开盘”的观望中，以全成品现房豪宅项目开盘的北京星河湾无疑成了人们眼中的“另类”。一时间，有关北京星河湾的话题猜测成为业界津津乐道的话题，“星河湾现象”一举跃上2005年京城地产界最热门词汇排行榜，北京星河湾给京城房地产界带来了些许震荡。北京星河湾是怎样做到这一步的?

1. 拿地—— 一样的手法，不一样的复制

当年宏宇集团开发广州星河湾的时候，华南板块尚被人们惯称为“南村镇”，项目在开盘前所做的民意调查显示，愿意稍加考虑到南村置业的人数仅占受访者的 3%。星河湾对华南板块的带动是项目改变区域价值的典型。在北京，宏宇集团又选择了这样一条路，只是没那么“另类”。

（1）进军非传统豪宅区域

2002 年，在北京看过很多地块后，宏宇集团终于决定拿下位于朝阳区东四环路朝阳北路四季星河路的这块地，当时朝青板块在交通和配套上尚未成熟，对于星河湾的进入而言，朝青板块也有很多与当年的华南板块相类似的因素。未来，星河湾对朝青板块的价值拉动同样有异曲同工之处。在星河湾开发商看来，与 4 年前的华南板块相比，当时的朝青板块商业、市政配套都更加到位，且距 CBD 仅 3.8 公里，因此优势更加明显。星河湾自信能像当初带动广州的华南板块一样带动朝青板块，成为东部新富人区。

（2）改造周边环境

在朝阳板块这个非传统豪宅区域中，虽然地块环境比华南板块优越许多，在它北面有1600 亩

森林公园，东侧有 2000 亩的绿化隔离带。但星河湾还是再次将改造周边环境作为改善小区及周边区域价值的工具。在红线之外，他们把青年沟改造成林荫夹岸的清水河，改造周边道路，为南侧的小区重建了铁艺围墙并种植成树，将东侧的市政代征绿地改造为一个 10 公顷的生态公园。加上东侧的 1800 亩森林和北侧 2000 亩绿化隔离带，这块地现在已经被成荫的绿树、湖水和绿地包围，成为一个相对封闭独立的绿色空间。

项目内部的成熟，不代表周围环境的成熟。周围环境的好坏，直接影响人们对区域价值的判断。星河湾开创外围式的园林设计理念，令周边小运河成为其景观之一，让业主宛如置身于公园之中。

在星河湾外，建设生态公园，改造青年沟，是开发商宏宇集团最为聪明的一举

2. 打造豪装全成品，开创京城先例

宏宇集团拿地后四年间，对此地块进行了一次性到位的开发。北京星河湾起初就准备以全成品豪宅面世，所谓“全成品豪宅”是消费者在购买的时候就能看到实实在在的“现楼美景”，这个完备的产品系统具有四大属性——住宅可观、环境可赏、配套可用、服务可享。这四个方面构成全成品豪宅的产品价值和市场价值及消费者购买产品价值的全部。为此，北京星河弯室内设计部汇集了规划、园林、水电、暖通到室内设计，各个专业齐全的一支60多人的队伍，得以从规划设计、建筑、环境、室内设计的四位一体的成品效果考虑整个社区，整栋建筑，甚至一个单元，一个户型，一处景观的协调。最终，星河湾以现楼开盘的形式吸引北京的消费者，用现房实景开启了北京豪宅市场的全成品元年。

3. 改良版的建筑规划设计

北京星河湾在建筑规划、设计上，保持了中西合璧、博采众长的一贯风格，以追求完美的态度，融合北方的风格，打造改良“放大版”的星河湾。

（1）半围合半开放式设计

北京星河湾与广州星河湾在规划风格上显得相当一致，分为三个组团，每个组团都建有会所，7～16层不等板塔结合的住宅群显得错落有致，总体上虽然是南北向排列，但突破了北方楼盘中常见的兵营式呆板布局，总体布局北高南低，西低中高，顺应地形、不拘一格，保持了建筑的错落之美。同时，北京星河湾不再采用围合式规划设计，而采用了半围合半开放式设计，东西楼距达280米，南北楼距最少也有60米，居住舒适度大为提升。

（2）现代经典与古朴城堡式的建筑风格

北京星河湾的建筑外型做成现代经典与古朴城堡式相结合的风格，楼盘为板塔结合，设计有个多边形的角楼造型，这一点和北京市场上的房子不太一样。楼体颜色采用适合北方特点的偏土黄色，会所设计新颖独特，在建筑外立面以及设计风格上，承袭了广州星河湾会所的设计理念，宛若坐落在园林中的欧式城堡。

（3）每一个细节做到极致

北京星河湾把每一个细节做到极致。没有一根外露的管线，在小区上也看不到任何外露井盖，而且所有的市政管线都是使用品质最好的，甚至路牙石之间的接缝不是用水泥填补的，而是手工打磨好后直接镶嵌拼装上的。为了创造完美的天际线，不惜更改原来已通过的规划，减少了约 5万平方米的销售面积。

星河湾是高层建筑群，它同样要克服高层建筑群给人产生的感官印象：拥挤和压抑。但在星河湾你完全感觉不到。大门非常简洁，只有一个门亭和铁艺栅栏，不会产生封闭的感觉。进入大门后，是一个约3米高的坡地，坡地上有景观凉亭和大树，你只可以看到风景和同样是风景的八角尖顶造型的楼顶，因此，高楼本来的压抑感在此荡然无存。往里再走，庞大的跌水瀑布就会呈现眼前，你可以扶在桥栏或坐在观景亭里赏水听水。此时，你完全忘了身处都市之中，身处高楼之间。

星河湾的地面铺装

星河湾内的路沿石是擦拭过摆放在路边的

星河湾内的木板桥，有音乐一样的韵律

北京星河湾首层入户门柱上的浮雕

4. 精细至极的造园运动

广州星河湾是做园林出身的，北京星河湾能做出广州星河湾的精品园林吗？在北京做好环境的难度比广东不知道要多多少倍，业内外都关心像星河湾这样的作品在“南橘北枳”的北京能否实现。但宏宇集团放言：北京星河湾环境要比广州的星河湾做得更好，有更大的气魄。北京星河湾克服了挑战，创造出注重住宅建筑与绿地的形式、布局的结合，空间上相互渗透，绿化与建筑互为界面、相互围合，整个景观是流畅圆滑、连绵不断的园林景观。

北京星河湾项目，最突出的特点在于实现了现楼美景开盘，主要体现在社区立体化的园林。“住宅可观、环境可赏、配套可用、服务可享”这四个方面构成了全成品豪宅的产品价值和市场价值。

（1）树木和花草的找寻和存活

在全世界选取珍贵、稀有的黑檀木、红影、欧洲石材，如西班牙米黄及意大利黑金花等，做建筑饰面和地面铺装。为了解决园林树种种植问题，北京星河湾在世界范围内精选了几千棵适宜在北方种植并可以长年生长的树种，两年时间，星河湾在全世界找了4000多棵树，行程15万公里，绕地球三圈还要多。而为了保证这些珍贵树种的成长，却是费尽心机。

1）全球引进树木

做好园林的关键是植物，宏宇集团在植物选置上基本上是愚公移山，见山开山，见水开水。整个社区，园林景观中软绿化较多（水景、植物等），硬绿化较少（广场、铺地等），在植物的选择上宏宇集团多采用乔木、灌木、地被植物及草皮相搭配的手法，且树多、花多、草少。这就要求选择众多不同的高贵树木进行搭配，为此让宏远集团颇费了许多周折。

北京地区原生乔木物种不超过20种，星河湾的乔木已超50种，加上灌木和地被，植物超过100种。这些花草树木都需要宏远集团去全世界寻找。其中两棵400岁的耐寒蜜棕是从地球的另一端智利运过来的，这种树木秋冬两季1/3落叶，1/3彩叶，1/3保持绿色。但它需要经过两三年的调整，才会慢慢习惯北方的生活。所以刚来的时候，对它实施了一个月的保胎，搭棚子，打吊针，检查气温的升降，好不容易才让它存活下来。

而且，所有这些树木都有一定的尺寸标准，并且都是全冠移植，不去梢，不去冠。

2）适应性移植

从世界各地选择北京星河湾的园林树木和花草后，宏宇集团提前两年在北京进行适应性移植。为提高树木成活率，还在北京附近专门建设了苗圃，让树木提前半年以上适应北京的自然环境。另外，琢磨出对付北京干冷冬季不利植物生长的办法：对小区红线范围内所有土壤在进行了反复实验的基础上，进行了改良，提高了树木成活率，而且生长很快，保证了大规模成树移植的成活率，打破了“北京冬季不能做园林”的传统观念。

3）用材细节：不求最贵，只求最好

黑檀木木饰是星河湾二期的主要用材，主要运用在了地板、衣柜门等大面积处。同时，在衣帽间、部分走廊间也配以了小面积的“非洲安利格红影”木材，体现出了中式建筑的用料特性。其中，黑檀木属柿树类，主要产于印度、印尼、泰国、缅甸等国，木材光泽感强、无特殊气味，纹理黑白相间交错，架构均匀，耐腐蚀、耐久性强，材质硬重、细腻，是一种十分稀少的珍贵家具及工艺品用材。而“红影木”更是名贵少产。星河湾二期在进口此批名贵木材之前经过了预先设计，用它取代一期产品的木饰，再一步提升居住者的生活品位。而莎安娜米黄、宝金米黄、西班牙米黄和黑金花等进口石材的广泛采用，则从另一个侧面统一了中西建筑用材的组合美感。

星河湾园林用材

园林景观区域	主要苗木
桃花岛观荷区	山桃、碧桃、垂枝碧桃、木槿、樱桃、石榴、贴梗海棠，等
江南风情区	金丝垂柳、金枝国槐、五角枫、蒙古栎、杜仲、栾树、杜梨、白蜡、梅海杏、果海棠、石榴、木槿、山桃、紫叶李、红花洋槐，等
红叶林区	五角枫、三角枫、红栌、黄栌、紫叶李、紫叶矮樱、蒙古栎、榆叶梅、毛樱桃，等
常绿林区	雪松、白皮松、云杉、榆叶梅、紫叶李、西府海棠，等
观花品果区	梨树、杏树、山楂、山桃、银杏、碧桃、山丁子、果海棠、枣树、木槿、石榴、榆叶梅、雪球海棠，等
赏花品香区	玉兰、桂花、丁香、樱花、碧桃、果海棠、香花月季、天目琼花、紫叶李、栾树，等

（2）立体平均式园林景观

为了克服和现场组织施工和管线预埋工程之间协调的困难，北京星河湾采用立体平均式园林景观，主动营造园林高差，形成自然的起伏，有效增大绿化面积（斜角边大于直角边），使园林景观产生丰富的层次感，同时便于植被搭配——大小乔木、灌木、地被植物、草坪的结合，增强了首层住户的私密性。采取平坡结合的绿化，首层绿地抬高了1.5米，共有36个标高，地形变化非常丰富，而且树多、花多、草少、硬地少。

（3）园林分布9000 吨黄蜡石

为了解决园林用石的问题，北京星河湾运进了9000多吨黄蜡石。最重的一块黄蜡石重达 27吨，全是从南方用火车运过来的。黄蜡石也称黄石，清代以来我国公认的四大园林名石之一。因其表面呈蜡油状釉彩并呈现各种不同层次的黄色而冠名。最具特色的是富含玛瑙玉质纹，显得宝气十足。

（4）溪、湖、河、叠水四大园林水系

园林离不开水，北京是缺水的地方，北京星河湾做水环境与节能、环保相结合。小区里有池塘、瀑布、露天泳池。北京星河湾设计了雨水收集系统，以及青年沟、生态湖和园林水之间的循环净化交换系统，这样就做出了溪、湖、河、叠水四大水系。另外，不在小区内部环境里设计大的集中绿地，园林植物树多草少，节约了大量用水，符合环保要求。

二期园林总面积25000m^2，由玉兰亭、银杏涧等主题景观组成。汲取“小桥流水人家”意境，南北双面景观，前后有花园，增加静态亲水池塘，绿树环抱的游泳池1300多m^2。

对水的运用，应该是星河湾最成功的地方，灵动也就缘于此。这里有跌水、池水、弯渠，还有露天泳池。先说露天泳池，与其说游泳池是用来供居民游泳的，倒不如说是用来营造水景的，因此在其旁边还有许多池塘、树岛等点缀。而所有建筑的首层，均模仿江南水乡“吊脚楼”式的结构，接连宽大的步入式阳台，伸出一个木质平台与水池连为一体，一个都市中的“江南水乡”就这样诞生。大量水的运用，细节处理的周到和精致，增加产品的柔美、灵动和质感。比如，跌水池里的黄蜡石，它可以给人一种被水长期冲刷过的印象；比如，住宅前水池里的睡莲、芦苇和垂柳，呈现出一种自然生态；比如，通道两侧散放的鹅卵石取代了整齐划一的路沿石；比如，木质地板铺就的林荫小道取代部分水泥路面；比如，在跌水片石中间或斜生或倒挂的灌木等等，都在极力营造天然的感觉。

静水池

星河湾园中跌水

(5)园林小径全曲线设计

园林小径均为曲线设计，配合高低地平起伏连绵。路面选用天然材质扯裂纹银黄石英板，肌理天然且形状不规则的石板铺装，纹理相接、质朴自然。小径与绿化(草坪或地被植物)交接处均设有表层散铺河卵石的排水沟。排水沟将植物浇灌之溢水以及冲刷路径之水集中排放。集中广场，而且所有的道路都是曲曲弯弯的，给人曲径通幽的感觉，真正做到以人为本。

（6）园林细节：四季园林景致汇聚于此

星河湾二期的外部园林设计以“建筑组团和景观组团共生共融”为设计思路，与室内的装修理念形成了照应，体现出了星河湾“舍得、用心、创新”的品牌态度。

在小区园林内没有发现外露的泥土，也没有蹩脚的装饰。植物运用多样化，使星河湾可以在不同季节看到不同园林景致的。

绿化上采用了平坡结合、乔灌结合、花草结合的手法，创造场地高差，形成自然的起伏，有效增大绿化面积，并且使园林景观产生丰富的层次感。并从关怀人性角度出发，最大限度压缩组团内部的道路和硬质铺装面积，扩大绿化面积，使大小乔木、灌木、地被植物、草坪等植被便于搭配、组合，增强首层住户的私密性。

同时，星河湾的园林主题除了明确要求社区内所种植的树木全部需要成树外，还明确要求了具体树种的直径、冠径和树高等具体要求，这样做可以提前创造社区成熟的物理景观环境，业主入住即可享受其他社区需要多年才能完善的社区环境，消除了植被生长期间的不可控因素，提前控制了植物的景观规格。

在此，我们重点介绍园林景观的细节处理。

1）桃花岛观荷区

此区域位于红叶林区和赏绿林区之间，以大水面设计为主题。其正中塑一小岛，岛上种满了各色桃花，在小岛的平台望去，正对着红叶林区的溪涧潺潺而下。平静的湖面上种满了各色的荷花，春赏花，夏观荷。当春天满树桃花盛开时，营造出了“桃源只在镜湖中，影落清波十里红”的意境。

桃花岛观荷区

2）江南风情区

以江南水乡风情为设计理念，以水为主题。水面占该区域的50%，以三条水系，东西延伸，园路在水间穿梭，游历其中，处处可见柳绿花红、湖光水影、春意盎然的意境。

江南风情区

3）红叶林区

在N2～N5栋之间的车库顶板上运用了复杂的工程工艺设计以及多种轻质材料建筑高达5米的小山，逐级曲延的小园路，贯穿其中，直至山顶赏枫亭。自然向东还有一条潺潺流水的小溪。精心挑选的五角枫、三角枫、红栌、黄栌等彩叶品种种植其中，宛如进入了塞外森林之中，营造出了“三红涧碧纷烂漫，时见松枥皆十围”的意境。

红叶林区

4）常绿林区

此区域是桃花岛观荷区至观花品果区的过渡空间，也运用了红叶区的手法塑造出了一座小山，山顶营造了一个椭圆形的平台供人休息，其中有一座透顶方柱的园亭。坐立亭中，可更亲近大自然的气息，松林鸟影，斜阳映翠，使人深深地陶醉其中。

常绿林区

5）观花品果区

三期是园内最大也是最精彩的区域。其中是一个琵琶形的荷花池，池中屹立着一座八角木亭，木亭采用名贵的梢木原木营造。池中种满了几十种荷花、睡莲等水生植物。北面木平台边还种植了精选的大樱花和碧桃。东西两边的山上栽满了各色鲜果，有桃、梨、杏、银杏、海棠等，东边银杏山上种植了数棵百年大银杏。银杏林中还有一组砂岩为材料的“北京风情”岩壁浮雕。银杏山间还有一条蜿蜒而下的山溪小涧。当金秋时节，荷花争艳，满山硕果累累之时，游人宛如进入了世外桃源，人间仙境一般。

观花品果区

6）赏花品香区

汇集了园林的精华手法，中心景观是由两个荷花池和木亭组成。荷花池之间形成一条小瀑布，在瀑布边建造了一座方形木亭与银杏山遥相呼应。在观瀑布的最佳位置营造了一条弧形木桥与木亭相接，两岸种植了精选的樱花、碧桃等赏花乔木。亭子周围种满了桂花、玉兰、丁香、香花月等香花苗木，流连其中，花香扑鼻，醉人心扉。

赏花品香区

5. 大手笔的配套设施

北京星河湾配套齐全大气，在服务设施方面，显得相当大手笔，在突破了北京豪宅旧有标准的同时，重新树立了豪宅新高。

（1）四季会

投资2亿元，规划了总建筑面积 10000 余平方米的四季会，这与广州星河湾正在兴建的超白金五星级酒店一样，同样为北京城区大人物度身定造，定位于中国首家超五星级精品酒店，囊括酒店、俱乐部等多种功能。四季会中包括专为顶级商务人士准备的贵宾房，商贾名流挚爱的西餐厅，高阔气派的中餐厅，可容纳 400 人的国际宴会厅，温馨典雅的咖啡厅，休闲运动的健身区，二楼更设置红酒 、雪茄房，供懂得品味人士享受美好人生。四季会体育馆，宽敞、人性化，网球场、羽毛球室、乒乓球室、桌球等一应俱全。酒店式公寓，豪华舒适，深度关怀商务与宾客需求。

通过采用国际顶级的品质标准，为高知、高贵、高雅的品质精英，打造了独特、优雅的体验空间。

四季会

（2）名校

北京星河湾秉承一贯的高品质教育方针，引进知名重点小学与国际双语幼儿园。

星河实验小学

（3）商业街

星河湾商业街高尚实用，为业主提供 24 小时全方位便利的服务。

6. 家政秘书——让业主生活满意70年

建设一个高品质的物业很难，然而保持这个物业的品质，甚至使它不断增值，就更难。所以北京星河湾不光是把产品做好，更为产品提供高标准的服务。星河湾开发至今，一直采取强强联手、整体超越的开发理念，与享誉中外的专业公司联手，构筑一个中西合璧、博采众长的星河湾。也正是如此，北京星河湾与国际知名物业管理公司高力国际正式签约，联手打造北京品质豪宅服务新标准。首次在京城引入“家政秘书”，成为最大服务亮点，使星河湾的业主从签订合约起始，就能享受家政秘书一对一的贴心服务，内容涉及签约、入住到居家的一系列事务。

7. 酝酿跨地域业主俱乐部

广州星河湾已聚集了一大群高素质的业主，除了广州当地的精英人士，还有不少来自北京、上海、杭州、温州等地市的客商，另外，星河湾港澳及外籍业主已超过10%，美国、德国、英国、挪威等跨国企业高层以及各国驻穗使馆官员也成为广州星河湾的业主。而鉴于北京星河湾目标客户将包括北京本地的政经文艺界名流、大型国有企业及跨国企业总部的高层等金领阶层人士，更具备国际化社区的先天优势，随着“南有星河湾，北有星河湾”的格局呼之欲出，宏宇集团将组建跨地域业主俱乐部。

四、二期产品高度进化

星河湾二期在设计上继承一期园林景观与和谐社区的建设理念，并以更为细致的工艺和更为崇高的精神追求，激荡起人们提升生活品质的热切渴望。随着朝青区域的升级和产品本身的进化，星河湾上升为2006年度地产界的璀璨星光。

星河湾二期整个产品与一期不同，套型面积增大、风格多样化、空间更舒适、材料搭配更丰富，满足个性化、内部装修将更显精致华贵，而整体景观则在南方的灵秀感之上，加入了更多北方的元素，显得更为大气和丰富。当然，房子最终是为了给人居住，因此，星河湾二期提供的居住理念和倡导的生活方式，在一期之上雕刻出更为和谐诗意的生存状态。

1. 组团二级规划模式——人与自然时刻交融

北京星河湾第一期首先开发南区，以一个完整社区推向市场，并且把最富有亮点的学校及商业街带出，树立项目形象，突出环境优势，打响优质品牌。

第二期在名声打响后加大力度开发北区，进一步完善商业街，北侧多层住宅与小高层景观公寓，吸纳人气形成规模。规划采用组团二级规划模式，适应多层居住品味要求，便于分期建设和满足物业管理灵活性要求。以主道路串联起各个组团，使整个居住区有较好的整体性、向心性和均好性。康体中心位于一期西南角，以外向型布局既服务本区又向整个社区开发，与总体规划的二期北区幼儿园一起平衡社区设施布局的均好性。社区西面和南面规划布置步行街，使之成为社区购物、娱乐、休闲、交往中心。

星河湾二期在继承一期建筑理念的同时，注重了细节雕琢。建筑形式全部以南北通透、高层高的欧式建筑风格。整体建筑以小高层为主，以人的行走习惯自然排列。园林设计上打破了单一景观朝向，利用南北对流、双面景观的做法，让住户无论走到哪里都能欣赏到优美景致。在拱桥设计上加大跨度，甬道、水域加大宽度，有“小桥流水人家”的意境，也与大自然的融合感形成了呼应，使“园林、建筑、人”互为景色，形成了人文和谐。

星河湾规划某处鸟瞰图

2. 园林：增加北方植物及池塘个数

星河湾一期将建筑、园林升华到了艺术品的境界。二期园林规划更适宜居住，将打造整体艺术化生活境界为最新目标，形成南北双面景观，前后均有花园，令建筑如同从公园里生长出来的一样。二期园林总面积达25000m^2，整体分为西区、中区和东区三个区域，由玉兰亭、银杏涧等主题景观组成，大量主题景观让园林景致更显丰富而有情趣。除了成树率大幅度提升以及引进更多植物品种外，星河湾二期在水系打造上用尽心思。二期增加了静态亲水池塘数量，绿树环抱的二期游泳池达1300多平方米。

（1）多色彩主题景观

星河湾二期创造的多色彩主题景观，更具明确的心灵意境和浪漫的时空分割。以白色樱花林、粉色荷花池等鲜明的主题元素，建构可转换性极强的灵动空间。

星河湾二期依然坚持从原栽地整株移植成树，体现其一贯的为追求品质而不惜时间与精力的魄力。照顾到北方的气候条件，二期增加了落叶有色木。在冬天，落叶有色木的外观比绿植更加自然和温和，视觉上更加舒服。

（2）围合渗透式造园方式

星河湾二期借鉴一期园林营造的成功经验，并汲取北方地域性特征，在园林布局上推陈出新，采用更加大气的围合渗透式造园方式，景观更广更密更丰富。造园手法上也不同于一期的设计，园中不见了一期柔和平坦的曲线和一览无余的视界，更显曲径通幽之妙。坡度设计体现设计者的卓绝匠心，更高的坡度帮助珍藏景观，从各个角度都可以获得不同感观享受。整个建筑置于景观之中，使居住其间的人们总是拥有看不尽的风景。

（3）园林水景与北方植物相结合

星河湾二期园林最大的特色是将园林水景与北方植物相结合。相对与一期园林的西高、东低之地形，二期没有设置下沉景观及减少动态水景，代之加大的户外泳池，增加了静态池塘个数以减少动力能耗。同时二期增加了部分新植物品种，设计上强调自然的协调性，尤其是讲究整体的季节变化。

3. 户型：面积增加，户型最大560m^2，处处体现人性化关怀

星河湾一期之所以能扭转乾坤，最终得到市场认可，出色的园林设计无疑是其制胜法宝之一。星河湾一期独具一格的精装修户型设计、园林景观及良好的配套使之成为北京高档住宅中的佼佼者，二期即使完全按照一期产品的规划设计开发，也会有良好的市场接受基础。

但星河湾二期并没有满足于一期的设计，而是在一期的基础上，结合目标客户群进一步设计创新。最大的变化就是在一期基础上进一步加强了住宅品质，二期在户型设计等方面更贴近市场需求，尤其在面积、朝向和精装修标准上都有很大创新。星河湾二期在保留一期设计优点的基础上，根据市场新趋势做了一定调整，一梯两户、南北对流、前后景观、南向朝厅、南向双套房。如户型面积比一期有所增加，套内面积240~560m^{2}不等，还出现了复式结构户型设计。此外，在朝向方面，增加了一期热销的南北朝向户型，同时还提升了精装修标准。

在星河湾二期的14套户型设计上，基本延续了一期产品的风格，仍然继承了实用、舒适与美观三原则相结合的理念，从细节处着手体现人性化。比如：材质使用上，比较天然质朴；色彩运用上，比较柔和统一；尺寸选择上，比较贴近视觉习惯；细部设计上，与整体设计形成对称。其他的

创新调整则主要体现在四个方面：

（1）室内房间方位上全部采用南北朝向，所有户型的主卧、客厅均朝南，形成两梯两户，南北对流格局。

（2）居住格调上综合了“地中海式的贵族度假格调、夏威夷式的自然环境风情格调、中国南方建筑的线条舒展呼应格调”等，形成了“现代经典、现代古典和现代简约”三种风格。

（3）在厨房设计上，采用了“半开放式中式厨房与全开放式西式厨房相结合”的结构设计，方便家庭生活的同时，丰富了生活情趣。

（4）书房设计在主卧室中，形成下沉式的开放型书房，打破了常规书房的封闭性和严肃感，使业主在轻松、舒适的整体家居环境下方便阅读和学习。

4. 装修：新增简约主义等流行风格

星河湾一期美轮美奂的装修风格已令人绝倒，二期内装则根据市场需求进行调整，增加了新古典主义、现代简约主义等时下比较流行的设计风格。室内装修使用了30多种高级石材，浴具也与一期不同，如使用了德国“美浴”、“维宝”浴具，很多产品使用黑檀材质，黑檀的花纹更漂亮，肌理更圆润，当然，成本也更昂贵。

工艺的精湛度似乎永远没有止境，星河湾二期的装修工艺更为精纯，真正深入细节中的细节。

星河湾二期简约而又极具流行风格元素的内部装修

五、三期星空华墅——创新产品重拳出击

星空华墅是星河湾三期N3产品以整栋楼来做复式结构及大平层产品，类似与别墅的集合物业形态，这是目前北京市场的创新产品，是别墅与公寓的结合，兼有两者的优势而规避了二者的缺点。它的空间结构堪与别墅相比，甚至超越了别墅，在都市中兼具亲近自然的别墅野趣又比一般公寓更大更宽阔。比如大平层华墅的产品主会客厅100m^2，会客厅旁边的偏厅（也具有会客功能）50m^2，会客厅往餐厅方向去的过厅48m^2，餐厅3m^2。这样的空间布局完全是为了满足高端客户对住所社交与家庭生活两方面的需要。

星河湾三期延续了一、二期的整体建筑风格，力图体现新古典建筑的简美优雅与“度假村”式的休闲轻松。在设计格调上有机融合了包括地中海的尊贵度假品味、夏威夷的自然环境风情以及中国南方建筑舒展飘逸的线条美等几种似乎互不相关的美感，并把它们融汇得天衣无缝；设计创新之处在于把通常是低层体量的度假建筑风格成功运用于高层与小高层体量之中。星河湾的建筑立面设计采用了丰富的虚实对比、柔和的色彩系列、质朴的材料搭配、考究的比例尺度及细腻的装饰点缀，清雅的格调、质朴的材质、柔和的色彩、亲切的尺度及丰富的西部错落掩映于园林之中。

三期星空华墅外立面

北京星河湾三期的室内设计秉承了“温馨、舒适、美观、实用”的星河湾传统设计理念，给客户打造一个极具人性化的家居装饰环境。

六、星河湾成功秘诀：不比赛跑比爬山

广州星河湾，北京星河湾，一南一北两个项目，筑就了一个国际品牌——星河湾，也使黄文

仔成为中国地产圈里的名人。星河湾的故事，业内已经耳熟能详。大部分的地产人几乎都去星河湾参观或考察过。有的房地产商甚至是买下或租下星河湾里的房子，以方便他的团队零距离观摩和学习星河湾的操作。星河湾的背后，究竟是一个什么样的公司和团队？又有着什么样的成功秘诀？

1. 不比赛跑比爬山

在7年前，当一位著名策划人随同黄文仔踏上这块目前星河湾的土地时，他看到的还是一片野草丛生，污水横流的滩涂。那时的宏宇集团在地产界还是新手：一无经验，二无品牌，三无队伍，有的只是决心和豪气。面对那些已经在地产开发中领跑的知名开发商，黄文仔成功的秘诀只有一句话："不比赛跑比爬山"。

所谓的"爬山"，就是要建造有高度有水平的房子，这是黄文仔涉足房地产时最大的梦想。"爬山"胜出靠的是秉持"舍得、用心、创新"的理念，坚持"高投入、高品质、高价值的"三高战略，走品质地产之路。

为了"爬山"的胜出，"三高"战略被深深地植入星河湾的开发中。当华南板块其他开发商几千亩的地已经用得差不多的时候，1200亩的星河湾地块才开发了近6成。自1999年开发广州星河湾算起，到2006年的7年时间宏宇集团只做了一南一北星河湾这两个项目。

高品质之下，成本已非最重要的考虑。黄文仔笃信"只有偏执狂才能生存"的原则，不求大而求强；不求多而求精；不求快而求远；不求全而求新；实实在在，有所不为而有所必为。

2. "五把尺子"打造品质地产

5年前，广州一支施工队在建筑工地上赶工，为第二天开盘做最后准备，工地上一片紧张忙碌，处处人头涌动，可连续一个月的加班加点，工人们疲惫地困倦在地，也写在了脸上。但却有一个不知疲惫的人着急了，他发现会所的游泳池还有污点没擦干净，于是径直挽起袖子、裤脚，找了块抹布，自己下水擦拭起来，直到瑕疵完全消失。此人是"星河湾"偏执的出品人黄文仔。

黄文仔曾经多次表示，"要为城市创造景观品质，为业主带来70年满意的生活品质和不断增值的物业品质，为行业提升标准，为社会带来先进文明的文化品质"。从2001年开始，宏宇集团坚持走精细化品质地产的道路，在开发建设星河湾的过程中，一直以"五把尺子"为标准打造产品。

"五把尺子"标准打造产品

第一把尺子 超越销售	第二把尺子 超越同行	第三把尺子 超越专业	第四把尺子 超越价格	第五把尺子 超越自我
卖得好只是及格，只是最基本的东西	超越行业标准，要比同行做得好，做得精	让专家认同，每一个细节都经得起专家的检验，并且超过专业标准、行业和专业这两把尺子，保证项目站得住脚，立于不败之地	业主住得好，并且增值，这就是超越居住需求，给业主意外的惊喜，让他们感受到与其他楼盘不同的享受，让他们购买的物业不断增值	做一个让自己满意的项目，做一个让自己有生以来毫无愧色地感到骄傲的项目

3. 用服务经营品质地产

星河湾不光是一个楼盘的称谓，更多地代表着中国房地产业的发展方向。作为中国品质地产的"领头羊"，星河湾成就的不仅仅是一个强势的地产品牌，更是用自己的品质打动了世界。

用品质打动世界，不仅仅是产品本身上的精雕细刻，因为这只是一种可以触摸到的品质，没有任何的感情色彩。作为业主，除了需要产品品质之外，更需要一种由内而外、在自然而然中形成，并能够处处感受到的品质。其实，这种品质就是一种服务精神，一种能够以"舍得、用心、创新"展现出来的品质。

星河湾的服务营销模式是一种对于服务意识的理解。作为广州较早从事贸易和制造业的宏宇集团，在多年的市场经济环境中已经意识到，服务对于一个企业生存和发展的重要性。因此，在房地产开发过程中，宏宇集团就逐步实现了将贸易和制造业经营过程中积累的服务营销理念，转接到了房地产行业，让星河湾早早树立起服务营销的理念。

4. 责任是最大的商道

无论是治理周边环境，还是打造高品质的住宅，贯穿其中的，都是宏宇及黄文仔做事的风格——赚钱不是唯一的目的，对社会总得有些责任感。责任里的商道，同样是成就星河湾的秘诀。

在广州星河湾和北京星河湾的开发建设过程中，人们可以发现一个"星河湾模式"——在项目红线之外改造周边环境。在广州，宏宇集团投入8000多万元修建骑江木栈道和过江大桥下的桥底公园，为了挡住江对面不太雅观的建筑，花钱在对岸种上高高的树；在北京，则投入相当大的资金去建设生态公园、改造青年沟、改造周边的道路和美化环境。这些做法在很多人甚至业内人士看来都不可理解甚至觉得很傻。

宏宇则认为改善周边环境，对开发商、业主、政府三方有利，开发商得到了他的品牌和利益，业主享受到了好的环境，政府因为开发商改善了城市环境也会很高兴。开盘后的销售业绩也证明宏宇的做法是对的。

这种注重社区内外环境和谐的舍得之举，使得宏宇集团名利双收。2005年12月，星河湾在第9届“绿色奥斯卡”大奖评选中荣获“国际花园社区”大奖，获奖原因就是北京星河湾对青年沟的整治和对小区内土壤的改良打动了评委们。

5. 团队完美配合：一条完整且快速反应的链条

星河湾的项目，可以说每个细节上都有黄文仔的烙印，这与他事必躬亲的风格有关，而他的团队也都感染了这种风格。星河湾的成功与各个部门之间积极的协调和配合密不可分，设计部、材料部、工程部以及其他部门形成了一条完整且快速反应的链条。

星河湾能做到这么完美，除了有一个极度追求完美的老板外，每个岗位的负责人都用顾全大局的整体性思维去考虑问题，团队相互碰撞、相互支持、相互配合。比如设计部设计出几百种木制品样式，还必须让放到具体的生产中去验证，实行改良。工作的过程就是否定再否定，所以各部门之间的衔接、支持就变得非常重要。

第五章

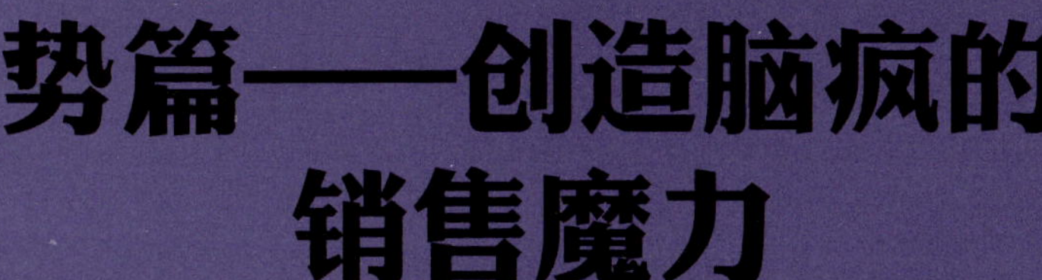

势篇——创造脑疯的销售魔力

道、德、物这三步是谋局，谋局到此应是水到渠成。但如何实现利益最大化，并且实现迅速的销售，还必须“造势”。

造势的最好形式，是把市场情绪高度调动起来。人的情绪是感情的集合反映。当人的情绪被调动起来后，它即可转化为强烈的购买欲望，并愿意付出更高的成本。此谓“势成之”。

> 善为士者不武。善战者不怒。善胜敌者不与。
>
> 天下莫柔弱於水。而攻坚强者，莫之能胜。以其无以易之。弱之胜强。柔之胜刚。天下莫不知莫能行。
>
> ——老子

策略一：直指目标灵魂的入市修辞

一个优秀而成功的推广，必将发端于市场理由的全面修辞！

这包括楼盘入市的第一篇新闻、第一篇广告、第一份海报、第一份楼书、第一次亮相的楼盘包装、现场包装以及售楼员素质修养等所有入市物料及销售人员。

其表达的核心包括：理念诠释、理念理由、创新概念、创新形象、入市姿态等，以达到传递楼盘完全不同、表里如一、与目标群共同价值观的气质的目的。

这一过程，犹如一部电影的序幕，一场戏曲的开场，应极尽能事抓人眼球。一个楼盘的入市形象，将对楼盘的整个市场印象起到决定性的作用，需要前期投入大量人力、物力、智力，并需要将工作做精做细。

1. 奥巴马竞选的秘匙——修辞学的胜利

2008年3月6日，凤凰卫视主持人梁文道，在南方周末《自由谈》里有一篇文章，奥巴马的胜利是修辞学的胜利，其严谨而诙谐的观点，值得市场人士一读。

文章称，奥巴马声势日涨，广受年轻平民的欢迎，美国有些人甚至认为他是新时代的肯尼迪。然而拆下七宝楼阁，我们看见的无非是源远流长的修辞学在新媒体时代的复兴。

连续几场胜仗，使得“奥巴马魅力”成了一种国际媒体现象。但到底什么是“奥巴马魅力”，又好像没人说得清。是他的年轻、活力、英俊，还是他所代表的“希望”、“变革”与“勇气”呢？这些说穿了无非是一连串很虚幻的感觉……

奥巴马开始广为人知，是在2004年美国民主党全国党代表大会上对着全国观众发表主题演说。奥巴马没有采用一般美籍非洲裔政治人物喜好的传道士腔（最佳示范是马丁·路德·金的《我有一个梦》），而是以一种相当亲和但同样有力的方式来表达，结果一夜成名。从那时起就有人说“看到了民主党的未来”，并且预言他必将成为下届总统大热门。

请注意，这时他连国会议员都还不是，更说不上有何政绩，单凭一场演出，居然就得到了这等赞誉。

在那次演讲里面，奥巴马就奠定了以后他的竞选基调，那就是摒弃几十年来的左右对抗，把那些好斗的民主党人与共和党人定位为老一代，而他自己则能够团结早已厌倦了政治斗争的新生代。请看以下的名句："这里没有一个黑色美国和一个白色美国、拉丁裔美国、亚裔美国，这里只有一个美利坚合众国。"已故的当代修辞学大师柏克(Kenneth Burke)曾断言，修辞学的核心不是前人所说的"说服"，而是"认同"。这篇演说的重点就是要吸引大家对奥巴马的认同，认同自己和他是同一种人，新美国人。

但这还不够，依循美国政治的惯例，奥巴马还要让大家知道这种新美国人的根源，其实就是最原始的美国梦，一种已经被现今主流政坛遗忘了的古老承诺。于是他又把他说了半天的"希望"归结到这段话："它是坐在柴火旁唱着自由之歌的奴隶的希望，它是即将启程往遥远海岸的移民的希望，它是勇敢地巡逻湄公河三角洲的一个年轻海军中尉的希望，它是一个磨坊工人那敢于挑战不平的儿子的希望，它是个有着奇怪名字而又相信美国也会留给他一个位子的瘦小男孩的希望(按：这小孩指的就是他自己)。"透过接上这等最动人又最有神话色彩的美国梦，奥巴马再扩大了他的认同范围。凡是认同他所说的"希望"的，就是认同他；而又由于没有美国人会不认同这等"希望"，所以其实人人都该和他站在一起。

……

可是"人格魅力"这回事虽有天赋差异，却还是逃不脱后天人工的造作。西方史上第一部系统的修辞学论著——亚里士多德的《修辞学》，第一卷第二节就把"演说者的品格"列为"由言辞而来的说服论证"之首要形式。亚氏很明确地指出大家要是相信一个人的品格，也就更容易被他说服，"但是这种相信当由演说本身引起，而不能依靠听众对演说者的品性的预先风闻"。换句话说，我们并不认识奥巴马，所以只能从他的演说中去感受他的为人与风范；而这一切全都可以是种表演，全都是可以透过学习得来的技巧。换句话说，人格魅力也是修辞经营的重点。

人格的魅力可以如此修辞，楼盘的魅力依然可以这样修辞。

2. 海风一路吹回家——海月花园巧妙解决跨越产品与目标群的距离障碍

海月花园是一个高档海景房，位处蛇口，当年开发的时候，蛇口还是一个较为破旧的工业区。海月花园的主力客群显然不在蛇口，其最近的城市是深圳，那里拥有实力购房人群。但如果定位为深圳市区的高薪阶层，那就面临蛇口与深圳有30余公里的距离障碍。这个群体工作压力大、工作节奏快，他们能够接受这么远距离的楼盘吗？如何吸引那里的客群呢？仅是当年市场风行的海景概念，显然不能成为其独有卖点，而且最关键的是，仅凭楼盘自身的卖点也不能化解距离障碍。

如何解决这个问题？30公里的距离，如何跨越？

策划人员经过分析，连接深圳与蛇口间的一条城际滨海大道，是沿海岸线的一条全程无障碍通道。大道紧临海岸，一路可以欣赏沿岸红树林，开车行驶在路上，吹着海风，欣赏红树林，是一件轻松惬意的事情。而这种浪漫兜风过程，正是深圳高薪阶层每天释放压力的最好方式。于是，创意人员给出了一句广告口号：海风一路吹回家！

这个主题是一个完美的创意，这是一句跨越了楼盘本身卖点的口号，却也是增加楼盘卖点的口号，而且充满浪漫情调，这种情调恰到好处地迎合了主力客群的个性。更为巧妙的是，这一句“海风一路吹回家”，把距离障碍转化成了上下班的一路情趣!

这句广告主题，还有一个魅力就是，简洁流畅、不拖泥带水、亲和力强。

相比这下，在房地产市场有另一句广告口号“运动就在家门口”，虽没有“海风一路吹回家”那么经典，但同样也很优秀，它具备简洁流畅、亲和力强的特点，同时把奥林匹克花园的个性表达得淋漓尽致。

以上两例主题，在市场上都为楼盘增加了无穷魅力，这种营销的胜利，甚至可以归功于修辞学的胜利。从某种意义上看，一句口号甚至超越了项目卖点本身。分析其共性，包括几方面：表达了项目个性、直击目标群体、简洁流畅亲和力强、主题具有排他性，如果有必要尽可能应用“化劣为优”的手法。

3. 骨子里的中国——看万科第五园的文化煽情

在万科第五园的推广中，独到经验归纳起来有三个：“一栋老房子”、“一本书”、一种“文化”。

第五园首先炒作“老房子”， 万科花了三千万元从相隔两千多公里远的北京把老房子移到了第五园，吸引人的眼球的同时，以增加第五园的中国传统文化含量。老房子的到来，不仅进一步深化了第五园的“中式”形象，也成为第五园文化营销最直接、最有效的精神按钮和文化触点。

第五园还专门为其出版了一本书《骨子里的中国》，第五园文化营销的影响已经超出了单纯一个房地产项目范畴，也远远超出了深圳范围，也形成全国性的影响力。一个地产项目能引起如此关注，即使在号称中国地产样板房的深圳，也属凤毛麟角。第五园不仅赢得了公众的广泛认同和客户的热情追捧，也被作为一个文化营销的经典案例为业界所广泛传扬和研究。

以上几个案例说明了，一个优秀而成功的推广，必将发端于市场理由的全面修辞!

策略二：让客户成为义务推销员

让客户成为义务推销员是任何操盘者都不能忽视的最重要一个环节！各种客户会的成立实际上都是搭建一个平台，这个平台通过巩固自己的忠诚会员，以达到让每个会员都成为自己的义务推销员的目的。

1. 率先成交忠实的30% 客户

率先成交忠实的30%客户，这是任何操盘者都不能忽视的最重要一个环节。市场成功的关键，就在于良好的开端。这个开端，对于楼盘就是足够的市场人气。30%的成交量，就是良好开端的基础。不过，在促使30%忠实客户时，最重要的功课是，怎么让他们成为我们的品牌同盟和市场同盟。这一点，恰是品牌建设的一部分。反过来，品牌建设的最好机会，在于产品的市场推广过程。

在任何目标购买群体里面，都有两种情况：被动购买者和主动购买者。现实操盘中，大多数的楼盘在上市之前，都有一批忠实的客群：

这类客群所占楼盘整体客户的比例，会因为楼盘的定位有所变化，最高者会达到80%以上，而其中的三种客户之间的比例也会有所变化。比如：本土眷恋者的比例会因为价格的由高至低逐渐减少；企业品牌的忠实信仰者也会因为地段、价格和楼盘的个性等，发生波动；楼盘理念的追随者，则会因为地段、价格、企业品牌等因素发生波动。但一般情况下，这类客群的比例都会在30%左右。如果楼盘的定位适当，企业品牌经营得好，建筑形态良好的话，即前面讲的道、德、物三项到位的话，这类忠实客群的比例会更高。这类客户即使你不做任何推

广，他们都会主动找上门来。

操盘中，要把这类客户看成你的市场基础，让他们与你一同推动市场。他们有可能已经是你客户生态群的一部分，所以要从利益到机会给予重点保护。尤其是作为品牌建设中发展的客户生态群，他的忠实将会在后期推广中，带来源源不断的客户，为关系营销创造很好的条件。

2. 让忠实客户群会成为三类主动传播者

维护好这类客户的利益，并做好公关活动，如答谢酒会、联谊活动等，让这类客户在市场中有所表现，成为如下几种主动传播者，这对整盘推广有着十分现实的意义。

第一类：充满感情的本土情结者

他们固有的本土情结及对区域的了解，将是成为广告商无法达到的情绪渲染者和游说者。他们最了解本土的历史渊源，了解本土文化，对这里的一草一木都带有感情，他们是故土的眷恋者，同时也想让身边的亲朋与他产生同样的价值观，以便让人了解自己的生活、存在、历史、价值观，并希望与人分享，从而获得巨大的满足。反之，如果他们得不到这片土地的生活权利，就会产生诸多抱怨。

第二类：企业品牌的忠实信仰者

这是我们在“德篇”特别讲到的一个客户群，在这个时候，他们将发挥巨大的市场能量。有心理研究成果显示，尽管在生活中，只有三成左右的人是最优秀的，但却有七成的人认为自己是最优秀的；几乎所有有过失的人都不会承认自己是有错。人们总是相信自己的选择是正确的。人都是自负的，否则，市场也不会细分为三六九等，客群也不存在分类。所以，他们一旦认定某一品牌，就表示认定自己的价值观。为了证实自己的价值观没错，他们同样会竭尽全力捍卫自己选择的品牌，并谋求更多的同僚。同时，他们也愿意在为品牌付出的同时，获得应有的回报。

第三类：楼盘理念的追随者

所谓的目标客户，就是楼盘的定位人群。楼盘定位本来就是为特定的人群定位，楼盘也就是为这一群体量身打造。从建筑风格、居住模式、精神需求等各种层面，有针对性地规划设计，楼盘本身就具备了与目标群体共同的个性与价值观。这时的楼盘，已经人格化，具有与目标群里的沟通能力，这是在定位中就已经设计完成的。因此，它的目标群体具有十分高的忠诚度，他们会自动成为社区生活模式的构建者和推广者。

3. 针对忠实客群的关系营销降低市场风险

尤其是市场低迷时期，客户资源变得稀缺，以上三类忠实的客户群就显得非常珍贵。在2008年的金融风暴下，某楼盘就是首先对这一忠实群体进行优先认购，让他们享有优先选房、享有第一批次价格的权利。首批成交近40%，在此基础上进行关系营销，由这40%年客户带动第二批次的客群，他们在介绍客户的时候，成交后按成交额享受会员积分，他们在获得较高的会员积分的同时，享有再次购房的特殊优惠和特别待遇。依次类推，该楼盘当年逆市旺销，价格也逆市上涨，表现出强健的抗风险能力。同时，比相邻楼盘节约了60%的宣传费用，并拉升了25%的价格。

在市场顺境的情况下，这种操作手法，也会起到推高价格、减少推广费用、缩短推广周期等作用。

4. 培养顾客的忠诚度

有人说："只要客户是牢固的，企业利润的大幅度上升就是必然的。我们有这样高的满意度水平，我们还有什么问题？"这就是忠诚客户带来的高额利润。

根据美国营销学者赖克海德和萨瑟的理论"一个公司如果将其客户流失率降低5％，利润就能增加25％～85％"，"60％的新客户来自现有客户的推荐"。

对于房地产行业，培养忠诚客户的重点是保持客户的态度忠诚。客户忠诚度被认为是取得长期利润增长的途径。目前，越来越多的成长性房地产企业开始认识到培养忠诚客户所带来的价值。为了提高客户忠诚度可以采取如下策略：

策略1：建立客户会

随着房地产行业的竞争日趋激烈，成立客户会已成为大型房地产企业应对竞争、领先对手、挖掘新客户、挽留老客户的最常见的客户服务方式。其中，以万科的"万客会"最为有名。客户会的作用主要表现为以下几个方面：

1）为业主营造和谐的社区文化

对房地产消费者来说，与其说是购买了住房，还不如说是购买了一种生活状态。一个人或家庭每天大约有1/2的时间会在住房和社区里度过，和谐的社区文化、和睦的邻里关系对每个人都极其重要。因此，如何打造一种健康、温馨的大家庭生活方式是客户会重要的组成部分。常见的做法包括：一是社区配套设施的建立，如购物中心、运动场所、餐饮服务、家政服务等等；其次，兴趣团体的成立和相关活动的开展，如球迷会、气功会、棋牌会、音乐发烧友、旅游团等各个团体和休闲日、儿童才艺赛、棋牌赛、家教观摩会、年夜饭、狂欢节等各种活动。

2）为新老客户提供交流的平台

对绝大多数消费者而言，房产品价值巨大，并对个人和家庭生活状态具有极大的影响。在买房之前，消费者不仅仅只是听任商家的宣传，向身边的亲朋好友打听咨询几乎成了必然的过程。但由于信息的不对称性的客观存在，在与开发商的博弈中，客户时常处于弱势的一方，这为房地产开发企业对潜在客户的挖掘增添了难度，大大增加了开发商的销售成本，降低了销售效率和利润。

因此，客户会的成立对潜在客户信息的获得和现有客户发挥推荐价值极其重要。在客户生命价值的组成中，其中，客户的推荐价值是极为重要的价值分量。同时也应该认识到，现有客户不仅会向潜在的客户传递满意的信息，当客户产生抱怨时，传递的范围更加广泛。

所以，房地产公司应着力于如何将客户的抱怨转化为满意，并为这种满意建立传播的平台，使之实现客户价值的最大化。

3）收集客户信息

随着客户会的不断壮大，这将逐渐成为房地产企业收集客户信息的重要渠道。房地产企业可以充分利用客户会的俱乐部效应，增强客户的归属感，并不断地加强与客户的沟通，以取得从一般客户那里难以获得的深层次信息。这些信息为企业数据库的建立和完善，更有针对性的产品设计、营销策划和客户服务的开展提供重要的参考，从而使企业的运营和管理走入良性循环的轨道。

策略2：打造生活方式

对消费者而言，购买一套住宅房，其实就是购买了一种生活方式。因此，房地产开发商的销售活动不能仅止步于房产品的交付，对业主售后服务如何开展将在很大程度上决定着企业能

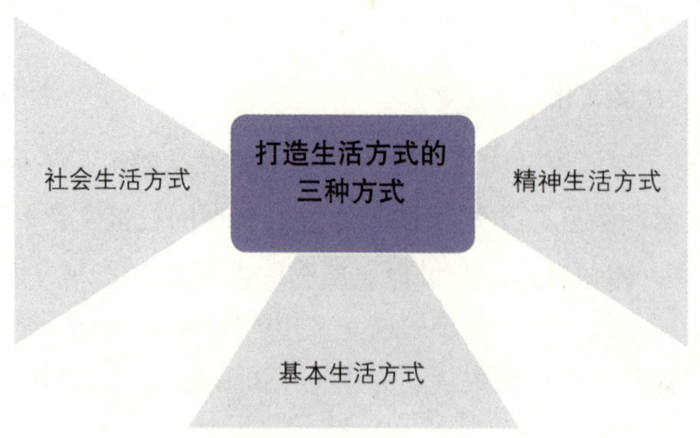

否把该客户转化成忠诚客户，以实现其生命价值的最大化，为企业带来更多的利润。打造健康和谐的生活方式、营造和睦温馨的社区文化是房地产企业提升客户忠诚度的重要手段。要想真正打造一种健康和谐、富有内涵的生活方式，必须在三个层面上加以实现，即基本生活方式、社会生活方式和精神生活方式。

1）基本生活方式

这属于人的基本生存需要。购房的实质是购买一种适合自己及家庭生活的需要，购买一种包含丰富生活内涵、文化内涵的服务。人的基本生活方式是维持人自身生存和生命需要的基本活动、基本保障和基本条件，不外乎衣、食、住、行，生、老、病、死。因此，房地产公司应在房屋结构、配套设施、周边环境等方面围绕人的多样需求来考虑，使居住更适合于人的生命本性的需要和发展。小区园林立足本于自然、高于自然，建筑美与自然美的统一。

2）社会生活方式

社会生活方式对应于人的社会发展需要。人们选择购房的实质是选择一种良好的生活环境、生态环境、生长环境、心理环境、文化环境。人是社会关系的总和，人们择室而居，总是选择居家的邻居环境、周边环境、社会环境，这不仅关系居住者自身的生存质量和生活态度，更关系到下一代的健康成长。人是环境的产物，也是发展的主体。良好的环境可以影响和开发人的生命意识中那些真善美的基因，培育高尚、健康的人格，并进而形成良性循环，营造出一种积极、健康、向上的社会文化环境。

3）精神生活方式

精神生活方式对应于人的自我实现需要。人们居住的实质是在居住过程中更好地发展自己、充实自己、提升自己，努力实现自我的价值，这就需要富有创新、创建性地开发一系列适宜人个体生命心性发展的活动。人们对物质生活富裕度的追求总有一个极限，但人的精神追求、精神世界、精神丰富性却是无边无际的。对每个生命个体来讲，其精神需求绝不是千篇一律，而是千变万化、具有丰富复杂的独特个性。这个时候，可以设立图书室、阅览室、信息台、因特网、诗词碑林、名家画廊等，在培养人的兴趣、天性、才智等方面尽可能为业主提供优质服务，以不断满足人们日益增长的精神文化需要，提高人们的精神生活质量。

策略3：提升品牌形象

品牌和客户忠诚度相当于一枚硬币的两面，两者是相辅相成、不可分割的。一个强大的品牌背后必然是以良好的客户关系作为支撑。相反，具有很高的客户忠诚度的企业一定能够形成一流的品牌。因而，房地产公司若想提升客户的忠诚度，能否树立良好的品牌形象至关重要。

1）项目品牌

高质量的项目是房地产企业品牌赖以生存的基础，在我国，任何一家知名的房地产公司其强大的品牌之后都可以数出一连串响亮的楼盘名称，如“万科”的“城市花园”、“四季花城”、“新里城”，“万通”的“万通中心”、“万通新世界广场”、“万通新城国际”等等。因此，房地产公司只有立足于做好每一个楼盘项目，踏踏实实、兢兢业业，才能逐渐树立在消费者心目中的良好形象。

2）客户会和生活方式品牌

房地产业单纯依靠推销房屋产品的性能和质量已难以再获得成功，情感营销正逐步对传统的营销方式产生巨大的冲击。客户会对房地产开发企业来说，正具有这种情感营销的作用。

客户会是房地产企业客户服务的重要窗口，是建立良好的客户关系十分必要的渠道。越来越多的大型房地产企业认识到：客户会对于培养属于自己的忠诚客户，提升企业的品牌形象具有不可替代的作用。生活方式作为客户服务的重要组成部分，品牌化可以显著提升现有客户的忠诚度、挖掘客户的生命价值和吸引更多的潜在客户的购买行为。

3）领导团队品牌

一个企业的成功往往造就了一位英雄般的企业家，如海尔的张瑞敏、联想的柳传志、万科的王石等等，他们响亮的名字几乎被消费者和企业的品牌画上了等号，其个人形象在很大程度上会影响到企业的品牌形象。公司要有意识地加强对公司领导团队形象的塑造，以期取得消费者的认同。

策略4：正确处理客户抱怨

对房地产公司而言，在引起客户不满和客户流失之前就发现这些抱怨，这样对公司是有利的。企业应将客户的投诉看作是完善企业服务的捷径。在企业内部建立尊重客户投诉的维权机制，建立强力督办系统，制定明确的服务标准及补偿措施，增加处理投诉的透明度；设立奖励制度，鼓励客户投诉，督促员工积极接受和共同处理投诉，从而加强客户与企业、员工之间的相互理解。企业应通过宣传材料、包装、广告、名片等客户能够接触到的媒介，告知客户企业接受投诉的部门、联系方式及程序。

对于房地产企业来讲，提高客户忠诚度的重点是提高客户对企业的态度忠诚。忠诚的客户将给企业带来持续的利润，但是忠诚不是天生的，忠诚必须要去赢得。因此，系统性、计划性地让客户忠诚已成为房地产企业增强竞争力的一种重要的营销策略。

策略三：找到破解“心理账户”的密码

忠实客户只是市场启动的基础，扩大市场份额的最大机会，并非直接来自你的忠实客户，而是来自于更广泛的客群。那些犹豫不决的、在你与竞争对手之间游移不定的以及潜伏在某处不被注意的客户，才是市场份额的成长空间。

如何让被动消费者顺利成交呢？如何让既不忠实你的客户也不忠实竞争对手的客户心动？如何吸引新的客户呢？他们才是你真正要去争取的市场资源。

1. 每个人都有自己的“心理账户”

我们先看一个有趣的实验：今天晚上你打算去听一场音乐会，票价是200 元，在你马上要出发的时候，你发现你把最近买的价值200元的电话卡弄丢了，你是否还会去听这场音乐会？实验表明，大部分的回答者仍旧会去听。可是如果情况变一下，假设你昨天花了200元钱买了一张今天晚上的音乐会门票，在你马上要出发的时候，突然发现你把门票弄丢了，如果你想要听音乐会，就必须再花200元钱买张票，你是否还会去听？结果却是，大部分人回答说不去了。

可仔细想一想，上面这两个回答其实是自相矛盾的。不管丢掉的是电话卡还是音乐会票，总之是丢失了价值200 元的东西，从损失的金钱上看，并没有区别，没有道理丢了电话卡后仍旧去听音乐会，而丢失了门票之后就不去听了。

钱就是钱，但钱并不具备完全的替代性，在消费者心里每一笔钱都建立了不同的账户，这就是芝加哥大学萨勒（Thaler）教授所提出的“心理账户”的概念。

根据不同的使用心理，人们的心理账户五花八门：投资、养老、改善生活环境、养育孩子、升迁、实现自己的梦想、休闲、结婚、彰显荣耀等等。根据不同的资金来源，也可以分为不同的心理账户，工资和奖金、博彩赢来的钱和上班挣来的钱、做生意赚到的钱和打工挣的钱等都不一样。由于在心理上你事先把这些钱一一归入了不同的账户，一般就不会产生挪用的念头。所以，当你没有计划购买房子的时候，开发商是很难把钱掏出你的口袋。

2. 情感是解开“心里账户”的密码

但事实并非如此，在某某园，有一个客户，在两年的时间里买了5套房子，这连他自己都始料不及。这个客户，第一次是因为年龄大了，想找一个比较清静便利的地方养老；后来发现这个小区与别的小区不同，特别注重营造社区文化环境，对子孙的成长很有利，于是让两儿子又住了进来；再后来，发现这里的房价节节攀升，并且持续旺销，有很大的投资价值，结果又买了两套。而这种现象在某某园有多起。在整个房地产市场，这种案例也是不胜枚举。但奇怪的是，人们不是理性地把自己的钱归为不同的账户了吗，他们所用的钱，肯定不是在同一账户里的，是什么打开了这些账户的密码呢？

我们分析一下，开篇里提到的丢失电话卡和门票，尽管一个人把不同来源的钱或不同的使用目的，归为不同的账户，看起来是十分严谨而理性的，但恰恰相反，实质却完全是非理性的，管理你的钱的密匙是什么？是你的情感。

因为情感是唯一的密匙。

营销人士都会抱守这个规则：传播的单纯性，比如项目定位的单纯性、客群定位的单纯性等。抱守这种单纯性是有必要的，它能让传播更有穿透力。但这种单纯的阶层绝不是简单地以购买力或购买意向把人群细分为几个群体，更有效的细分则是应该从情感诱导的角度去进行。

这就是我们在第一章里为何为社区或楼盘创造一个鲜明的概念，并且营造一个群体信仰的原因。

3. 情感诱导，让观望者走进来

从情感在管理你的口袋来看，人的非理性都是可以进行诱导的。直白一点说，你如何让一个以投资为目的的人和为了儿童成长环境买房的人，都来选择你的房子呢？

我们以学院型文化社区为例，这个小区倡导“行以睿智，居以树德”的生活理念。目标群是注重儿童教育的，而广告之后，来了以下几种客户：

A.投资；

B.养老；

C.改善生活环境；

D.培养孩子；

E.升迁；

F.实现自己的梦想；

G.休闲；

H.结婚；

I.彰显荣耀。

你可以画以下几个路线图：

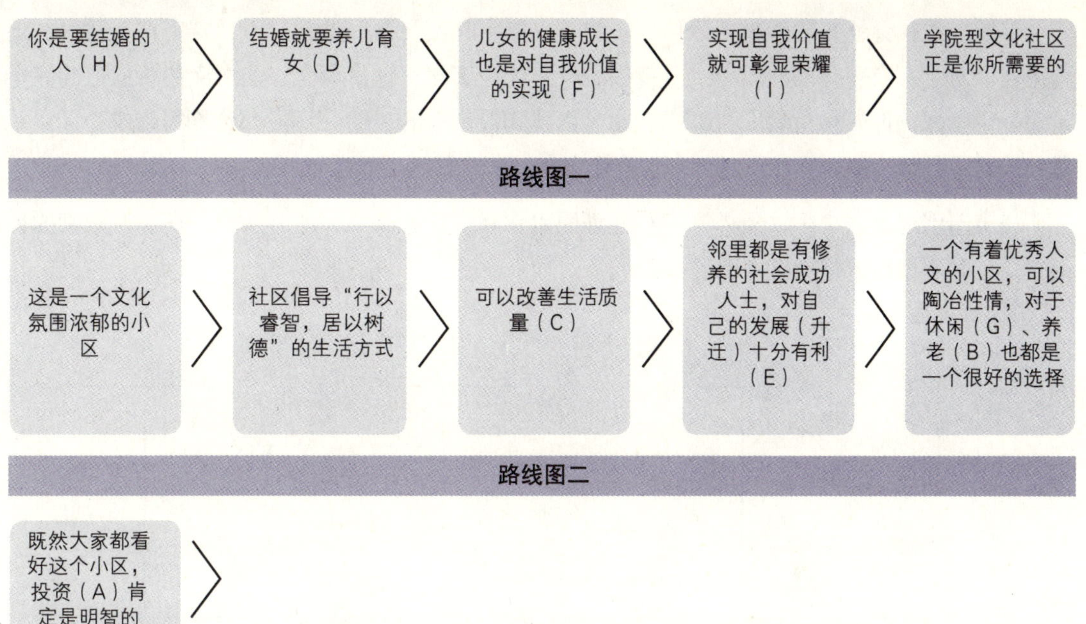

以上看似杂乱无章的口袋，我们用三个路线图，都可以清晰地引导成功。当然，可以画出的路线图还有多种，人的需要无限，你的路线图也是变化无穷的。

人的选择大多数情况下都是感性的，这就是人们的单纯性。

因此，在推广宣传中间，情感的诱导是唯一的法则。

策略四：利用好价格与销控手段

整个操盘过程中，“两定”最为重要：定位、定价。楼盘形象定位要适当拉高，房子的价格定位也要一直放在天花板上，让购买者不至于望房兴叹，也不至于轻易得到，从而失去市场激情。把房价放在天花板上，是比较合适的位置。这就需要一个前提条件：保证初始定价让目标群体能够得到，并为以后的每次上调预留足够的空间。

在预留足够的操作空间的情况下，适时的上调价格，不但不会让客户流失，而且更能促进销售。

1. 所有的人都热衷追涨

促销，往往会让人联想起低价位、折让、惠赠，其实，这只是针对于低端客群才适用的促销手段。对于具有奢侈品性质，又具有投资性质的中高端房地产而言，购房者的价值取向完全是另一个景象。而价格策略，是关乎客户是否能掏钱出来的关键一环。而价格策略成为促销手段，绝对不是低价位、折让、惠赠。操作中如何让价格成为促销手段呢？

楼市追涨现象的产生，无外乎三种心理因素：对资源占有的心理、从众心理、对未来的预期。这三种心理因素是价格推涨的基础。

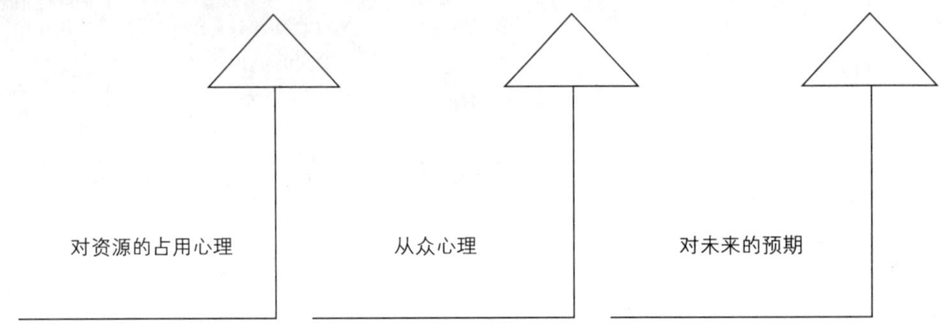

推动价格上涨的三个原因

（1）对资源占有的心理

由于资源的稀缺性已是深入人心，以较高的价格获取城市资源，这是一般购房者都能接受的，城市身份和身份的阶层与拥有城市资源在心理上是同步的。对于中高端群体而言，对城市资源占有的欲望，削弱了他们对价格的敏感度。如果把价格适用群体直接定位为中高端群体，当然就更为合适。适度的高价位，不只是将一部分人拒之门外，也应让更多人产生好奇心理，这也是很多高价楼盘反而好销的原因。

实际操盘中，要坚持全盘价值的思路，即整个楼盘的价值带动所有楼栋和户型的价值。我们常会遇到同一楼盘中，不同的楼宇和房型好坏的问题。但如何把最差的房子卖出最高的价位？这也是考验操盘者功力的事。

对资源的占有心理，是所有购房者都难以克服的。这种资源从大的方面讲是小区所在城市的资源，小的方面讲是一个小区内部的房源。这就需要打破一般的销控和价格制定模式：即好位置好户型一定是好价格，差位置差户型一定是低价格。而是思考如何将差户型也卖出好价格，从而保证整个楼盘价值的提升。

当年某某园临路的17号楼，从位置到户型，都比其他楼栋差些。但实际的销售情况是，这栋楼却卖出了全盘的最高价。2006~2008年，某某园的价格在区域市场中，是定价最高、上调最快的楼盘，两年上调200%，成为行业价格的标杆。

那么，是如何做到的呢？

某某园分四期开发，一、二期是多层，三、四期是高层和小高层。

整个推广从全盘谋局，策略是：一期为整个项目的形象导入期，二期为整个项目的开盘期，三、四期进入强销期，时间跨度为三年。全盘谋局的操盘手法，使整个推广形成了一个有机整体。在这一策略下，价格策略随之而出。一期价格为二期做铺垫，一期的最高价位是二期的初始价位，二期的最高价位是三期初始价，三期的最高价位是四期初始价。这样，不但每批次房源都进行价格上浮，每期也不断拔高，上涨预期巨大，购房者每放弃一次机会，就等于日后会以更高的代价购房，购房冲动被激发，形成火爆认购局面。在这一局面下，价格上调就有更大空间，形成价格上调与市场追涨的良性格局，一期销售完毕，价格完成大幅上调。同时，火爆的认购局面也为二期进行了大量蓄客，这部分客户是推动后期价格上涨的主要力量，这样一直持续整个楼盘的清盘。

在细节层面，操盘手更是打破常规，把最差的房源卖出最好的价格，虽然手法老辣，不近人情，但却成就了开发商追求的利润最大化。17号楼，临路楼宇，从区位来讲，是整个小区最差的一栋楼，而且一楼还有底商。当时参与营销的人员大都认为这栋楼宇最差，建议将其放入首批房源中，以低价发售，也好体现“低开高走”的市场印象，这也是一种惯常的操作手法。但操盘手经过分析后，还是将其放在最后卖，那时会因为整个楼盘房源的稀缺，而一、二期建设成熟，其资源性价值才真正体现。两种方案比较可以明显看出，第一方案虽然以较低价位推出，也易给人造成劣质低的印象。而第二方案，楼盘形象成熟了，整个楼盘的价值显现会带动对该栋整体价值的提升，同时，仅剩最后一栋，客户的选择有限，资源的稀缺性更加明显。这样一来，因为首批房源并不是最差的，优房优价，客户非常认可，不但奠定了楼盘形象，也保护了前期忠实客群的利益，价格也不致真正低开。好的卖“性价比”，差的卖“稀缺资源”，操盘者可谓高人一筹。

（2）从众心理

对中高端人群兴趣的调动，很容易激发从众心理。从众心理直接的效果是导致价格的水涨船高，于是人们对房价的走势更加看好，这就会产生追涨效应。

某某园在操盘过程中，实时进行价格调研。到现场的人一般都会得到一份措辞温馨的《客户需求意向单》，其中的价格选项一栏，最低的价格区间也是客户想象的上限，其他的区间都会比客户想象中的要高。这也使得客户真实的承受度得到考验，从而保证客户源的储备更加有效。而有实力的客户为了得到房子，更是在自己预期的价位更高的区间选择。实在无法承受的，也自然不是这个楼盘的客群定位：中高端消费群。

在实际操作中，目标客户在20%以内因为价格原因落单均可视为正常。

（3）对未来的预期

先揣摩两则故事。

故事一：佛下山游说佛法，在一家店铺里看到一尊释迦牟尼像，青铜所铸，形体逼真，神态安然，佛大悦。若能带回寺里，开启其佛光，记世供奉，真乃一件幸事，可店铺老板要价5000元，分文不能少，加上见佛如此钟爱它，更加咬定原价不放。 佛回到寺里对众僧谈起此事，众僧很着急，问佛打算以多少钱买下它。佛说：“500元足矣。”众僧唏嘘不止：“那怎么可能？”佛说：“天理犹存，当有办法，万丈红尘，芸芸众生，欲壑难填，得不偿失啊，我佛慈悲，普度众生，当让他仅仅赚到这500元！” “怎样普度他呢？”众僧不解地问。 “让他忏悔。”佛笑答。众僧更不解了。佛说：“只管按我的吩咐去做就行了。” 第一个弟子下山去店铺里和老板砍价，弟子咬定4500元，未果回山。 第二天，第二个弟子下山去和老板砍价，咬定4000元不放，亦未果回山。 就这样，直到最后一个弟子在第九天下山时所给的价已经低到了200元。眼见着一个个买主一天天下去、一个比一个价给得低，老板很是着急，每一天他都后悔不如以前一天的价格卖给前一个人，他深深地怨责自己太贪。到第十天时，他在心里说，今天若再有人来，无论给多少钱我也要立即出手。 第十天，佛亲自下山，说要出500元买下它，老板高兴得不得了——竟然反弹到了500元！当即出手，高兴之余另赠佛龛台一具。佛得到了那尊铜像，谢绝了龛台，单掌作揖笑曰：“欲望无边，凡事有度，一切适可而止啊！善哉，善哉……”

故事二：1845年爱尔兰发生灾荒，有一个叫吉芬的人发现：土豆价格上升，但是土豆的需求量却反而增加了。这一现象在当时被称为“吉芬”现象。这一有违商品经济学规律的特例，在房地产营销中却是普遍现象，这就是房地产市场中流行的一句“买涨不买跌”。

上面两个故事，一正一反，却反映的是人性的同一个本质，所有的人都是感性的，而情感是可以被诱导的！人们对产品价值的认同也是可以随着有技巧的引导而发生变化的。

不断拉升的价格，对投资者和购房者都具有强烈的刺激。最大的诱因在于，不断高涨的预期，会让购房者有财富增值的快感，同时忘掉痛苦。

某楼盘有这样一个案例：有这么一个极端的客户，他在一期开放时，就在买与不买间徘徊。当时他认为，一期价格有点高（相对于当时乌鲁木齐市场行情），最后他选择观望。到第二期房源开放，他更觉得价格高，超出自己的预期，在犹豫不决中错过购买机会。到了第三期，他面对日益减少的房源和逐渐成熟的社区，他再也不敢冒险等下去，因为他通过以往的经验判断后面的价格一定会涨，即使现在购买，后面还是升值，前面亏损了若不买可能损失更大。他再也等不下去，终于认购，而此时的价格已经是第一期的整整一倍。

2. 幸福的调价策略

心理学家说，幸福的另外一个来源是脉冲式的变化所带来的。多频次的上调价格，就会让老客户产生脉冲式的幸福感，又因为这种幸福感成为主动传播的介质。

事实上，楼市最重要的是市场信心，而不是影响信心的降价。价格的上调就是为了维护市场的信心。

坚守的价格低线，一定要在开盘前就要制定好，即使遇到团购等情况也不能轻易破位。然后是不断的上调动作，上调时机与幅度，可以根据蓄客多少和已蓄客户价格意向来定，至于是以消化房源数量为上调标准还是以时间为上调标准，两个标准各有优缺点。比如以房源为主，可以有效控制每次调整实现的销售均价；以时间为标准，可以激发观望人群尽快做出决策。实际操作中两则也可以结合运用。但不管怎样，最大目的在于，传递房价不断攀高的信息，实现更高利润只在其次，房价不断攀高的信息是稳定市场信心的基础。在这种信心保持的同时，上调才会有客群支撑，因为前面所讲客户群有追涨的心态，这样才能形成良性格局。否则，上调会导致客户失望，甚至流失，这样就会形成恶性循环。

在市场信心的基础上，要不断小幅频拉，让客户习惯涨价。通过这种实实在在的涨价不断刺激客户的幸福感。计划中的每次上调，都要为下次预留空间，不能一次“到位”。有人怀疑这样会不会让开发商折损利润，事实是，客户追涨的心理和对未来增值的预期，会让开发商有更好的收获。

2007~2008年，某某花园在金融风暴下，结合市场竞争情况，制定高开高走、小幅频拉的策略，成功击败竞争对手，实现全市价量最优楼盘。总结其成功价格调控经验包括三个部分：

第一：高开高走。制定价格时，充分考虑本市竞争楼盘的优缺点，结合楼盘中高端定位理念，把价格定在同类楼盘的最高价位，以造成价优品优的印象。

第二：随量控制，小幅频拉。即每次上调价格，依实际销量为基础，销量每增加一个数控单位，上调一次价格。根据市场反应的情况，每次上调幅度可大于或等于该幅度。如一期每增加40套销售量，上调100元。

第三：实现三个对接。项目开发分三期进行，推广节点也与之结合起来，但价格增幅与销量对应。同时预留足够空间，应对市场波动。

一期起价与当前区域同类住宅最高价位对接；

二期起价与一期最高价位对接；

三期起价与二期最高价位对接。

通过以上三个策略，价格调整达到了如下四个目的：

第一，以同类住宅最高价位高调入市，增加楼盘价值感，附合项目定位；

第二，一期又为全盘最低价格，可以实现“低开高走”，给市场以不断增值的印象，为全盘蓄势；

第三，以成交量为调价的节点，可以实现量与价格的双线控制，达到利润最大化；

第四，二期起价与一期最高价位对接，三期起价与二期最高价位对接，以达到前期为后期作价格铺垫，并为后期蓄势的目的。例如，一期售罄时有部分客户没有买到房子，可以保持售罄时价格在二期买入，先期客户不会产生亏损印象，后期客群也不会流失，保留了大量客户，形成二期开盘旺销的局面。然后逐步抬高价位，最终达到与三期对接的目的。

3. 涨价才是最好的促销方式

一个良性的价格运作过程，是始终把价格放在天花板上，让高个头的人踮起脚跟才能触摸得到。既不能让所有人都能摸得到，否则会失去获得的快感，也不能让所有人都只能仰楼兴叹。

（1）“折扣促销”、“美女促销”为何失灵

在成交前的那一瞬间，是什么才能让客户最能产生兴奋呢？

2008年6月10日，媒体出现这样一条新闻：北京楼市再现“买房送车”现象。据记者了解，这是京城开发商“送车”规模最大的一次促销活动，尽管如此，该楼盘售楼现场还是没有出现所期待的火爆场面。报道中还列举了一系列令人眼花缭乱的促销活动，裸背促销、数十万元折扣等。

报道中说，北京进入5月份以来，本应是房地产市场的旺季，但市场却一直低迷徘徊，于是按捺不住的开发商，使出浑身解数吸引购房者，一时间促销手段让人眼花缭乱，从正常的折扣促销到赠送价值数十万元大礼包的，如月亮河城堡公寓二期；也有一次性付款打折的，如金隅·万科城打9.3折，其中，东亚上北中心的折扣最多可打到8.4折，相当于房价下降1700元/m^2，是目前市场上折扣力度最大的楼盘。还来了买房送房、买房送宝马等诱人促销，再到后来的低胸广告后再推裸秀促销，最后卖房子卖得“黔驴技穷”，来了个卖房促销“奖”头小毛驴。然而，开发商大张旗鼓的打折促销并未打动购房者，楼市五月没有红起来。五月，按往年惯例，该是

楼市销售旺季，可即使满城促销，依然没有改变它惨淡收场的结果。

为何所谓的“折扣促销”、“美女经济”这种市场惯用的促销形式，在金融风暴的冲击波下却失效呢？这是因为：

第一：降价及赠品促销，加上吸引眼球的花招是老掉牙的促销形式，缺乏新意。

第二：对房地产而言，降价及赠品促销这种形式很不管用，负面影响也大，容易伤害整个楼盘的人气。

第三：人们对损失有极高的敏感度。降价及赠品，会伤害已购房者，他们立即会转化为消极的传播媒介，这种传播在房产行业显得尤其凶悍：我后悔买那里的房子，你也千万别陷进去。

而与此相反，又常常被开发商忽略的一个促销行为，就是上调价格。在楼市操盘中，涨价往往是最好的促销手段。这种观点打破了传统的促销形式，涨价为何比其他形式更能吸引人呢？

（2）前景理论告诉我们涨价是最好的促销手段

前景理论目前还没有广泛应用于价格促销过程中，但是其对房地产价格促销的意义巨大。

1）何为“前景理论”

为了更容易了解“前景理论”的内涵，我们先看这样两个实验：

一是有两个选择，A是肯定赢1000 元，B是50%可能性赢2000 元，50%可能性什么也得不到。你会选择哪一个呢？大部分人都选择A，这说明人是规避风险的。

二是这样两个选择，A是你肯定损失1000 元，B是50%可能性你损失2000 元，50%可能性你什么都不损失。结果，大部分人选择B，这说明他们是风险偏好的。

由此不难得出结论：人在面临获得时，往往小心翼翼，不愿冒风险；而在面对损失时，人人都成了冒险家了。这就是卡尼曼“前景理论”的两大“定律”。

2）前景理论告诉我们：客户对损失和获得的敏感度是不同的

对于购房者来说，涨价对已购买和观望的客户，意味着两种不同的结果：一是获得了价值增值的回报，二是不尽快购买就意味着损失。

而人们对损失和获得的敏感程度是不同的，损失的痛苦要远远大于获得的快乐，这时就会激发观望者购买的冲动。这有些像股市中踩空者的心理，只要你还有上涨的预期，他就会产生认购的冲动。

不过，损失和获得并不是绝对的。人们在面临获得的时候规避风险，而在面临损失的时候偏爱风险，而损失和获得又是相对于参照点而言的。因此改变人们在评价事物时所使用的观点，可以改变人们对风险的态度。

比如有一家公司面临两个投资决策，投资方案A肯定盈利200万元，投资方案B有50%的可能性盈利300万元，50%的可能盈利100万元。这时候，如果公司的盈利目标定得比较低，比方说是100万元，那么方案A看起来好像多赚了100万元，而B则是要么刚好达到目标，要么多盈利200万元。A和B看起来都是获得，这时候员工大多不愿冒风险，倾向于选择方案A；而反之，如果公司的目标定得比较高，比如说300万元，那么方案A就像是少赚了100万元，而B要么刚好达到目标，要么少赚200万元，这时候两个方案都是损失，所以员工反而会抱着冒冒风险说不定可以达到目标的心理，选择有风险的投资方案B。

3）前景理论与涨价有何内在关系

那么，前景理论与楼盘涨价到底有何内在关系呢？归根结底有三条：

第一：大多数人在面临获得的时候是风险规避的。因此，要有节奏地不断上调价格，让已购房者规避风险，实现获得的满足。

第二：大多数人在面临损失的时候是风险偏爱的。不断上调价格，让观望者产生不尽快认购就是一种损失懊悔。

第三：人们对损失比对获得更敏感。人际传播时，已购房者就会不断刺激观望者。

因此，在房地产营销中，上调价格是最好的促销手段。

4）涨价也是增加价值联想的重要策略

上调价格也是价值联想的重要策略，也是激发人们对楼盘虚拟价值想象的催化剂。人们的第一反应是升值，然后是热销，最后导致对品质的联想，这些都是积极的要素。如果空色理论所提到的前几项：道、德、物，都能做得较为到位的话，这种反应是顺理成章的事。如果前几项省略的话，上调价格风险就会增大。但对于一般楼盘，一路上扬的价格，总比下调要更具积极意义，这与股市中的追涨效应相同，都是对虚拟价值有更高的预期。但实质上又有所不同，人们对楼盘的升值预期还依附着对楼盘品质、自我身份、成功欲望等方面的认可。因此，上调价格也是楼市中最好的促销手段，这种心理动向，是操盘者要谙熟于心的。

4. 蓄客和房源控制是关键

涨价虽是一个很有效的价格促销手段，但不可盲目，必须结合整个营销的工作，做足工作，把握好细节。

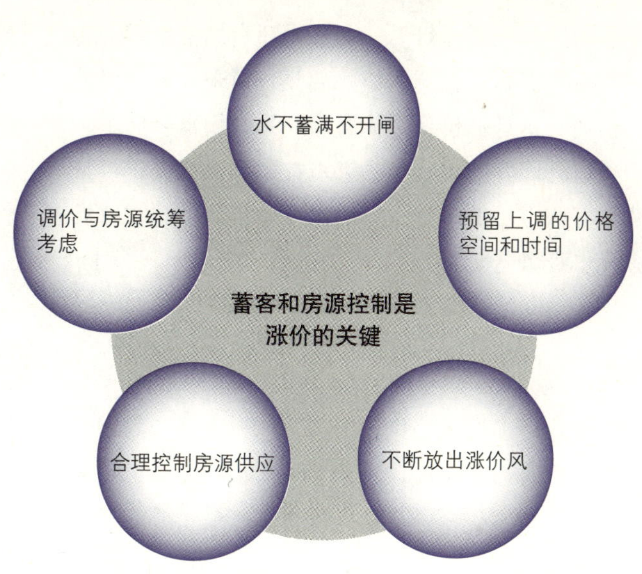

第一：水不蓄满不开闸

每一批次的客源必须达到一定的量才能放量，在房源与客源的比例中，视市场情况和客户的稳定性，决定相应的比例。因为卖方市场和买方市场，对成交率影响很大，所以没有一个既定的比例可以参照。比如，某某园在一、二期放量时，正是市场需求旺盛的时候，房源供不应求，房源与客源的比例为1∶3，即三个客户选一套房；在三期的时候，因为房型的单价、总价大幅提升，客户的压力增力，其比例为1∶1.2左右；到第四期，楼盘的客群定位再度拉高，定位为高端客群，这一群体更注重被尊重的感觉，加上客群大多是老业主介绍来的忠实客户，楼盘的市场品牌塑造基本完成，房源与客源的比例1.2∶1左右，让客户有适当选房的自由度。

销售人员一定要保持良好的心态，不要急于求成，势能不够决不放量。在确定房源前，销售经理必须统计好准客户的准确数量，研究他们的需求意向，据此制定合理的房源比例和不同的房型比例。

虽然房源与客源的比例不一，即蓄水的多少不一样，但有一个原则必须坚持，永远对客户有所挤压，适当保持房源的紧张状态，房源紧张了才能涨价营造好良好的氛围。

第二：预留上调的价格空间和时间

这需要制定价格策略前就要预留足够的空间与时间，或者有可靠的价格上涨预期，这是考验操盘者功力的地方。

预留价格空间，就是要把整个楼盘卖到最后一套，都有涨价的空间。如果最后一套没有了涨价空间，这也是整盘的操盘失误。最后一套是否还有增值空间，也代表着整个楼盘的未来预期。也就是说让每一个人购买者有物超所值的感觉，对未来充满增值预期，而不是沮丧后悔。当然，满足购买者的预期，这与低价位并无直接关系，操盘者应牢记营销的过程是不断扩大虚拟价值的过程。至于预留时间，要求全盘的节奏控制，详细制定每批次的量价关系，每批次蓄客周期。操盘手就要把握两点：第一是全盘的房源销售周期与整体实现价格水平的关系；第二是每批次房源量、房价和蓄客周期的关系。

第三：不断放出涨价风

要通过各种途径不断地传递房源消化速度和下一轮涨价预期，告诉准客户未来涨价预期，为涨价作心里铺垫，进一步营造气氛。这种信息可以从销售员那里得到，也可以从老客户那里得到，也可以从推介会里得到，也可以从广告里得到，最重要的一点是让所有关注楼盘的人相信一定会涨价，这还要考验操盘者的诚信与定力。

第四：合理控制房源供应

房源必须遵循“房源适度从紧、客源略有盈余”的原则进行操作。

随着推广的节奏，每阶段都要有一个科学比例的房源推出，供客户认购。这要求，推广与房源控制要高度协调，不能广告是广告，房源是房源（有些开发商经常犯这种低级错误，尤其是开发商把广告交给广告代理公司更容易出现这种现象）。除了分期分批之外，如果阶段蓄客量不足、开盘手续不能及时办理、工程建设速度制约等开盘条件不成熟的情况，这就会遇到客户维护的问题。因为蓄客时间过长会导致客户中途流失。

在市场低迷时期，保持短平快的节奏，即推广、消化、签约。签约要集中，每次签约，要有足够营造现场人气的客户量。在市场旺盛时期，也要保持足够的现场人气，但操作的频次要放缓些。

第五：调价与房源统筹考虑

理论上讲，一个楼盘的推广会分三个大的波段：开盘“低开高走”，迅速蓄积人气；中盘“快放快收”，规避竞争；尾盘“见好就收”，不恋战。开盘的“低开高走”，意图不仅是把人气蓄积起来，也是因为价格的“低开”为后市预留足够的空间，利于上调价格，波段刺激。中盘的“快放快收”，主要做好销售控制。前面经过一段时间蓄客后，以集中签约的形式，把有限的房源，短时间内销售一空，保持房源紧张状态。这种销控状态的制造者要高度保密，做到案场销售员也不得而知。最好的操盘是一气呵成，如果仍有少量剩余房源，从综合成本角度考虑，要“见好就收”，不要恋战，尽数成交为上。

策略五：推广是为了让市场躁动起来

不能引起市场躁动的推广，不是一个好的推广。躁动，意味着关注、期望、不安、紧张，也意味着兴奋和喜悦。适时地把握调控节奏，可以激起脑疯一样的冲动。

1. 充分利用“从众效应”

诺贝尔经济学奖获得者贝克尔考察了这样一些案例：一条街道的两侧对开着两家非常类似的餐馆，人们排着很长的队进一家餐馆，而另一家则异常冷清。

经济学家科曼也研究了生物学实验室中出现的蚂蚁的从众行为：在离蚁巢同样远的地方放置同样的食物，经过一段时间，有80%的蚂蚁集中在一堆，而仅有的20%在另一堆食物进食。为避免食物堆的微小差别对蚂蚁偏好的影响，更进一步地设计两个对称的桥通向同一食物，结果观察到同样的现象。

1956年心理学家阿希(Aseh)进行了从众现象的经典性研究—— 三垂线实验。他以大学生为被试，每组7人，坐成一排，其中6人为事先安排好的实验合作者，只有一人为真被试。实验者每次向大家出示两张卡片，其中一张画有标准线X，另一张画有三条直线A、B、C。X的长度明显地与A、B、C三条直线中的一条等长。实验者要求被试判断X线与A、 B、C三条线中哪一条线等长。实验者指明的顺序总是把真被试安排在最后。第一、二次测试大家没有区别，第三至第十二次测试中，前六名被要求按事先约定故意说错。这就形成一种与事实不符的群体压力，可借此观察真被试的反应是否发生从众行为。

（1）阿希实验结果

阿希多次实验，所得结果非常相似。实验表明:

1）大约四分之一到三分之一的被试保持了独立性，没有发生过从众行为。

2） 所有被试平均从众行为百分比为35%。

3）大约有15%的被试，从众行为的 次数占实验判断次数的75%。

（2）阿希实验结论

实验后，阿希对从众的被试作了访谈，归纳从众的情况有三种:

1）被试者确实把他人的反应作为参考框架，观察上就错了，发生了知觉歪曲。

2）被试者意识到自己看到的与他人不同，但认为多数人总比自己正确些，发生了判断歪曲。

3）被试者明知其他人都错了，却跟着做出了错误反应，发生了行为歪曲。

（3）从众效应产生的根源

一般认为，发生从众行为是因为个体在群体中受到信息上和规范上的压力。

1）信息压力

经验使人们认为，多数人的正确几率比较高，在模棱两可的情况下，就越发相信多数人，越从众。

2）规范压力

群体中的个人往往不愿意违背群体标准而被其他成员视为越轨者，害怕与众不同而成为“一匹离群之马”，遭受孤立，因此采取多数人的意见。

以上是典型的“从众效应”，这是人类很难拒绝的一种行为。

因此，在房地营销中，也是屡试不爽。经常见到的案例就排队领号、集中认购、集中签约等以及推广中用的悬念广告等，其实就是营销商在利用人们的这种行为，创造脑疯式的营销效果。

2. 控制好推广波段

但在实际操盘中，要真正达到这种效果并不容易，如果只知道该理论的皮毛，可能会适得其反。有一家房地产公司，为了营造这种效果，用了半年的时间做前期推广，告诉购房者某月某日有新盘推出，但到开放那天，现场却人迹寥寥，数百万的广告费却没起什么作用。为什么？原来，这里面还有更深沉的原因。那就是时间节奏的控制和房源的控制出现了问题。这里面有三个方面必须协调一致才能达到“脑疯”的认购效果。

首先，推广节奏的控制。对于节奏的控制，几乎就是一场心理战。

美国有一个关于脑神经内科的学术性报道，说一个人在恋爱时，脑子会释放出一种激素，这激素会让脑子暂时处于疯狂状态，简称脑疯。经过专家研究，产生这种感情，最短只需30秒。这样的意乱情迷的情况，在人类身上最多只会存在于18个月，在这段时间渐渐过去后，你会渐渐冷静，你会发现对方不过如此。那时候你才发现对方越来越多的缺点。在这段过程中，你渐渐地看见他后不再心跳加速，也不再脸色潮红、瞳孔散大。

以上应该是对一见钟情的最好解释：第一印象就会倾情相爱，时间越短爱得越深，随着时间推移这种情感会逐渐衰减。

那么如何在产品推广中使人产生这种脑疯的状态呢？

第一：强力入市

在产品的形象导入期，要迅速树立产品形象，必须高密度、快节奏、出其市场于不意。为了达到尽乎完美的市场印象，首度面市的一定是楼盘最为核心的卖点，这可能是楼盘概念，可能是楼盘的同类产品比较优势。当然，出其不意是产品最能吸引眼球的方式。所以，之前要做好保密工作和周密计划，并尽可能地避开同类楼盘的密集推广期，使产品形象不受或少受市场面的干扰。

第二：波段性操作

一种产品，往往会有较大的体量，这就意味着上市的周期较长，那么如何防范那种情感的衰减呢？其实，如前面我们所了解的，人的幸福感是需要波段性刺激的，因此，波段性推广则十分必要。

在实际推广中，第一波（形象导入期）推广时间不要过长，控制在一个月内，以形象和概念为主，预留足够的想象空间。如果时间过长，或卖点过多，会产生市场关注疲劳，并且降低兴趣。

在人们产生兴趣后，这期间最好避免硬广告，保持相对的神秘性。吸引客户到销售现场，销售现场将会扮演进一步洗脑的作用。这时候，宣传品、售楼人员、售楼处的装点，甚至售楼处的音乐及香味都要精心布置，这些都是第一印象的重要组成因素。为了证实客户美好印象的正确性，集中约见客户就显得十分重要。

第三：不断涌现亮点

微软是不会直接把最优秀的产品率先拿出来的，它会由低级到高级，不断推陈出新，依此不断刺激购买欲望，获取更大利润。房地产业虽有所不同，推广操盘的道理却是一样的。亮点的控制要把握以下几点：

（1）当进入推广中期的时候，要不断地推出产品亮点、公关活动等。当准客户蓄积到一定量的时间，样板间、园林园艺等要适时开放。

（2）当大家对产品比较熟知的时候，可以适当转移市场视线，突出物业服务、企业精神等。

（3）在推广期间，每一波断都要有个间隔，保持一段时间的消化期，并且控制硬广告的投放量，大量运用新闻、专题，少量运用软文。

（4）如果项目体量过大，销售周期长，每期产品最好有一个升级的卖点，就像IT产品更新一样。

比如在某某园的操作中，前后五期，历时三年，“学院文化”在前期完成造梦任务后，开始推出升级版三、四期“翰府”，翰府成为“学院文化社区气质精华”，不断有亮点暴露，销售一路看涨。但最后，还是有40余套特殊户型无人问津，即首层+负一层跃式户型集中剩余时，不是继续宣传推广，而是停下来，给市场一段空白。期间从策划角度检讨这种特殊户型，这种户型面积大、总价高，与平层客群定位有偏差，相对购买力和消费层次要比平层强一档，且负一层无产权。但发现仍有价值空间可以挖掘，它有一个下沉式庭院。分析后，重新对这一客群进行分析，于是推出翰府至尚款户型“叠景别院”——专为艺术大师打造文化大宅，结果，这款被概念、沙盘、海报、价值等重新进行包装的户型，两周之内完成销售。

基于人的心性，项目推广中，波段和速度非常重要，没有节制的持续广告和没有章法的销售控制，只会对销售造成伤害。

除各种活动之外，还可以采取分区域、分人群地推广，以避免长期宣传导致的关注疲劳。

某某园平面广告

策略六：学会讲故事，学会造新闻

好的营销从来不缺故事，故事是最好的新闻，新闻是最好的造势手段！

当你想有一种最好的造势段时，你首先要考虑运用新闻；当你没有了造势手段时，你也可以考虑运用新闻。

新闻在当今社会，早已摆脱了新闻学中原始概念，成为了被市场驾驭的工具。

在任何推广阶段，新闻都是最好不过的推广手段。人们对新闻和专题，往往是不设防的，这不同于硬广告，因此，新闻更具有诱导作用。

1. 打搓边球

自然发生的新闻是有限的，因此，操盘者要不断创造新闻，这就有点像创作故事。在笔者理解，新闻就是一种传说，传说是需要有故事有情节的，故事情节必定要表达一种态度。

传说是可以编织的，故事是可以设计的，这是商业新闻的特征。编织故事只需有眼光就好。在2002年盐湖城科奥会上，AB酿酒公司（百威啤酒制造商）以5000万美元巨资买下“奥林匹克”字样和五环标识的使用权。但盐湖城当地的一家小酿酒公司，仅仅在自己的货车上刷了“Wasatch，2002年冬奥会非官方啤酒”字样，不花一分钱，而巧妙地借了奥运的势。AB公司的宣传标语是“北京2008奥运会合作伙伴”，而雪花啤酒打出了“啤酒爱好者合作伙伴”，还依葫芦画瓢，仿奥运赞助商对奥运会会徽的运用模式，做了一个“啤酒爱好者”徽标，与其品牌LOGO分列画面两侧，与奥运会打了个漂亮的擦边球。2007年8月9日的《南方周末》奥运专题，以《小商家巧打奥运“擦边球”》描述了这个有趣的商业案例。

打奥运“擦边球”的不只是这种小公司，世界级公司“GOOGLE”，也是乐此不疲。它从来没有赞助过奥运会，可是在悉尼奥运会期间，它的标识多了一只举着火炬的袋鼠。2006年都灵冬奥会期间，标识上又出现了滑雪的卡通人，让网民误以为它是GOOGLE奥运合作伙伴！

2. 造新闻

我们每天面对的传说或故事或新闻，打开任何媒体都可以找到，除借新闻的势之外，还可以造新闻，那就需要进行新闻策划。

需要补充的是，房地产业的新闻策划，一是要以楼盘和开发商所坚持和推广的道、德、物为基础，符合新闻的实事求是的原则；二是要有足够吸引眼球的亮点，这是新闻的传播价值所在。

故事的丰富性可以由操盘者发挥足够的想象力进行编织，但必须尊重事实。在第一章里，我们已经阐明了“道生之、德蓄之、物形之、势成之”四者之间的关系，“道、德、物”在全程营销中，实际上都是在做基础铺垫，借用围棋的说法是在布局。道，使项目有了市场目标；德，使产品有了客户生态群；物，使概念得到具体的落实。至此，局已谋成。本章的势，已是推广和销控的操作技巧，是势能的蓄积与释放。通过对势能的蓄与放，实现销售利润最大化。

宣传推广，必须是以“道、德、物”为基础的。也就是要求，宣传推广要始终围绕楼盘主题（道）进行，并且符合品牌（德）的建设要求，还要言之有“物”，这是对情感诱导必不可少的基础。从整合营销的意义上讲，任何一个楼盘的成功，必是一个体系的成功，不可能是一个单纯的推广行为。

3. 灵活应对好消息和坏消息

怎样公布好消息和坏消息？这是操盘者必须搞懂的新闻操作手法。房地产业是一个充满风险的行业，如何发布消息应对市场风险，操盘者必须娴熟应对。

灵活应对好消息和坏消息四种方式

1 如果你有几个好的消息要发布，应该把它们分开发布

2 如果你有几个坏消息要公布，应该把它们一起发布

3 如果你有一个大大的好消息和一个小小的坏消息，应该把这两个消息一起告诉别人

4 如果你有一个大大的坏消息和一个小小的好消息，应该分别公布这两个消息

第一：如果你有几个好的消息要发布，应该把它们分开发布

比如假定今天你老板奖励了你1000 块钱，而且你今天在一家百货商店抽奖的时候还抽中了1000 块钱，那么你应该把这两个好消息分两天告诉你妻子，这样的话她会开心两次。根据前景理论，分别经历两次获得所带来的高兴程度之和要大于把两个获得加起来一次所经历所带来的总的高兴程度。

第二：如果你有几个坏消息要公布，应该把它们一起发布

比方说如果你今天钱包里的1000 块钱丢了，还不小心把你妻子的1000 块钱的手机弄坏了，那么你应该把这两个坏消息一起告诉她。因为根据前景理论，两个损失结合起来所带来的痛苦要小于分别经历这两次损失所带来的痛苦之和。

第三：如果你有一个大大的好消息和一个小小的坏消息，应该把这两个消息一起告诉别人

这样的话，坏消息带来的痛苦会被好消息带来的快乐所冲淡，负面效应也就少得多。

第四：如果你有一个大大的坏消息和一个小小的好消息，应该分别公布这两个消息

这样的话，好消息带来的快乐不至于被坏消息带来的痛苦所淹没，人们还是可以享受好消息带来的快乐。

通过以上几项的协同操作，即可在恰当的时间，控制紧张的房源，蓄积充足的客源，保证集中签约的火热场景以及新闻的推波助澜效果，从而创造让人“脑疯”的购买效应。

策略七：最好的销售方式——边玩边卖

没有人不是感性的，因此，感情的沟通在营销中更为重要。

事件营销的真谛在于什么，在于沟通，这是因为融洽的沟通可以让买卖双方相互愉悦。因此，设计大量的公关活动，比设计大量的广告更为重要。

售楼并不是一件枯燥的事情，最好的境界当然是边玩边卖。

1. 先玩

其实公关活动往往是边玩边卖的最好方式。公关活动是蓄客时间间隔较长时，对市场维护较好的办法。常用的手段有客户答谢会、集体赛事、演出活动、各种节日背景的联谊活动、各种节点的酒会、座谈会、各种名目的论坛等等。活动可以有多种，但目的无外乎两种，维护老客户、开拓新客户。操作原则：

一是让客户有兴趣参与进来；

二是对楼盘概念的表达有推进作用；

三是具有新闻价值。

先玩的方式，都是让大家在玩中产生感情，产生共同价值观，理解开发理念等。比如，在某某园推广时，经常组织各类公关活动，如首期客户文艺晚会、首期业主联谊会、VIP客户帆船赛、首届新疆原生胡杨摄影节、风筝节、清华校园体验之旅、十二女子乐坊大型演出、清华学子赞助事件、感悟清华——20名新疆学子游清华园、“和谐共建”演出活动等等，每次活动，都让目标客户和业主充分参与，不但邀请他们免费观看，还邀请他们参与表演等等。在系列的公关活动中，非常注重让老业主带动亲朋参与，达到关系营销的效果，从而牢牢把目标客户抓住，让其他楼盘的客户产生羡慕。

有些活动是为了传播开发商人文关怀精神，有些活动是为了体现楼盘的文化特质，有些是

为了让客户参与社区建设。总之，通过这种波段式的推广行为，就是为了把客户的思想及目光牢牢地吸引住，不给竞争对手可乘之机。

2. 后卖

通过现场人性化的沟通，可以给客户创造愉悦之外，开发商还要学会以大量的贯穿营销全程的公关手段，创造购买快感。在2008年金融风暴影响下，客户观望情绪严重的情况下，销售推进工作停滞，很难通知客户到现场签约，于是就策划了一次为期三天的“首届原生胡杨摄影节”活动。活动在野外，每个销售员带几位自己的客户，一起在恶劣的野外环境中生存，一起摄影捕捉原始的自然之美，通过三天三夜的相处，销售员与客户之间建立了朋友感情，冰释了买卖间的心理障碍。结果，回来后的一周内，100名参加活动的目标客户有70多人成功认购。通过类似这样的系列公关活动，创造当年同城单个楼盘最高销售量和最高单价。

“玩出来的营销”永远不差噱头，往往缺的是立意和创意。立意一定要本着解决问题为目标，而创意则要以客户群乐意参与为准则。

通过形式各异的公关活动，房地产公司把所开发的项目很好地传达给目标客户，开发商利用活动吸引媒体报道，把活动的信息在市场上进行传播，吸引新的消费者关注自身的楼盘，非常容易形成“羊群效应”。

十二女子乐坊大型演出宣传平面广告

链接 珠江地产品牌联动营销

珠江地产——千人登山大赛

类型：品牌联动营销。

目的：提升品牌形象。

目标客户群：业主、珠江会会员、联盟商家。

某日，珠江地产第三届“千人登山大赛”在白云山隆重举行。珠江地产旗下东方夏湾拿花园、罗马家园、珠江俊园、半山雍景苑、珠江熙苑、旭景·70年代家园、珠江南景园、白云骏景家园、信华·经理人家园等十大名盘业主、珠江会联盟商家及会员1500多人攀登白云山。

千人登山大赛是继珠江地产“动感夏季，活动珠江”系列活动的重要部分。早上八时，珠江地产登山车队近50多辆大巴从信华·经理人家园出发，开赴白云山。在白云山顶，珠江地产还安排了丰富多彩的文艺表演和幸运大抽奖活动。

珠江地产千人登山大赛为广大业主和珠江会的会员提供一种运动健身、沟通交流的机会和平台，在社区内倡导和谐、健康、向上的生活方式和社区邻里关系。为生活在节奏非常快和压力非常大的都市白领，提供这种难得的健身运动及沟通交流的时间与机会。

珠江地产——国庆联动销售活动

类型：品牌联动营销。

目的：提升品牌形象，促进销售。

目标客户群：中、高端客户。

国庆黄金周期间，珠江地产旗下的珠江俊园、马赛国际公寓和罗马家园等楼盘的现场举行了各种形式的销售活动，现场气氛反应十分热烈。

黄金周第一天，“天河之心·哈佛生活领域”珠江俊园售楼大厅和哈佛广场座无虚席，售楼大厅内成交火爆，广州首个社区网上图书馆同时在珠江俊园哈佛会所成立。当天，珠江地产“会赚钱的房子”马赛国际公寓也举行了隆重的LOFT单位拍卖会。拍卖当天推出8套住宅单位，经过十几轮激烈的角逐，每套单元都拍出了理想的价格。

10月3日，罗马家园举办“珠江会幸福生活5周年庆”第三场大型系列活动，同时珠江会成立5周年主题庆祝活动暨第二届社区运动会、第三届珠足超颁奖活动也在罗马家园盛大开幕。

策略分析

把同一品牌下的数个项目联合起来一起进行市场营销，在公司品牌下联合项目品牌进行的联合起来，力量才能达到最大。这是因为单个项目的持续发掘潜力有限，但是多个项目联合起来，众多的业主就成为挖之不尽的“源泉”，就能为企业品牌树立良好的形象。很显然，这些活动是为了配合销售举办的。在这个市场相对淡静的环境下，这种具有延续性、直指向品牌经营的活动具有特殊的价值。

结束语：一切源于对市场的尊重

创造脑疯的销售魔力，从策划者角度来看，是操盘者与购房者智力的角逐，是一种心理暗战。但在实操层面，一切都是源于对市场的尊重，对客户实际需求的深度把握。根据项目和市场特征设计一个实用的《客户需求意向调研表》，在开盘前的蓄客中进行调研分析，非常重要。它将指引操盘者何时具备开盘条件、价格策略如何制定、卖点如何选取、公关活动如何投其所好等。